KB057918

심학과 심리학

모들아카데미03

심학과 심리학
心學 Psychology

전병술 지음

도서
출판 모시는사람들

이 저서는 2010년도 정부재원(교육과학기술부 학술연구조성사업비)으로 한국연구재단의
지원을 받아 연구되었음(NRH-2010-812-A00058).

머리말

『장자』「응제왕」편에 혼돈에 관한 우화가 나온다. 등장인물은 '숙' 이라는 남쪽나라 제왕과 '홀'이라는 북쪽나라 제왕, 그리고 가운데 나 라의 제왕인 '혼돈'이다. '숙'과 '홀'은 자주 '혼돈'의 나라에서 휴가를 즐겼는데, 그들이 방문할 때마다 '혼돈'은 융성하게 접대하였다. 두 제왕은 혼돈의 호의에 보답하기 위해 "인간이면 누구나 일곱 개의 구 멍이 있어서 보고 듣고 먹고 숨 쉬는데, 혼돈만 구멍이 없으니 우리가 뚫어줘 보자."라고 말하고는 하루에 하나씩 뚫어서 칠일째 되는 날 구 멍 뚫기를 완성하자 '혼돈'이 죽었다는 이야기다. 그리스 우주론에서 '혼돈(chaos)'은 우주가 발생하기 이전의 시원적 공허를 뜻하며 모든 것 이 뒤섞여 있는 무질서 상태를 대표한다.

양자를 결합하여 살펴보면 '혼돈'에 구멍을 뚫음은 원시적 상태를 벗어나 문명의 출발을 알리는 상징이라 할 수 있으며, 인류 문명 발전 사에서 볼 때 서양에서는 소크라테스와 플라톤을 필두로 한 이성 중 심의 행진은 데카르트에서 출발한 근대 이성의 해석에서 그 정점을 찍었다 할 수 있다. 그러나 이성 중심의 문명 발전은 다른 한편으로 주체와 객체의 대립, 물아의 간극이라는 존재 양태로 다가왔다. 이를 전일적 우주라는 관점에서 볼 때, 인간과 자연의 파열을 가져왔음을 의미한다. 니체의 진단에 따르면 근대 이성 중심의 전통적인 형이상적 사유는 객관성과 보편성, 그리고 합리성을 추구하게 되었는데, 그 결과 '개인의 고유한 개별성을 부정하고, 문화나 교양이라는 미명하에 저열한 평균인의 삶을 강요하는' 허무주의를 낳게 되었다. 따라서 니체는 근대를 속물 교양, 천박한 욕망, 이기주의 등이 가득 찬 타락의 온상이라고 비판하였다. 즉 시대 전체가 원자화된 개체들이 서로 소외된 채, 자기 성찰을 포기하고 자신의 이익만을 추구하는 병든 사회라는 진단이다. 니체는 기본직으로 세계를 하나의 질서 잡힌 체제가 아니라 카오스라고 보는 관점에서 출발하여 삶 자체도 카오스로 여겼다. 그러므로 신이나 존재, 자아 등 이성적 인식은 삶을 지탱하는 근원적인 것이 아니라고 강조하고, 삶을 힘에의 의지로 풀이한다. 이를 프로이트의 정신분석 이론 및 융의 분석심리학적 관점에서 해석하면 구멍 뚫음은 개인에게 있어서 사회화 과정을 의미한다고 할 수 있는데, 사회화라는 심리발전 과정에서 의식과 잠재의식의 분열을 수반하고, 분열은 왕왕 의식과 잠재의식과의 충돌을 가져오며, 그 결과 갖가지 심리적 문제 혹은 심리 발전에 장애를 야기하게 된다. 이렇게 분열된 의식적 자아와 무의식적 자아의 정합을 통해 분열로 치닫는 자아의 본래 모습을 회복한 다음 자아를 한껏 발휘하고 실현하는 것이 심리학의 궁극적 목표라 할 수 있다.

심리학의 이러한 목표는 '혼돈'으로 되돌아가야 이룰 수 있는가? 아니면 근원적으로 '혼돈'에 구멍을 뚫지 말았어야 하는가? 우주론적 관점에서는 성립되지 않는 물음이고 문명사적 관점에서 보면 불가능한 문제이다. 이제 소크라테스 이전의 신화시대, 더 거슬러 올라가서 원시인 시대로 되돌아가기에는 문명은 너무 많이 발전하였다. '혼돈'에 구멍을 뚫어 죽음에 이르게 한 행위는 동시에 인문 정신의 공간을 열고 인간이 육체적 제약에서 벗어나 저 높은 정신 영역으로 비상할 수 있는 계기를 마련해 준 행위다. 우리는 '혼돈'에 구멍 뚫기를 통해 죽음으로써 생기를 얻고 자유로운 존재가 되었다. 그러나 한 가지 욕망이 충족되면 또 다른 목표를 추구하는 인간은 끝없는 욕망의 충족을 위하여 스스로 자신에게 끊임없이 구멍을 뚫어 왔고, 그 결과 참된 자신의 모습을 잃어버리고 염려와 불안을 안고 죽음에 이르는 존재가 되고 말았다. 참된 자아를 되찾으려면 '혼돈'을 되살려야 한다. 그렇다고 하여 문명의 역행을 통한 '혼돈'의 되살리기를 주장하는 것은 아니다. 『장자』에게 있어서 '혼돈'은 무집착과 분별 없음이고, 물아일체의 조화로운 세상이다. 이는 물리적 화해가 아닌, 주체의 수양을 통한 있는 그대로의 경지에 오름이다.

20세기 이후 철학과 종교 등의 영역에서 동양과 서양의 사상적 만남은 서양 것들의 유입에 대한 동양의 대응으로 시작되었다고 할 수 있다. 그런데 '마음'의 수양을 통해 이상적 인간의 모습을 구현하려 했던 동양사상의 방향은 서양의 인간의 이해와의 차이가 너무 크고 이성적이 아닌 신비적 경향을 띤다는 비난을 받으며 서양 체계의 학문 영역에서 비껴서 있었다. 서양에서의 '마음'에 관한 연구는 마음 혹은 의식을 대상화한 다음 그 작용 및 현상을 밝히고자 노력하는 심리학이라는 학문 분야로 자리매김하여 오늘날까지 이르고 있다. 그러나 동양의 경우 마음의 이치를 객관적으로 밝히려는 이론적인 심리학은 없었고, 따라서 서양의 심리학을 고스란히 수용하여 적용하여 왔다. 특히 프로이트 이후 심리학의 영역이 정신 치료 분야로 확대되면서 새로운 전기를 맞이하게 되는데, 인간을 비합리적이고 결정론적인 존재로 가정하고 전개한 인간에 대한 분석은 동양의 인간에 대한 인식과 정반대의 길을 걸으며 발전하여 왔다.

그러나 프로이트적 접근은 심리적 삶의 중요한 부분들, 즉 특별한 종교적 체험이나 '의식의 확장된 상태'와 관련된 부분들을 설명하지 않고 외면하였다. 그 결과 인간은 점차 파편화되어 온전한 모습을 잃어버릴 수밖에 없었고, 내면의 직관 등을 통한 전체로서의 자아의 드러냄을 강조하는 동양의 여러 사상들에게 손을 내밀게 된다. 이렇게 서구 심리요법은 동양과의 만남을 통하여 어릴 적 기억의 저편에 숨어 있는 부정적인 어두운 기억들을 끄집어 내어 잘라 버리는 방법에서 점차 인격체로서의 자아를 긍정하고 자신을 조절할 수 있는 능동적 주체임을 자각하고 삶의 태도를 적극적으로 개척하는 방향으로 발전하여 왔다고 할 수 있다.

"불천노(不遷怒); 남에게 화풀이하지 않는다." 공자가 가장 사랑했던 제자, 청년기에 요절하여 스승을 슬픔에 잠기게 했던 안회에 대한 공자의 평가 가운데 하나이다. 대학 졸업을 앞두고 정신적으로 방황하던 나는 무심결에 도서관에서 『논어』를 읽으며 마음의 안정을 찾기 시작했는데 그 가운에 가장 내게 와 닿았고 지금까지 좌우명으로 품고 살아가는 말이 '불천노'이다. 그때 그냥 독서 때문이었는지, 아니면 『논어』라는 책 때문이었는지 명확하지는 않지만 내게 있어서 학문이 마음치유의 영역에서 출발한 것은 분명하다. 도교와 불교도 매혹적이긴 하였지만 이후 유학을 위주로 공부하면서 나에서 출발하여 가족과 이웃, 세계, 나아가 생태계 전체에 대한 관심과 실천이 학문함의 궁극적인 목표라는 점을 되새기게 되었다. 유학에서는 줄곧 인간이 인간인 까닭은 마음이 있기 때문이라는 인간에 대한 근본적인 이해를 바탕으로 만물과 한 몸 됨이라는 경지를 통해 세상에 대한 관심과 실천을 표현하였다. 송 대 이후 유학자들의 궁극적인 목표는 '천리를 보전하고 인욕을 제거'하여 전인적 인격을 완성함에 있다. 순선한 천리는 우리의 본성으로 내재되어 있기 때문에 잘 함양하여 있는 그대로의 본성을 보전하여야 한다. 다른 한편으로 비도덕적 감정이나 사적 이익 추구 등의 욕망 또한 우리 마음속에 도사리고 있다. 인간의 마음은 외부 물질과 부딪치는 순간부터 순선한 본성에 반하는 욕망으로 흐를 가능성이 농후하기 때문에 이를 억제하여 도덕적 이성의 요구에 부합하도록 해야만 내재된 본성을 잘 발휘할 수 있다.

주자 성리학은 경건함과 엄숙한 태도로 일상생활에 임하면서 비교적 인욕의 제거에 중점을 두었다. 이는 태양을 가린 구름을 밀어내거나 거울에 낀 먼지를 털어내는 방식에 비유할 수 있다. 반면 육왕 심학은 뜬구름을 다 밀어 내어 없애고 청천백일을 보는 것이나 혹은 거울에 낀 먼지를 닦아내고 맑고 밝은 본 모습을 드러내는 소극적인 방법이 아니라 밝은 태양이나 거울 그 자체에서 빛을 발하는 적극적인 방법을 써야 한다고 주장한다. 왜냐하면 태양과 구름 혹은 거울과 먼지의 구분은 내외의 구분을 전제로 하는 것이고 외적 욕망의 제거를 통한 내면의 평화나 기쁨의 추구는 불가능하기 때문이다. 따라서 자신의 마음을 쪼개어 좋지 않은 부분을 제거하려 하지 말고 내 마음은 하나라는 사실과 본래 태양처럼 밝고 맑은 것이라는 점을 깨우치는 순간 분열과 고통이 사라지고 평온함과 기쁨이 드러난다는 것이 심학의 주장이다.

지금까지의 동양사상과 심리학의 결합은 도교와 불교에 집중하여 진행되었다. 다년간의 연구 결과 필자는 유가에서도 풍부한 심리학적 함의를 읽어 낼 수 있음을 발견하였고, 「유학과 의의치료학」(『동양철학연구』 51권, 2007년 8월), 「심령과 치유의 관점에서 본 나여방의 사상」(『양명학』 제21호, 2008년 12월), 「양명학과 심리학의 만남과 소통」(『유학연구』 제19집, 2009년 8월), 「전습록의 심리학적 독법」(『유학연구』 제23집, 2010년 12

월), 「니체와 이탁오」(『양명학』 제27호, 2010년 12월) 등의 논문을 학계에 발표하였는데, 이 책은 이러한 연구 결과물을 바탕으로 유가, 특히 심학과 서양 심리학과의 대화를 통하여 서로를 이해하고 소통할 수 있는 새로운 다리를 건설하는 데 주춧돌이 되기를 희망하면서 다음과 같이 여섯 단원으로 구성되었다.

심, 심학, 심리학, 심리치료

유·불·도 동양 삼교를 아우를 수 있는 단어를 들라면 '마음의 학문'이라 할 수 있다. 동양 전통인 유·불·도 모두 마음을 근본으로 삼고 있으며, 나아가 마음을 인간의 삶과 죽음을 관통하는 생명의 본질로 삼고 있다. 서양에서는 고대로부터 심리기관이 '심'인가 아니면 '뇌'인가에 관한 논쟁이 이어져 왔다. 19세기 전까지 '심'이 심리기관으로서의 주도적 위치를 차지하였지만 근대에 들어 '뇌가 마음의 기관 역할을 한다.'는 주장으로 귀결된다. '마음'과 '뇌'의 문제는 '마음'과 '몸'의 문제이기 때문에 인간의 심리와 행동의 연구에서 가장 중요하게 다루어져 왔다. 특히 사유의 주체인 마음과 행위의 주체인 몸의 상관관계에 대한 해석이 근대 지성사의 핵심적인 과제가 되었다. 서양 지성사에서 마음과 신체 관계를 처음으로 체계적으로 설명한 학자는 근대 철학자인 데카르트이다. 그는 영혼과 신체는 서로 다른 실체라고 구분하여 '심신 이원론'을 주장하였고, 이후 서양 지성사에서 다루어진 몸과 마음 연구는 데카르트의 이원론이 품고 있는 난제의 해결의 역사였다고 해도 과언이 아니다. 최근 신경과학자와 철학자의 공동 작업을 기초로 하여 탄생한 '인지과학적 철학' 이론에서는 '확장된 마음', '확장된 인지', '상황적 인지', '체화된 인지' 등의 개념을 쓰면서 뇌를 포함하는 몸과, 각종 물리적·사회적·심리적 환경이 연결되는 상호작용적인 활동이 서로 괴리되지 않는, 하나의 역동적 전체로서 보아야 한다고 주장한다.

서양 심리학은 고대 희랍의 지적 전통을 기반으로 발전되고 재구성되면서 근대 들어 과학의 분야 가운데 정착되었다. 서양에서 심리학은 철학에서 분화된 이후 인간의 정신 작용과 행동의 관계를 연구하는 과학적 학문분야로서 이론적이고 실증적인 성격을 띠고 발전하였다. 그러나 이와 같이 심신 이원론에 바탕을 둔 서양의 심리학은 인간의 의식과 자기인식에 관해 적절한 답을 제시하는 데 실패하고, 인간성의 상실이라는 위기에 직면하여 동양에 눈을 돌리기 시작하면서 새로운 인간 이해를 모색하게 된다. 그 가운데 서구의 확고부동한 정통성에 가장 강력한 도전을 받은 분야가 바로 심리학 영역으로서 전일주의적 사고에 바탕을 두고 현재 진행되고 있는 이론들의 자양분은 대부분 동양 사상들이 제공하고 있다. 우리는 여전히 유교문화권에서 살고 있고, 좋은 의미든 나쁜 의미든 유교적 습성들을 마음속에 간직하고 살고 있다. 유교문화의 가장 큰 특징은 오륜을 중심으로 하는 관계중심적인 자아설정이다. 서구 심리학은 자아 중심적인 관점에서 출발하고 그 테두리를 벗어나지 않고 발전하였다. 모든 심리적 문제는 개인의 문제로 여기고, 개인을 인지 체계 안에서 파악한다. 그러나 유학에서는 인간을 인지 체계보다는 도덕적 체계에 초점을 맞추어 파악하고 있다. 측은지심이라는 도덕적 정감을 기초로 하여 가정에서 사회로 확충하여야 한다는 것이 유학이고 따라서 강한 사회성을 띨 수밖에 없다. 서양에서 인간 본성에 관한 탐구가 '심리학'의 영역으로 들어온 이후 프로이트가 부의식 영역을 파헤치면서 의식과 무의식의 관계 및 그로부터 파생되는 억압 개념 등을 설명하면서, 정신병증을 진단하고 치유하겠다는 기치 아래 '심리학'은 '심리치료(정신치료)'를 포함하면서 새로운 지평을 열게 된다. 동양 전통에서 '심리치료'란 명칭은 없었지만, "병을 치료하려면 먼저 그 마음을 다스려야 한다."고 말하는 등 고대부터 심리치료를 매우 중시하였다.

선진 유학의 심리학적 함의

중국 사상 및 의학 등을 포함하는 중국 문화의 뿌리라고 일컫는 『주역』이 심리학계의 관심의 대상이 된 것은 융의 『주역』에 대한 심리학적 해석과 평가로부터 비롯되었다고 할 수 있다. 음과 양의 변화와 조화를 근본으로 하는 『주역』의 저술 배경은 '우환의식'의 발로, 즉 근심과 걱정의 해결에 있다. 『주역』에서의 우환의식은 작게는 개인의 우환에서 크게는 공동체와 우주 전체의 질서와 조화에 대한 고민의 발로였다. 나아가 『주역』의 심리학적 함의는 '심(心)' 자 자체의 의미에 국한되는 것이 아니고, 괘와 효가 지닌 상징적 의미가 더 크다 할 수 있다. 공자 이후 『주역』의 심리학적 함의는 마음의 정화와 감응을 통한 참자아의 정립과 타자와의 소통으로 점차 심화된다. 감응 작용을 본질로 삼는 '심'은 우주와 합일을 이루기 위한 교량의 역할을 담당한다. 바꾸어 말하면 인간이 세계와 일체가 될 수 있는 유일한 통로는 오직 '심'이라고 표현할 수 있는데 '마음 씻음'을 통해 체득한 일체감은 개인의 성장에서만 그치는 것이 아니라 감응을 통한 타자와의 소통으로 확대된다.

피비린내 나는 춘추전국 500여 년은 지식인들로 하여금 인간에 대한 근본적인 반성을 불러일으켰고, 인간의 본성에 대한 물음으로 이어졌다. 무모하게 세상과 맞서려 한다는 비아냥거림을 견디며 자신의 사명을 자각하고 수행하기에 평생을 바친 인물인 공자의 첫 번째 외침은 '먼저 인간이 되어라'였다. 공자는 '아는 것은 바로 인간을 아는 것'이라고 하면서 인문학의 길을 열었고 인간이 인간인 까닭은 '인(仁)'이 있기 때문이라고 하였다. 공자에게서 '인(仁)'은 생태계 내 여타 존재들과는 다른, 사람다움을 규정하는 총체적 덕목이고 전인적 덕목이며 실천적 덕목이었는데, 이후 맹자는 덕성 주체에 중점을 두고 인간의 실천 능력을 파악하였고, 순자는 지성 주체에 중점을 두고 인간의 실천 능력을 파악하였다.

유학 사상은 인간의 존재 특성을 사람들 사이의 관계에서부터 규정하고 있으며, 사회에 대한 관심을 인간의 가장 근본적인 특성 또는 의무로 간주한다. 따라서 이러한 바탕 위에서 구성되는 동양 심리학은 필연적으로 강한 사회성을 띠면서 역동적인 심리학이 될 수밖에 없다. 한편 맹자의 인성론에서 끌어낼 수 있는 심리적 함의는 자아 및 동기 심리학의 관점에서 인간을 능동적이고 주체적인 존재로 보는 점이다. 반면 순자는 인간 개개인의 내면적 도덕성보다는 사회 규범이 공동체의 질서와 조화 유지에 더욱 중요하다고 주장하였다. 순자는 인간은 지적 능력 체계를 통하여 외부 사물을 구별하여 인식하고, 이들 사이의 차이점을 기억함으로써 합당한 지식을 얻게 되는데, 이러한 본유적인 지적 능력에 힘입어 세계와 사회에 대한 구체적인 지식 내용뿐만 아니라 사물들의 이치도 또한 깨달아 알 수 있게 되며, 나아가서 도덕성과 올바른 행위 원칙도 인식할 수 있다고 주장하였다. 맹자와 순자는 비록 서로 다른 인성론을 펼쳤지만 같은 가치관을 공유하였다. 그것은 다름 아닌 인간은 주체적 존재라고 규정하고, 인·의·예·지 등을 추구해야 할 이상적 가치로 여긴 점이다. 다만 맹자는 인간을 덕성 주체로 규정하고 자신의 도덕적 마음의 움직임에 따라 자율적으로 추구할 때 공동체의 진정한 질서와 조화를 이룰 수 있다고 외쳤고, 순자는 지성 주체로서의 인간의 자율성을 강조했다.

리학에서 심학으로

송 대 유학자들은 초월적 실체로서의 '리(理)' 개념을 중심으로 형이상학적 사유 체계를 구성하였는데, 이 '리'는 우주만물 전체의 생성 변화의 원리이면서 동시에 도덕 창조의 실체이다. 이 초월적인 생성 변화 원리로서의 천리가 각 개체에 내재된 것을 '본성'이라고 하면서, 본성을 초월적이며 동시에 내재적인 것으로 규정하였다. 이 내재하는 본성을 자각할 수 있는 존재는 인간뿐이고, 자각은 '심(心)'에서 일어나므로 '마음'이라는 단어는 인간을 규정하는 핵심 개념이다. 주희는 '심'은 인간의 의식 현상의 총체로서, 그 안에 내재된 도덕적인 본질이 '본성'이고, 이 도덕적 본성을 지닌 인간은 감정을 통하여 자신을 표현한다고 하였다.

송 대 이후 유학자들의 궁극적인 목표는 '천리를 보전하고 인욕을 제거(存天理去人欲)'하여 전인적 인격을 완성함에 있었다. 순선한 천리는 우리의 본성으로 내재되어 있기 때문에, 그것을 잘 함양하여 있는 그대로 온전하게 보존하여야 한다. 다른 한편으로 비도덕적 감정이나 사적 이익 추구 등의 욕망 또한 우리 마음속에 도사리고 있다. 인간의 감정은 외부 물질과 부딪치는 순간부터 순선한 본성에 반하는 욕망으로 흐를 가능성이 농후하기 때문에 이를 억제하여 도덕적 이성의 요구에 부합하도록 해야만 내재된 본성을 잘 발휘할 수 있다. 이렇게 천리를 보전하고 인욕을 제거하기 위해서는 특정한 수양 방법이 필요한데, 성리학에서는 마치 초월자를 대하는 듯 경외의 태도를 유지하는 경공부를 강조한다. 성리학에서 경은 흐트러지는 마음을 다잡는 내적인 조절 능력을 의미함과 동시에 엄숙단정이라는 외적 자기통제를 의미한다. 문제는 종종 외적 자기통제가 내적 조절능력을 압도하게 되고, 결과적으로 엄숙주의에 빠져들어 오히려 심리적 압박으로 다가오곤 한다는 점이다. 욕망은 감각기관에서 발생하여 몸으로 표출되고, 따라서 욕망의 추구는 몸을 해칠 수 있으므로 제어해야 한다. 하지만 지나친 욕망의 억세는 마음을 병들게 할 수 있다. 마음의 병은 몸의 병보다 치유가 더 어렵다. 자신의 내면을 들여다보고, 본래의 면목인 마음의 인(仁)을 자각하고 확충하기만 하면 욕망은 자연스레 사라진다는 주장을 펼친 심학 계열의 학자들은 특히 자연스러움을 강조하였다.

욕망의 끝자락에 '내가 왜 이렇게 살지?'라는 물음이 떠오를 때 자기반성이 시작된다. 구름이 때로는 빛나는 태양을 가리고 맑은 거울에 먼지가 끼기도 한다. 대부분의 사람들은 구름을 떨쳐내고 먼지를 닦는 데 집중한다. 태양과 구름 혹은 거울과 먼지의 구분은 내외의 구분을 전제로 하는데, 심학에서는 외적 욕망의 제거를 통한 내면의 평화나 기쁨의 추구는 불가능하다고 여겼다. 우리는 '아, 사는 것이 정말 재미없네!'라고 한탄할 때가 있다. 개인의 삶을 이끌어가는 궁극적인 힘이 '의미'라는 전제에 동의한다면, 그것이 어느 시점이든 이 한탄이 터져 나오는 순간은 자신의 삶에서 의미의 부재를 깨닫게 되는 순간이다. 이 자각은 반성적 실천을 수반하게 되는데 그 실천은 내면적 확신을 통한 기쁨으로 자연스레 이어진다. 유가에서는 인간이 자신의 본성을 자각하고 관계 속에서 가정에서 작은 동아리로, 사회 전체로 실천하면서 확충하다 보면 최후에는 우주와의 일체감을 느끼게 되고 이 일체감에서 존재 의의와 희열을 느낄 수 있게 된다고 보는데 이는 심학 전통에서 가장 도드라진다.

심학과 분석심리학

융은 프로이트의 무의식 개념을 높이 평가하고 받아들였지만, 프로이트의 리비도 이론이나 그가 인간을 지나치게 병리적인 측면에서 설명하고자 한 점을 비판하면서 결별하였다. 그 이후 무의식에 대한 심층적 탐구를 통하여 의식과 무의식의 대극의 합일을 특징으로 하는 정신의 전일성의 회복을 통한 인간의 전일적인 삶의 회복을 추구하게 된다. 융은 자기(self)가 질서와 의미의 원리이며 원형임을 깨닫고, 자신의 심적 체험의 내용이 진실이며 그 진실성은 개인적 체험으로서의 진실일 뿐 아니라 다른 사람들도 역시 지니고 있는 집단적 체험으로서의 진실임을 주장한다. 여기서 융은 보편성의 담보를 고민하다가 동양 사상과의 대화를 통하여 자신의 이론을 확장하게 된다. 융은 자기실현을 모든 인격의 궁극적인 목표라고 하였는데, 의식세계의 속박에서 벗어나 무의식의 세계로 들어가 자기를 실현할 수 있는 길을 도교나 선불교 등의 참선이나 요가를 통한 일종의 신비적 체험을 통해서 검증하였다. 융은 선문답과 서양의 신비주의적 깨달음 사이에 놓여 있는 차이를 연결할 수 있는 가능성은 고작 암시될 뿐 실제적 실행으로는 결코 옮겨질 수 없다고 하였다. 선불교의 깨달음의 경지는 언어의 길마저 끊긴 체험이기 때문이다. 이는 어쩌면 형식의 문제일 수 있다. 그러나 더욱 중요한 것은 깨달음의 구체적 내용이나. 깨달음은 내용이 있어야 사회적 실천으로 연결된다. 유가에서 깨달음의 궁극적 목표인 성인은 전인적 인격의 완성자이며 세계의 질서를 세우는 창조의 주체이고 나아가 세계 전체에 대한 궁극적 관심의 실천자로 표현된다.

　왕수인의 일생은 분석심리학적 관점에서 볼 때 자기를 찾고 실현하는 역정이었다고 할 수 있다. 그는 부당한 권력에 대항하다가 혹독한 형벌을 받고 귀양을 간다. 귀양지에서의 실존적 위기 상황에서 불교나 도교적 수련법인 정좌를 통하여 삶과 죽음의 경계를 초월하여 마음의 평정을 유지할 수 있었지만 그것만으로는 인격의 전일성을 찾을 수 없었다. 즉 의식 속에 들어 있는 생사고해로부터의 해탈을 통해 정신적 자유를 누릴 수는 있겠지만 그것만으로는 자기실현을 달성할 수 없었던 것이다. 왕수인은 진리는 내면에서 나온다는 것을 깨달았고, 그것은 실천을 통해 완성된다고 주장했다. 따라서 타자와 관계를 맺으며 살아가는 인간은 개인의 자기실현에 멈추어서는 안 되고 개체는 관계 속에서 존재할 수 있음을 자각하고 사회속에서 자기의 깨달음을 주체적으로 실천할 때 비로소 자기실현이 완성된다.

융은 선불교의 대화를 통한 순간적인 깨달음이나 공안에 대한 이해를 무의식적 본성의 대답이라고 이해하고, 이 무의식적 본성이 '자연 그대로의 인간'을 드러낸다고 여기면서 그 증좌를 어린아이에게서 보았다. 그는 순진함과 무의식적임이 특징인 어린아이의 상태를 상당히 완벽한 자기의 상, 꾸밈없는 자기의 개성을 갖춘 진체 인간의 상이라고 묘사하였다. 이는 어린아이다움에서 사회화되기 이전의 인격의 전일성을 볼 수 있다는 의미다. 명 대 심학자들도 '어린아아다움'을 강조하였다. 아기 때에는 아무 거리낌 없이 부모형제와의 감응에서 즐거움이 넘치다가 자라면서 육체적 욕망이 이기심을 부르고 욕망의 무한 확장은 결국 본래의 마음상태를 질식시켜 기쁨을 앗아가고 고통에 직면해 발버둥치게 만든다. 갓난아기 때의 마음이 가장 자연스런 상태로서 일체의 세속적인 가치판단에서 자유롭다. 그 마음으로 돌아갈 때 비로소 자신이 자신의 주인인 셈이다.

심학과 인본주의 심리학

행동주의 심리학자 왓슨은 '심리학의 이론적 목적은 행동을 예견하고 통제하는 것'이라고 정의하였고, 정신분석학자 프로이트는 '정신분석치료법의 주요 목적은 자아에게 잃어버린 정신적 삶의 영역에 대한 통제권을 되찾아 주는 것'이라고 주장하였다. 이러한 주장을 펼치는 행동주의와 정신분석학은 조건화와 무의식적 과정에 너무 매료되어서 기본적인 관심의 대상이 되어야 할 '인간'에 대한 시각을 잃게 되었다고 비판하면서 등장한 새로운 조류가 인본주의 심리학이다. 인본주의 심리학자들은 심리학이 인간의 삶을 다루는 것이어야 한다고 주장하면서, 결정론에 기초하여 인간 행동에 대한 통제를 강조한 행동주의와 정신분석학과는 달리 인간의 사유와 신택의 능력을 강조하면서 '동기', '의지', '자아', '자아실현', '관계맺음' 등을 중시한다. 그러나 서양사상에서 자아는 일관되게 독립된 개체로서의 자아를 의미하고 자아실현 또한 개체로서의 자아의 발견 및 실현에 중점을 둔다. 따라서 심리치료의 목적도 사람들로 하여금 현실적 자아로 이상적 자아상을 극복하게 함으로써 자신이 겪고 있는 내부 갈등을 해결하고 사람들로 하여금 진실, 생산성, 타인과의 조화를 추구하도록 하는 데 있다. 그러나 자아의 지나친 강조는 타인과의 관계맺음에 걸림돌이 되었다. 이를 극복하기 위하여 프랑클은 인간은 본질적으로 윤리적 존재이고 관계 속에서 책임 의식을 느끼고 실천할 때 비로소 자기실현이 완성된다고 주장하였다. 하지만 그는 인간은 무조건적 도덕 명령의 주체가 될 수 없고, 따라서 행위에 대한 옳고 그름 등의 윤리적 판단도 전적으로 인간의 몫이 아닌 초월하여 존재하는 창조자의 몫이라고 여겼다.

　유가에서 인간은 '관계존재'이고, 자아는 관계 가운데 핵심이며 정신적 발전의 동태적 역정임을 전제로 사회에서의 충분한 실현을 목적으로 삼는다. 인본주의 심리학자들이 공통으로 직면하는 문제는 그들이 주장하는 자기실현이 사회적 실천을 담보할 수 있는가에 대한 의문이다. 왕수인도 일찍이 차안을 넘어 피안을 향하는 것만으로는 참된 초월·해탈을 얻을 수 없고, 다시 차안에로 회귀해야만 절대세계에 달할 수 있다는 것이 불교의 궁극적인 가르침이지만, 선행되는 관계 단절은 인륜에 대한 부정을 의미한다고 여겼다. 타자에 대한 참된 관심과 관계맺음은 사회적 실천을 통해 완성된다. 내용이 없는 지식은 실천으로 구체화되지 못하기 때문에, 자기실현도 결국 개인의 마음의 '평안한 상태'에서 그칠 뿐이므로 참된 자기실현은 지식과 실천의 일치를 통해 이루어진다는 것이 왕수인의 주장이다. 나아가 유가에서의 인간은 초월적이면서 내재적인 도덕적 자각 능력이 있기 때문에 감정 등 자아(ego)의 영향을 받지 않고 자신의 행동을 결정할 수 있으며, 신의 부름에 따르는 것이 아니라 자기 스스로 자기에게 무조건적인 명령을 내릴 수 있는 것이고 자기실현도 완성할 수 있게 된다.

　유가에서는 '대인', '군자', '성인' 등으로 표현하는 사회와의 관계, 나아가 우주와의 관계 속에서 자신을 실현하고 확장하는 주체로서의 '진정한 사람'이 됨을 궁극적인 목표로 삼는다. 이는 매슬로의 '존재의 심리학(Being-psychology)'과 유사하다. 그는 서양의 실존주의와 동양의 도가의 영향을 받아 '존재의 심리학'을 구성하면서 사람들이 자기실현을 인격을 이미 완성한 상태로 여기고 있기 때문에 자신과 무관하다고 여기는 점을 경계하고, 능동적으로 자기실현을 위해 노력해야한다는 점을 강조하였다. 존재의 심리학에서는 궁극적 경험 · 가치 · 인지 그리고 목적으로서의 인간에 대한 관심이 발현된다. 그는 이를 통해 궁극적으로 인간 내부의 분열, 사람들 사이의 분열, 세계 내부의 분열, 사람과 세계 사이의 분열을 통합할 수 있다고 여겼는데 이는 공부를 통해 만물 일체에 다다르려는 심학의 사유패턴과 일치한다.

심학과 트랜스퍼스널 심리학

프로이트 이래 서양 심리학의 발전은 분석심리학, 행동주의 심리학, 인본주의 심리학에서 '트랜스퍼스널(transpersonal) 심리학'으로 이어진다. 제1세력으로 간주되는 프로이트의 정신분석 이론은 인간의 무의식적 욕구와 내부의 본능에 초점을 둔 무의식적 결정론에 근거하고 있고, 제2세력으로 불리는 행동주의 이론은 심리학을 '순수하게 객관적 · 실험적인 자연과학의 영역'에 두고 환경결정론에 근거하고 있다는 점에서 이후 심성이 결여된 심리학이라는 비판에 직면하게된다. 제3세력 심리학이란 불리는 인간에 대한 긍정적인 관심을 바탕으로 한 인본주의 심리학을 넘어, 제4심리학은 개인을 초월하고, 인간을 초월하며, 인간에 국한된 욕구와 관심보다는 우주에 중심을 두는, 그리고 인간성·정체성·자기실현 등을 초월하는 심리학이다. 윌버는 '의식의 확장' 개념을 내세웠는데 이 자기의식의 경이로운 확장은 자기 정체성과 도덕에서 가장 선명하게 드러나며 에고 중심성에서 민족 중심, 세계 중심, 신(영혼) 중심으로 진행하면서 도덕적 깊이가 증가하며, '나'에서 '우리'로, 우리에서 '우리 모두'로, 우리 모두에서 '살아 있는 모든 존재'로 도덕적 넓이가 확장된다고 주장한다. 윌버는 이렇게 하면 심리적 문제를 극복하고 다시 존재의 근원과 하나가 될 수 있는가 하는 실천적이고 치료적인 문제에 관심을 기울였다. 윌버 등 자아초월 심리학을 전개하는 학자들은 동양 신비전통의 직관에 의한 깨달음을 받아들여 우주와의 일체감을 설명하면서도, 한편으로는 동양의 신비 전통은 자아가 결여된 불완전한 것이라고 비판한다.

왕수인에게 있어서 개인의 마음은 단지 그 자신만의 마음이 아니라 '원초적으로 전우주적 마음'이다. 창조적이고 영적인 빛으로서의 마음은 하늘로부터 부여받은 덕성인데, 이 덕성에 대한 분명한 의식은 '나'와 '우리', 나아가 '살아 있는 모든 존재'를 넘어서서 무생물의 영역까지 확장하여 우주 안의 모든 존재자들이 진실로 하나가 되는 원초적 통일을 구체화하도록 요구한다. 이는 의식과 실천의 일치를 의미한다. 왕수인은 객관적 대상은 자신의 의식이 투사될 때 비로소 참된 존재로 드러난다고 주장한다. 여기에서 존재가 드러난다는 말은

의미로 다가옴을 뜻하는데, 객관적 대상이 의미를 가지고 주체에게
다가오게 하기 위해서는 주체 스스로 객관적 사물에게 의미를 부여
해야 한다. 이 세계에 대한 의미 부여가 바로 인간 자신의 창조 활동
이다. 내가 창조하고 내가 의미를 부여한 세계여야만 비로소 타자의
아픔을 자신의 아픔으로 여기고 치유하려 하는 책임의식이 수반된
다. 양명은 자기를 자각하고 반성하며 검증할 수 있으며 동시에 타자
의 아픔을 자신의 아픔으로 느끼게 되는 양지(良知)의 영성과 진실성
으로 자기를 구성하고 세계를 구성한다고 보았다. 자신이 세상을 구
성할 때 비로소 세상이 자신에게 의미가 있게 된다. 그리고 자신이 세
계를 구성한다는 것은 다름 아닌 책임감을 가지는 것이다. 이렇게 명
확한 책임의식이 있어야만 실천이 필연성을 띠게 되고 우주와 더불
어 자기실현이 완성될 수 있을 것이다. 나아가 도덕 주체로서의 자신
의 정체성 자각을 통한 만물 일체의 완성은 어떤 것과도 비길 수 없는
즐거움을 수반한다. 이렇게 볼 때 심학적 사유는 신비적 체험에 기대
고 영성 차원으로 접근할 때 나타날 수 있는 실천적 동력의 부족을 해
소하여, '트랜스퍼스널' 심리학의 방향 설정에 계시가 될 수 있다.

평생 자식들 때문에 노심초사하시는 부모님께 이 책을 바친다.

2014년 가을

전병술

01

심,
심학,
심리학,
심리치료

유학에서는 학문의 궁극적인 목적이 즐거움이라고 주장한다.

이 즐거움은 욕망의 발산에서 나오는 쾌락이 아니라 관계 속에

서 자신의 가치를 실현할 때 저절로 우러나는 즐거움이다. 이

러한 유학의 본령을 드러내어 심리치료에 적용한다면 부정적

인 마음이나 정서 등의 제거에 치중하는 기존의 심리치료 이론

의 전환을 피할 수 있을 것이다.

1. 심

유·불·도 동양 삼교의 정신을 아우를 수 있는 표현을 들라면 '마음의 학문'이라 할 수 있다. 원나라 도교학자 진치허(陳致虛, 1200-?)는 유가와 도가 및 불가가 가리키는 마음에 대해 다음과 같이 말하였다.

이 세상에 두 가지 도는 없다. 옛적 공자는 "증삼아, 내 도는 하나로 관통한다."라고 하였다. 노자는 "만물은 하나를 얻어 생겨난다."고 하였다. 부처는 "모든 진리는 하나로 귀의한다."고 하였다. 이와 같기 때문에 삼교의 도는 하나라고 한 것이다. 성인은 두 마음이 없다. 불교에서는 "마음을 밝혀 본성을 본다."고 하고, 유교에서는 "마음을 바로 하고 생각에 거짓이 없도록 하라."고 하였으며, 도교에서는 "마음을 깨끗이 하면 정신[神]이 저절로 맑아진다."고 하였다. 말은 서로 다르지만 마음이라는 점에서는 같다. 이 삼교의 도는 오직 한마음일 뿐이다. 그렇다고 하여 유·불·도에서 말하는 마음은 절대 육체적 마음이 아니다.

이 마음은 천지의 올바른 마음이며 생명의 근원임을 알아야만 한다. 『중용』에서 "하늘이 명한 것을 성(性)이라 한다."고 하였고, 『대도가』에서는 "신(神)은 성(性)이고, 기(氣)는 명(命)이다."라고 하였으며, 달마는 서쪽으로부터 와서 곧장 "마음을 밝혀 본성을 보고 부처가 되라."고 하였다. 이와 같이 삼교의 도는 모두 성(性)과 명(命)을 밝히는 데 있다.[1]

진치허는 동양 전통인 유·불·도 모두 마음을 근본으로 삼으며, 나아가 마음을 인간의 삶과 죽음을 관통하는 생명의 본질로 삼는다는 점을 밝혔다. 어원으로 볼 때 '心' 자는 상형문자로서, 인간의 심장 형태를 그린 것이 변화된 글자이다. 고대인들은 심장을 신체의 중심에 있는 것으로 보았고, 오장육부 가운데 핵심적인 것으로 간주하였다. 『설문해자』에서 '심'은 본래 인간의 심장을 가리키는 것으로 신체 한가운데 있으며 상형문자라고 하였다. 또한 오행 가운데 토(土)와 배합하여 토장(土藏)이라고 부르기도 하고, 화(火)와 배합하여 화장(火藏)이라고 부르기도 한다고 하였다.[2] '흙'은 오행의 한가운데 있으며, 만물은 모두 흙에서 나온다. 이렇듯 흙과 마음 모두 만물을 생성하는 속성이 있다. 따라서 생성이라는 성질상 '심'을 '토'에 배합하였다고 할 수 있다. 한자에 심화(心火)라는 표현이 있다. 중의학에서 번조증(煩燥症), 갈증 등을 가리키기도 하고 혹은 울화증을 가리키기도 하는데, 이는 심을 화장(火藏)으로 보는 것과 일맥상통한다.[3] 우리나라에서 화병으로 불리는 것과 맞닿아 있다.

『황제내경』에서 "심은 오장육부의 대주(大主)로, 정신이 깃들어 있다."[4]고 하였고, 또 "심은 군주의 기관이다. 군주가 밝으면 아래가 안정되고 군주가 밝지 못하면 열두 기관이 위험하다."[5]고 하였다. 이는 심이 다른 장기들을 통솔함을 나타내며, 심의 기능이 정상일 때 다른 기관들도 정상적으로 움직인다는 주장이다. 즉 우리 신체는 심의 통솔하에 각 장기들이 유기적으로 연결되고 조화를 이루어 생명을 유지한다는 의미이다. 나아가 심에는 사유 기능이 있다. 이는 심이 신령한 작용을 하기 때문에 가능하다. 고대사회에서 신(神)은 가장 먼저 자연계와 인간, 사회를 주재하는 인격적인 개념에서 출발하여 점차 자연법칙 등으로 전화된다.

중국 전통 사유 체계에서 '신'은 다음의 네 가지 의미가 있다. 첫째, 순자가 "온갖 사물이 제각각 그 알맞음을 얻어 생성되고 각각 그 양육을 받아 성장한다. 이렇게 하는 일은 보이지 않고 그 드러난 공적의 결과는 보이게 되니, 이것을 미묘한 작용, 즉 신이라 한다."[6]라고 하였듯 천지의 변화에 의하여 자연이 생성되는데 이 생성 현상이 곧 신의 표현으로, 신은 변화의 내재적 동력이라 할 수 있다. 둘째, 인체 내의 일체의 생명 활동을 가리킨다. 인체 자체는 음양의 대립과 통일체로, 음양의 운동 변화가 생명의 운동 변화를 추동하는데 이러한 생명 활동 자체를 신이라 한다. 셋째, 생명력의 외적 표현을 가리킨다. 인간의 기색, 언어, 동작, 호흡, 심장박동 등 일체가 생명 활동의 유무를 나타낸다. 넷째, 인간의 정신, 의식, 사유 활동을 의미한다. 『황제내경』에서 "심은 군주의 기관으로, 신명이 나온다."[7]고 하였고, "심에 신이 쌓여서 과거와 현재를 안다."[8]고 하였다. 한 대 학자 양웅(揚雄, BCE 53-CE 18)은 '신이 곧 심'이라고 하였다.[9] 이는 모두 심(心)이 사유 주체임을 밝힌 말이다. 동중서(董仲舒, BCE 176?-104?)는 심이 몸의 주재자이자 희로애락의 정(情)과 계산하는 능력인 지(知)를 동시에 갖추었다고 생각하였다. 이렇게 볼 때, 중국 전통 사유 구조에서 '신(神)'은 넓게는 인간의 생명 활동 전체의 외적 표현을 가리키며 좁게는 인간의 정신, 의식, 사유 활동 등을 가리키고 있음을 알 수 있다. 순자는 "심은 가운데 텅 빈 곳에 있으면서 오관을 다스린다."[10]고 말하면서 심이 신체 기관의 중추임과 동시에 사유의 주체라고 말했다. 동양에서는 따라서 심이 뇌보다 더 근원적인 것이었다.

영어에서는 정서적인 마음을 심장에서 비롯되었다고 보아 heart라고 부르고, 이지적인 마음은 뇌에서 근원한 것으로 보아 mind라고 부르는 등 두 가지를 나누어서 본다. 반면 한자에서 '심'은 심장의 상형에서 출발하여 정서적인 의미와 이지적인 의미를 동시에 지닌다. 한자 문화권에서 '심' 자는 독립적으로 사용되며, 심리적 물질 기관을 가리키기도 하고, 일반적인 심리 활동을 가리키기도 하며, 성질·사려·정감 등 일종의 심리 현상을 가리키기도 한다.[11] 또한 심은 '忄'

혹은 '心'의 형태로 부수로 사용되며 '마음'과 연관된 글자를 구성한다. 『강희자전(康熙字典)』에 '심'을 부수로 하는 한자가 1,170자가 있는데, 대개 인간의 심리 현상, 심리 활동 혹은 심리 과정 등과 연관된다. 서양 심리학의 기본적인 범주인 감지(感知)·사유(思維)·감정(感情)·태도(態度)·성격(性格)·의지(意志) 등에 모두 마음 '심(心)' 자가 부수로 들어 있어 이미 그 의미를 드러낸다.

한편 옛부터 뇌와 신이 관련이 있다고 보는 견해도 있었다. 『황제내경』에서 "머리는 정명의 집이다."[12]라고 하면서 두뇌와 신(神)의 관련성을 표현하였다. 의성(醫聖)이라 불리는 한나라 장중경(張仲景, 150-219)은 "머리는 몸의 원수(元首)로서, 인신(人神)이 있는 곳이다."[13]라고 하였고, 명나라 이시진(李時珍, 1518-1593)도 『본초강목』에서 "뇌는 원신(元神)의 집이다."[14]라고 하였다. 근대 중의학과 양의학의 결합을 시도한 장석순(張錫純, 1860-1933)은 『황제내경』의 "심은 군주의 기관으로 신명이 나온다."[15]는 말과 "머리는 정명의 집이다."[16]라는 서로 다른 표현에 주목하여 연구한 결과, 뇌와 심이 함께 작용한다고 주장하였다. 그는 신명(神明)이 비록 뇌에 저장되어 있지만 쓰일 때에는 심에서 나온다고 하였다. 그는 '신(神)'을 '원신(元神)'과 '식신(識神)'으로 나눈 다음 뇌에서는 원신이 되고 심에서는 식신이 된다고 하였다. 원신은 인식 기능[思慮]이 없는 자연적인 허령(虛靈)이고, 식신은 인식 기능이 있으며 영험하면서 빈 것이 아니다. 또한 체용(體用)으로 나누어, 신명의

체는 뇌에 저장되어 있고, 신명의 용은 심에서 발용한다고 하였다. 즉 심리 활동은 뇌에서 비롯되어 심에 도달한 다음 심을 거쳐 외부에 발현되기 때문에 인간의 사유 기능은 심과 뇌의 상호작용을 통해 이루어진다는 주장이다.[17] 허신(許愼, 30-124)도 일찍이 『설문해자』에서 '사(思)' 자를 해석하면서 심(心) 자와 뇌(腦) 자의 결합자임을 밝혔다.

 서양에서도 고대로부터 심리 기관이 '심'인가 아니면 '뇌'인가에 관한 논쟁이 이어졌는데, 19세기 전까지 '심'이 심리 기관으로서의 주도적 위치를 차지하였다. 미국의 심리학사 전문가인 에드윈 보링(E. G. Boring, 1886-1968)은 저서 『실험심리학사(A History of Experimental Psychology)』에서 다음과 같이 말하였다.

 아리스토텔레스는 … 생명이 심장 내에 위치한다고 여겼다. 이집트인들은 사상을 심장 내에 정위시키고, 판단은 이마나 신장에 정위시켰다. 그러나 피타고라스는 뇌를 영적이고 지적인 기관으로 보았고, 플라톤도 이와 유사한 주장을 하였다. 피타고라스의 학설은 이어져 알렉산드리아의 해부학자들도 이를 믿었으며, 심지어 더욱 특수한 자리매김을 주장하였다. 알렉산드리아의 에리시스트라투스는 감각은 뇌막에 위치하고, 운동은 뇌실 체내에 위치한다고 주장하였다. 헤로필로스는 뇌실을 생활력의 저장고로 여기며 이를 논증하면서 동물의 정신은 뇌실에서 심장으로 들어가고, 다시 맥관을 거쳐 전신에 분포한다고

여겼다. … 이런 종류의 추측은 모두 경험적이 아닌 철학적 사유에서
나왔다. 19세기 이전까지는 뇌를 심령의 기관으로 보는 힘 있는 주장
은 없었다.[18]

보링의 주장에 의하면, 서양에서는 고대부터 인체 해부가 끊임없
이 진행되었음에도 불구하고, 19세기 이전까지는 과학 기술 수준의
한계와 연구 수단의 제약 때문에 '심장 중심설'이 주도적 지위를 누렸
고, '뇌 중심설'은 종속적 위치에 있었음을 알 수 있다. 더욱이 동양에
서는 신체를 소중히 여기는 것이 효의 시작이라는 『효경』의 가르침
때문에 고대에 해부학이 발달할 수 없었고, 이 점에서 '심장 중심설'이
더욱 강하게 유지되었다. 서양에서 뇌와 전반적으로 연결된 '영혼'이
란 개념은 일찍이 고대의 피타고라스, 히포크라테스, 플라톤, 에리시
스트라투스 및 갈레노스 등의 저술에서 찾아볼 수 있으며, 중세의 심
령 생리학자들은 정신 능력이 뇌실의 체액에서 나온다고 생각했다.
이는 근대에 들어 "뇌가 마음의 기관 역할을 한다."는 주장으로 귀결
된다.[19]

'마음'과 '뇌'의 문제는 '마음'과 '몸'의 문제이기 때문에 인간의 심리
와 행동의 연구에서 대단히 중요하게 다루어져 왔다. 특히 사유의 주
체인 마음과 행위의 주체인 몸의 상관관계에 대한 해석이 근대 지성
사의 핵심 과제가 되었다. 서양 지성사에서 마음과 신체의 관계를 처

음으로 체계적으로 설명한 사람은 프랑스의 수학자이자 철학자인 데카르트(Rene Descartes, 1596-1650)이다. 그는 영혼과 신체는 서로 다른 실체라고 구분하며 '심신 이원론'을 주장한다. 신체는 영혼의 간섭 없이도 스스로 많은 행동을 취할 수 있는 메커니즘인데 비해, 마음은 신체를 통제할 수도 있지만 항상 그렇지는 않은 순수한 사유의 실체다. 그러나 데카르트는 두 가지 서로 다른 실체인 마음과 신체가 어떻게 합쳐지거나 상호 영향을 끼치는지에 대해서는 명확하게 설명을 하지 못했다. 이후 서양 지성사에서 이루어진 몸과 마음에 대한 연구는 데카르트의 이원론이 품고 있는 난제 해결의 역사였다고 해도 과언이 아니다.

데카르트의 심신 상호작용론에 대한 대안 가운데 하나는 '심신 병행론(psychophysical parallelism)'이다. 이 이론은 마음과 신체는 어떠한 방식으로든 서로에게 영향을 미칠 수 없다고 여기면서 철저한 이원론을 주장한다. 그런데 19세기 이후부터 20세기로 이어지면서 특히 뇌과학의 발달과 더불어 마음을 대뇌의 작용으로 환원시키면서 몸과 마음의 관계는 물질 일원론으로 귀결된다. 그러나 최근의 인지과학적 논의들은 전통적인 관점인 환원주의적 심신 동일론 및 데카르트의 심신 이원론을 벗어나, 인간의 마음이 물리적·사회적 환경에 확장되어 있으며, 환경에 심체로 체화된(embodied) 개체가 환경과 상호작용하는 행위에서 일어나는 것이라는 점을 거론한다. 최근 신경 과학자와 철학자의 공동 작업을 기초로 하여 탄생한 '인지과학적 철학' 이론에서는 "뇌 속의 마음이 아니라 몸과 괴리되지 않으며 세상과 괴리되지 않은 마음으로 인지 개념을 재정립해야 한다."거나, "마음은 뇌 안에 있거나 개인 안에 있는 것이 아니라, 뇌를 넘어서, 개인을 넘어서 있다."고 주장한다. 즉 '확장된 마음', '확장된 인지', '상황적 인지', '체화된 인지' 등의 개념을 쓴다. 이들은 뇌를 포함하는 몸과, 각종 물리적 · 사회적 · 심리적 환경이 연결되는 상호작용 활동을 서로 괴리되지 않는 하나의 역동적 전체로서 보아야 한다고 주장한다. 이들의 이론에서는 마음은 지각적 바탕에서 나오며, '신체는 공동체적으로 구성된 내용의 개인적 체험의 장'이라는 결론에 이른다.[20]

동양 전통 사유에서는 일반적으로 몸과 마음을 나누어서 보지 않는다. 선종에서는 '심신일여(心身一如)'라는 말로 몸과 마음이 유기적으로 서로 연관되어 움직인다는 점을 표현한다. 한의학에서는 몸과 마음을 함께 다스려야 진정한 치유라는 관점에서 몸과 마음의 일치성을 주장한다. 왕수인은 "몸이란 마음의 형체를 통한 운용을 일컫고, 마음이란 몸의 영명한 주재를 일컫는다."[21]라고 하면서, 몸과 마음은 유기적으로 연관되어 있는데 몸은 마음의 표현의 장이라는 관점에서 마음의 주재성을 강조하였다. 즉 동일한 하나의 생명 현상을 단지 생명의 지향성과 작용성이 드러나는 형체와 현상 작용의 측면에서 보았을 때 이를 '몸'이라 일컫고, 형체의 작용을 통해 드러나는 지향성과 주재성의 측면에서 보았을 때 이를 '마음'이라 일컬을 뿐이다. 그는 또 "눈과 귀와 입과 코와 팔다리는 몸인데, 마음이 아니면 어떻게 보고 듣고 말하고 행동할 수 있겠는가? 마음이 보고 듣고 말하고 행동하려 하여도 눈과 귀와 입과 코와 팔다리가 없다면 이것은 불가능하다. 그러므로 마음이 없으면 몸이 없고, 몸이 없으면 마음도 없다."[22] 라고 하였다. 이렇게 왕수인에게 몸과 마음의 관계는 마음을 별개로 하는 몸이나 몸을 별도로 하는 마음이 독자적으로 존재하기나 작용할 수 없는 심신 일원적 체계를 지닌다.[23]

왕수인은 "몸(身)을 주재하는 것이 바로 마음(心)이고, 마음이 드러나는 것이 바로 의(意)이며, 의의 본체가 바로 지(知)이고, 의의 소재가 바로 물(物)이다."[24]라고 하며, 또 "마음은 몸의 주인이며, 마음의 허령명각(虛靈明覺)은 본연의 양지(良知)다."[25]라고 하면서 마음을 양지로 표현하였고, 마음에는 '밝게 알아차림[明覺]'이 본질인 '지각' 작용이 있음을 말하였다. 이 마음은 의식화되어서 바깥으로 표출되어 대상에 투사된다. "의(意)의 소재가 바로 물이다."라는 명제에서, 의는 의식·의향 등을 가리키고, 의의 소재란 의향의 대상이나 의식의 대상을 가리킨다. 그리고 여기서의 '물'은 주로 '사(事)' 즉 인류의 사회적 활동인 정치 활동, 도덕 활동, 교육 활동 등을 가리킨다. 이 명제는, 의식은 반드시 그 대상이 있으며, 즉 의식은 대상에 대한 의식이며, 사물 또한 의식이나 의향과 관련된 구조 속에서만 정의될 수 있다는 것을 말한다.[26]

유가에서는 이론적인 관점에서의 일치가 아니라 실천적 관점에서 몸과 마음이 하나임을 주장한다. 예컨대『대학』의 '수신·제가·치국·평천하(修身·齊家·治國·平天下)'라는 말 가운데 '수신'에서의 '신(身)'은 단순한 몸을 의미하는 것이 아니라 몸과 정신의 융합체로서의 개인을 의미한다. 나아가 '신'은 개인적 수양의 주체인 동시에 사회적 실천의 주체이다. 왕수인은 '심 밖에 이치는 없다(心外無理)'·'심 밖에 사태는 없다(心外無事)'·'심 밖에 사물은 없다(心外無物)'라는 주장을 하였는데, 모두 인간의 도덕 실천을 매개로 하였을 때 그 의미가 명확하게 드러난다. 왕수인은 '리'는 자신의 '마음' 속에 내재하는 것이고, 따라서 '마음'에서 사욕의 병폐를 제거하면 본심이 발현될 수 있는데, 이 본심은 가치 근원으로서의 도덕본심이고, 이 도덕본심이 발현될 때 특정한 상황에 맞닥뜨리면 자연히 그에 상응하는 행동이 나온다고 여겼다. 따라서 본심으로부터 발현되는 도덕의 이치는 객관적인 사물에 있을 수 없다고 하였다. 왕수인도 물론 부모는 자식에게 자애롭고, 자식은 부모에게 효도하여야 한다는 등 '정해진 이치'가 있음을 부인하지는 않는다. 그러나 이러한 이치는 본심이 발현되었을 때, 즉 도덕의식의 요구하에서 모든 사물에 이치가 있음을 의미한다. 만약 본심의 요구가 없다면 대상에 있는 도덕의 이치는 의미를 상실하고 마는 것이다. 반대로 대상이 존재하지 않더라도 이러한 도덕적 이치는 여전히 본심의 발현될 때 존재한다. 이것이 곧 '심외무리(心外無理)'의 뜻이다. 왕수인은 말하였다.

사물의 이치는 내 마음 밖에 있는 것이 아니다. 자신의 마음 밖에서 사
물의 이치를 구한다면 사물의 이치는 없는 것과 같다. 사물의 이치를
버리고 자신의 마음을 구한다고 하였을 때, 자신의 마음은 무엇인가?
마음의 본체는 성이고, 성은 곧 이치다. 따라서 부모에게 효도하는 마
음이 있으면 곧 효도의 이치가 있게 된다. 부모에게 효도하는 마음이
없으면 효도의 이치가 없는 것이다. 이치가 어찌 자신의 마음 밖에 있
는가?[27]

여기에서 '사물의 이치'는 경험 세계에서 사물이 자기를 실현하는
관계나 규칙을 의미하는 것이 아니라 행위규범을 의미한다.[28] 따라서
'사물의 이치가 내 마음 밖에 있는 것이 아니다.'라고 하는 것은 충·
효 등의 행위규범이 '마음'을 떠나서 존재할 수 없음을 의미한다. 예
를 들어 효도하는 마음이 없다면 부모가 자신의 눈앞에 있어도 효도
를 실행할 수 없고, 또한 부모에게서 효도의 이치를 찾을 수 없는 것
이다. 효도하는 마음이 자신에게서 생긴다면 효도의 이치는 그 자리
에서 바로 발현되고, 이 효도의 이치가 발현되기만 하면 그에 상응하
는 실천이 이어진다는 의미이다. 여기에서 심과 리는 하나임을 알 수
있다. 나아가 이러한 마음은 관계를 통해 구성된다. 개인의 인격은

자신의 마음이 가족과 사회에 투사되어 서로 유익한 방향으로 발전하면서 존재한다. 두유명(杜維明, 1940~)은 서양의 개인주의와 비교하여 유가의 이러한 사상을 '집단공생의 여정(communal path)'이라고 명명하였다.[29] 즉 개인의 인격은 개인의 마음과 마음의 실천의 장으로서의 몸 그리고 몸과 마음의 투사 대상으로서의 사회가 유기적으로 엮여서 형성된다는 것이다.

2. 심학

현대 신유학자 풍우란(馮友蘭, 1895-1990)이 "중국 사상은 마음에서 출발하여 직접적으로 마음 안에서 선과 행복을 추구했다."[30]고 했듯, 중국 정신사에서 심은 대단히 중요한 위치를 차지하면서 발전하였다. '심학'이라는 말은 위진남북조시대 불교 경전에 처음 등장한다.

> 학문에는 세 가지가 있다. 보다 높은 계행의 배움[增上戒學], 보다 높은 마음의 배움[增上心學], 보다 높은 지혜의 배움[增上慧學]을 일컫는다.[31]

불교의 삼학(三學)은 윤리적 수행인 계율, 정신적인 수행인 선정, 바른 지혜를 닦는 수행인 지혜를 일컫는데, 그 가운데 '선정'을 '심학'이라 불렀다. 즉 '선정'은 마음의 잡념을 제거하고 마음을 안정시켜 깨달음의 경지에 들어가는 것을 목표로 하기 때문에 '마음의 학문'이라고 불렀다.

부처는 인생의 고통스런 부분을 간파하고 '모든 것이 괴롭다[一切皆苦].'고 말하였다. 불교에서는 고통의 종류를 이고(二苦), 사고(四苦), 팔고(八苦)에서부터 백십 가지에 이르기까지 구체적으로 설명하였다. 고통을 크게 안에서의 고통[內苦]과 밖으로부터 오는 고통[外苦]으로 나눈 것을 '이고(二苦)'라 한다. '내고'는 나에게서 벌어지는 신체적 질병과 정신적 고통을 가리키고, '외고'란 내가 외부와 접촉하면서 부딪히는 갖가지 힘든 사태나 재난을 가리킨다. '삼고(三苦)'는 앞의 두 가지 고통스런 일을 당하여 고통을 느끼는 것을 가리키는 '고고(苦苦)', 즐거운 일을 만났으나 곧 사라져서 느끼는 고통을 가리키는 '괴고(壞苦)', 모든 것이 오래 머물지 않고 자꾸 변하기 때문에 느끼는 불안과 고통을 가리키는 '행고(行苦)'로 나뉜다. '사고(四苦)'는 생로병사를 가리킨다. '팔고(八苦)'는 생로병사의 네 가지 고통에 평생 만나고 싶지 않은 미운 사람을 만나 함께 살면서 감내해야 하는 고통을 가리키는 '원증회고(怨憎會苦)', 부모 형제를 비롯하여 사랑하는 사람과의 헤어짐에서 느끼는 고통인 '애별리고(愛別離苦)', 갖고 싶으나 가질 수 없기 때문에 생기는 고통을 가리키는 '구부득고(求不得苦)', 그리고 이 모든 고통의 근원이자 귀결인 '오취온고(五取蘊苦)'를 합한 것을 가리킨다. '오취온'은 '오온'이라 부르기도 하는데 인간을 포함한 모든 존재를 이루는 구성 요소로서 색온(色蘊), 수온(受蘊), 상온(想蘊), 행온(行蘊), 식온(識蘊)을 가리킨다. 인간에게 색온은 몸과 관계하고 나머지 넷은 마음의 형상을 나타낸다. '색(色)'은 물질적 요소로 눈·귀·코 등을 포함하는 인간의 몸을 가리킨다. '수(受)'는 감각기관을 통해 느끼는 괴로움, 즐거움, 기쁨, 슬픔 등의 감정이나 감각을 가리킨다. '상(想)'은 지성적 활동과 개념화하는 작용을 가리킨다. '행(行)'은 의지적 마음 작용을 말한다. '식(識)'은 앞의 네 가지 작용을 종합하여 분별하고 판단하는 작용을 뜻한다. 이 다섯 가지 마음의 작용이 대상이나 감정에 집착[取]하면서 갖가지 탐욕을 불러일으키기 때문에 인간을 특별히 칭할 때 '오취온고(五取蘊苦)'라 부른다. 다섯 가지가 뒤섞여 몸과 마음이 온통 고통으로 둘러싸여 이 세상 전체가 그야말로 '고해(苦海)'가 된다. 원하는 것을 소유하지 못해서 고통스럽다고 할 때 고통의 주체는 나다. 내가 고통스럽다. 고통을 주는 요소들을 없애면 내 마음이 편하련만 한 가지 잡념을 없애면 또 다른 잡념이 다가오고, 한 가지 고통을 없애면 또 다른 고통이 나타난다. 끊임없이 명멸하는 고통을 어떻게 없앨 수 있는가?

방법은 간단하다. 나를 없애면 된다. 주체가 없는데 어디에 소유가 있을 것이며, 내가 없는데 고통이 어디에 있겠는가? 내 몸은 여러 물질이 인연으로 뭉쳐진 것이기 때문에 나라고 할 것이 없다. 그럼에도 불구하고 육체는 여전히 존재하고 따라서 육체적 갈망도 여전히 존재함을 부인할 수는 없기 때문에 결국 마음의 문제로 귀결된다. 그러므로 "마음이 일어나면 온갖 것이 생기고, 마음이 꺼지면 온갖 것이 사라진다."[32]고 하였다.

도가에서 장자는 삶을 위태로운 것으로 파악한다.

나의 생은 유한한데 좇아야 할 것들은 끝없다. 유한한 생명으로 끝없이 좇아 헤매야 하니 위태롭다. 그런 줄 알면서도 좇아 헤매야 한다니 위태로울 따름이다![33]

장자는 삶의 난제를 두 가지로 보았다. 하나는 삶의 유한성이고 다른 하나는 평생 추구해야 하는 외적 조건[知]이다. 장자가 말하는 지(知)는 분별하는 마음이다. 즉 우리는 자신 앞에 나타나는 사태를 스스로 혹은 외적 기준에 근거하여 옳고 그름, 좋고 나쁨, 아름다움과 추함 등으로 분별한 다음 한쪽을 택해야 한다. 이는 죽을 때까지 이어지는 피곤한 과정이다. 끝없이 살고 할 일은 조금이면 얼마나 여유로울까? 그러나 유한한 존재로서의 숙명을 물리적으로 바꿀 수는 없다. 분별은 집착과 마음의 매듭을 낳고, 매듭은 불안과 초조함을 불러일으킨다. 우리는 늘 성공과 실패, 이해득실, 나아가 삶과 죽음의 분별 때문에 마음이 짓눌린다. 노자는 "현명함을 숭상하지 않음으로써 사람들을 다투지 않게 하고, 얻기 힘든 재화를 귀중하게 여기지 않음으로써 사람들이 도둑이 되지 않도록 하며, 욕심낼 만한 것을 보여주지 않음으로써 사람들의 마음을 어지럽히지 않도록 한다."[34]고 하였다. 분별지는 욕망을 불러일으킨다. 현명함을 숭상하는 사회가 학벌을 조장하여 대부분의 사람들을 초라하게 만들고, 명품 탐닉이 사기꾼을 양산하고 개인과 사회를 병들게 한다. 그러므로 노자는 "사람들로 하여금 알고자 하는 것과 하고자 하는 것이 없도록 해야 한다."[35]고 하였다. 분별지와 그에 수반되는 욕망이 없는 상태는 갓난아기[赤子, 嬰兒] 상태이다. 따라서 노자는 갓난아기 상태, 혹은 통나무[樸] 상태로 돌아가라고 권한다. 노자에게 궁극적인 진리[道]는 이름 붙여지지 않은 통나무 상태와도 같다.[36] 땅에 뿌리를 내리고 온전한 생명을 유지하던 통나무가 잘려 제재소로 가서 다듬어진 다음 책상도 되고 그릇도 된다.[37] 사람들은 그릇을 보고 그 원래 모습인 통나무는 잊어버리고 그릇이라고만 여기고 쓴다. 여자와 남자로 이름 지어지는 순간 인간이 사라지고, 인간과 자연을 구분하는 순간 생명이 사라진다. 핵심은 분별하는 마음에 있다. 노자는 이 분별하는 마음을 버리고 온전한 생명을 간직하는 상태에서는 집착도 불안도 사라진다고 보고 분별하는 마음을 비울 것을 주장하였다. 갓난아기의 순진무구함에 무슨 걱정 근심이 있겠는가! 그렇다면 어떻게 갓난아기 상태로 돌아갈 수 있는가? 갓난아기 상태로 돌아가는 것이 물리적 회귀가 아님은 당연하고 마음의 문제인데, 장자는 수양 방법으로 '심재(心齋)'와 '좌망(坐忘)'을 제시하였다.

너의 마음을 하나로 하라. 귀로 듣지 말고 마음으로 들어라. 마음으로 듣지 말고 기로 들어라. 듣는 것은 귀에서 그치고 마음은 외적 조건에 합치될 뿐이다. 기는 텅 빈 채로 사물을 기다린다. 도는 오직 빈 곳에 깃든다. 마음을 비우는 것이 심재(心齋)다.[38]

'귀로 듣는다' 함은 감각기관이나 원초적 감정에 의지하여 외부 사태에 대처하는 것을 의미한다. 감정에 휘둘리지 않기 위해서는 지성을 운용해야 하는데 여기에서 '마음'은 지성을 가리킨다. 지성은 옳고 그름 등을 분별하는 능력을 의미하는데, 이 또한 외적 사태에 대해 주체가 판단하는 것이 요구되고, 판단은 집착을 부른다고 장자는 생각했다. 따라서 지성 작용을 넘어서서 마음을 비울 것을 강조한다. '기'나 '허'는 작위적 분별이 없는 상태에서 있는 그대로 사물을 바라보기 때문에 주체와 객체가 하나로 될 수 있고, 결국 분별에서 시작되는 욕망과 고통으로부터 자유로울 수 있게 된다. 이는 나를 잊음을 의미한다.

육체를 잊고 귀와 눈의 작용을 멈추며, 형체를 떠나 지식을 버리고 도와 하나 됨을 일러 좌망(坐忘)이라 한다.[39]

나를 잊는다는 것은 일체의 외적 조건의 간섭을 물리치고, 분별하는 지성에서 벗어남을 의미한다. 자연은 일체의 사물에 아름다움과 추함, 옳고 그름을 분별하지 않고 있는 그대로의 생명의 자기실현 장소이다. 오직 인간만이 옳고 그름, 아름다움과 추함, 인간과 인간 아님 등을 구별한 다음 자연을 이용하고 타인을 재단하는 가운데 채워지지 않는 욕망에 휩싸여 결국 스스로를 옭아매어 벗어나지 못하고 불안과 고통 속에서 평생을 허우적거리며 피곤하게 살아간다. 이 피곤함과 고통을 벗어나기 위해서 자신의 존재를 잊는 '마음 비움'의 수양이 필요하다.[40]

이와 같이 마음 다스림이 '심학'의 내용이라 할 수 있는데, 불교나 도가에서는 주로 개인의 수양에 초점을 맞춘다. 반면 유가 전통에서는 사유와 실천의 일치를 강조하며 개인의 마음 수양에서만 그쳐서는 안 된다고 주장한다. 개인의 수양은 자신이 속한 공동체, 나아가 생태계 전체로 확장할 때 그것이 참된 의미를 지닐 수 있고, 마음의 요구에 따라 몸소 실천할 때 자신의 마음이 온전히 실현된다고 여겼다.

유가 전통에서 '심' 자와 '학' 자를 한데 묶어 사용한 것은 당나라 문학가 한유(韓愈, 768-824)가 자신의 시 가운데 "친구가 늙어서 내친다고 누가 말했는가? 스스로 마음의 학문(心學)을 행할 뿐이다."[41]라고 한탄한 것이 최초이다. 한유의 시에서 나오는 '심학'이라는 말은 학술 용어로서의 '심학'의 의미가 아니라 마음을 가다듬는 가르침이라는 의미로 사용되었다. 송 대 들어 소옹(邵雍, 1011-1077)이 저서 『황극경서(皇極經書)』의 편명 가운데 한 편을 「심학」이라고 지었다. 그는 「심학」 편에서 "심은 태극이다. 사람의 마음은 마땅히 고요한 물과 같이 안정되어 있어야 한다. 안정되면 고요해지고, 고요하면 밝게 된다."[42]고 하였다. 소옹이 '심'을 '태극'과 연결시켰다는 것은 '심'을 존재론적으로 보았음을 의미하고, 마음이 안정된 상태에서 진리에 다가갈 수 있음을 의미하는데, 이는 '심학'을 학술 용어로 규정했음을 보여준다. 그러나 '신학'이 사상사에서 체계적인 계통 가운데 하나로 자리매김한 것은 명 대 유학자 왕수인이 육구연의 학문을 '심학'이라고 규정한 이후부터이다. 왕수인은 육구연의 글모음집인 『상산문집』 서문에서 다음과 같이 말하였다.

성인의 학문은 심학이다. 요·순·우가 서로 주고받으며 말하길 "인심(人心)은 위태롭고 도심(道心)은 은미하니, 오직 정밀하고 한결같이 하여 진실로 그 중을 잡아야 한다."고 하였다. 이 말이 심학의 근원이다. 중이란 도심을 일컫는다. 도심의 정밀하고 한결같음을 일러 인(仁)이라 하는데, 중을 일컫는다.[43]

육구연과 왕수인 둘 다 '심'을 우주 만물의 본원이라는 존재론적 위치에 놓았고, 이후 정이(程頤, 1033-1107)와 주희(朱熹, 1130-1200)로 대표되는 '정주이학'과 대비하여 두 사람의 학문을 '육왕심학'이라 부르기도 한다. 이후 명 대에 '심학'이라는 명칭이 보편적으로 사용되었다. 명 대 학자 진건(陳建, 1479-1567)은 저서 『학부통변』에서 '심학'이라는 명칭이 보편화된 당시의 정황에 대해 다음과 같이 말하였다.

> 성현의 학문은 심학이다. 선학과 육구연의 학문 또한 모두 스스로 심하이라 부른다. 이는 '심'이란 명칭은 같지만 가리키는 바가 다름을 알지 못함에서 기인한다. … 공자와 맹자는 의리로서 심을 말하였는데, 선학에서는 지각을 가지고 심이라 한다. 왕수인은 "심의 양지를 일컬어 성(聖)이라고 한다."고 하였는데, 모두 정신·지각으로 심을 말했다. … 근래에 리를 모르고 떠들어 대길, "저것이 심학이다. 이것 또한 심학이다. 육왕학은 공맹학이다."라고들 한다. 오호라, 미혹됨이 오래 되었구나.[44]

명 대에는 양명학이 시대를 풍미하였고, 또한 유·불·도 삼교 융합이 유행하던 시대였다. 왕수인은 공자와 맹자의 학문을 일컫는 성학(聖學)을 '심학'이라 규정하고, 육구연이 공자와 맹자의 학문을 이어받았다는 의미에서 '심학'이라 규정하였다. 이는 당시 많은 주자학자들의 반발을 불러일으켰는데, 그 가운데 한 사람인 진건은 공자와 맹자의 학문을 '심학'이라고 규정하는 데에는 동의하지만, 육구연과 왕수인은 선종과 마찬가지로 '심'을 지각으로 보았기 때문에 인·의·예·지의 도덕적 마음을 주창한 공자와 맹자의 학문에서 벗어났다고 비판하였다. 이러한 비판의 정당성 여부를 떠나서, 『학부통변』의 글에서 당시에 '심학'이라는 명칭이 유행하였음을 잘 알 수 있다.

이렇게 볼 때, 명 대에 이르러 광범위하게 사용된 '심학'이라는 명칭은 개괄적으로 세 가지 정도의 함의를 지닌다.

첫째, 공자와 맹자의 사상을 대표로 하는 '성학(聖學)'을 가리킨다. '성학'이란 공자와 맹자의 학문이 전인적 인격을 갖추는 것을 궁극적인 목표로 삼음을 의미하는데, 이는 심성의 수양과 체득을 통해야만 오를 수 있는 경지이기 때문에 '심학'이라 할 수 있다.

둘째, '불학(佛學)', 특히 '선학(禪學)'을 가리킨다. 선학에서 '심'은 일체의 정신 현상을 총칭하는 것으로 '삼계위심(三戒爲心)', '일심삼관(一心三觀)' 등의 명제를 내세운다. 선학은 심을 지각으로 규정하면서 "내 마음에 스스로 부처가 있으니 자기 부처가 참부처이다. 만약 자기에게 부처의 마음이 없다면 어디에서 부처를 구하겠는가?"[45]라고 하면서 수행의 관건이 '마음 닦음(淨心)'에 있음을 주장하였다. 이런 관점에서 심성에 대한 논의가 광범위하게 이루어지므로 '불학', 특히 '선학'을 '심학'이라 규정하였다.

셋째, '육왕심학'을 가리킨다. 육구연과 왕수인은 공자와 맹자의 사상을 이어받아 '심'을 존재론적 지위에 자리매김한 다음, 자신의 마음

이 곧 천리임을 몸소 깨닫는다.[46]

이 책에서는 공자와 맹자로부터 명 대까지 이어진 유가 전통의 심학과 심리학과의 관계를 다룬다.

3. 심리학

서양에서 '심리학(psychology)'이라는 용어는 근대 영국의 경험론자인 베이컨(Francis Bacon, 1561-1626)이 과학을 분류할 때 심리학을 영혼의 철학에 배치하면서 비롯되었다. 그리고 독일의 인문주의자인 멜란크톤(Philip Melanchthon, 1497-1560)이 한 강연에서 '심리학' 개념을 사용한 이래 서양 심리학은 고대 희랍의 지적 전통을 기반으로 발전되고 재구성되면서 근대에 들어 과학의 분야 가운데 정착되었다. 서양에서 심리학은 철학에서 분화된 이후 인간의 정신 작용과 행동의 관계를 연구하는 과학적 학문 분야로, 이론적이고 실증적인 성격을 띠며 발전하였다.

독자적인 학문으로서의 심리학은 1879년 분트(Wilhelm Wundt, 1832-1920)가 독일 라이프치히(Leipzig) 대학에 처음 심리학 실험실을 설립한 때부터 시작된 것으로 본다. 그는 심리학의 형이상학적 기초화를 거부하면서 유전적 · 상대적 · 통계적 · 역사적, 특히 실험적 방법을 사용하여 의식을 직접적으로 연구하는 한계를 뛰어넘어야 할 필요성을 강변하면서,[47] 심리학을 의식과 관련된 사실들을 탐구하는 과학으로 정의하였다. 이전까지 사람들은 인간의 정신 과정인 사고와 꿈을 접근할 수 없는 신비한 현상으로 보았으며, 정신과 물질 또는 영혼과 육체는 엄연히 분리된 것으로 여겼다. 분트는 인간의 정신은 신비한 용어로서 이해될 것이 아니라 객관적으로, 그리고 과학적으로 연구되어야 한다고 생각했다. 이 점을 기초로 하여 심리학은 학적인 발전을 거듭한다. 인간 경험의 기초 단위 및 기초 단위들 간의 배합을 강조하는 구조주의(structualism), 감각, 지각 그리고 학습에만 관심을 두기보다는 인간이 감각 및 지각 능력을 어떻게 활용하여 환경에 대처하는가에 더 초점을 맞추는 기능주의(functionalism), 의식이란 영혼과 마찬가지로 정의할 수도 없거니와 측정할 수도 없기 때문에 심리학은 관찰이 가능하고 측정할 수 있는 행동만을 다루어야 한다고 주장하는 행동주의(behaviorism), 지각과 의식의 내용을 분리하는 구조주의를 비판하고 전체적이고 상호관련적 의미 수준으로 심리학을 해석하는 형태주의(gestalt psychology) 등으로 발전한다.

이러한 과학으로서의 심리학은 근대 일본의 철학자인 니시 아마네(西周, 1829-1897)가 'psychology'를 '심리학(心理學)'으로 번역하면서 동양에 소개되고 연구되기 시작하였다.[48] 근대 이전까지 동양에는 '심리학'이라는 단어 및 개념은 존재하지 않았고, '심리(心理)'라는 단어도 매우 적게 등장한다. '심리'라는 단어는 도연명으로 불리는 것이 더욱 친숙한 도잠(陶潛, 365-427)의 "한들한들 소나무가 벼랑 위에 서 있는 것이 귀염성 있는 부드러운 동자이더니, 15년이 지나고 나서는 높은 가지 어딘가에 기댈 수나 있나, 안색을 기르고 정기를 머금어 자라면서 뚜렷하게 속의 결 생기리라."[49]라는 시구에 처음 등장한다. 이 시에서 '심리(心理)'는 나무의 결을 뜻하지만 인간의 '심리적 주관'을 상징한다. 이 시는 어린나무가 자라 재목이 되듯, 아이들도 자라서 사회의 동량이 되기를 바라는 도연명의 염원을 표현한 작품이다. 그러기 위해서는 자신의 안색과 정기를 기르고, 원대한 뜻을 품이야 한다는 뜻이다. 안색과 정기를 기르는 일은 신체를 수양하는 일로 생리적 범주에 속하고 원대한 정신을 품는 일은 정신적 영역에 해당하는 것으로 심리적 범주에 속한다고 할 수 있다.

20세기 이후 철학·종교 등 동양과 서양의 사상적 만남은 서양 것들의 유입에 대한 동양의 대응으로 시작되었다고 할 수 있는데, '동도서기(東道西器)', '중체서용(中體西用)' 등의 단어들이 주는 의미와 같이 과학 기술 분야의 뒤처짐을 정신적 영역에서 채우려고 하였다. 그 가운데 '마음'의 수양을 통한 이상적 인간의 모습을 구현하려 했던 동양 사상의 방향은 서양의 인간 이해와 차이가 너무 크고 이성적이 아닌 신비적 경향을 띤다는 비난과 함께 서양 체계의 학문 영역에서 비켜서 있었다. 동양의 경우 마음의 이치를 객관적으로 밝히려는 이론적·실증적인 심리학은 없었고, 따라서 서양의 심리학을 고스란히 수용하여 적용하여 왔다. 특히 프로이트 이후 심리학의 영역이 정신 치료 분야로 확대되면서 새로운 전기를 맞이하게 되는데, 인간을 비합리적이고 결정론적인 존재로 가정하고 전개한 인간에 대한 분석은 동양의 인간에 대한 인식과 정반대의 길을 걸으며 발전하여 왔다. 그러나 프로이트적 접근은 심리적 삶의 중요한 부분들, 즉 특별한 종교적 체험이나 '의식의 확장된 상태'와 관련된 부분들을 설명하지 않고 외면하였다. 그럼으로써 너무 연역적이고 생물학적인 편향을 보인다는 비난을 피할 수 없었다. 이와 같이 심신 이원론에 바탕을 둔 서양의 제 사상들은 인간의 의식과 자기인식에 관해 적절한 답을 제시하는 데 실패하고, 인간성의 상실이라는 위기에 직면하여 동양에 눈을 돌리기 시작하면서 새로운 인간 이해를 모색한다. 그 가운데 서구의 확고부동한 정통성에 가장 강력한 도전을 받은 분야가 바로 심리학 영역으로서 전일주의(Wholism)적 사고에 바탕을 두고 현재 진행되는 이론들의 자양분은 대부분 동양 사상들이 제공한다.[50] 1930-40년대 이래 자연과학적 방법론에 바탕을 둔 기계론적 심리학에 대한 맹목적인 추구가 갖가지 폐단을 야기하자 일련의 심리학자들은 철학으로 되돌아가 지혜를 구하기 시작하였다. 그들은 현상학이나 실존주의 등 서양철학 이론을 받아들였을 뿐만 아니라, 나아가 동양으로 눈을 돌려 힌두교 · 도교 · 불교 등의 사상을 받아들이기 시작했다. 그 가운데 융 · 로저스 · 매슬로 · 프롬 · 윌버 등은 동양의 여러 사상들을 운용하여 새로운 체계를 구축하고자 하였다.

동양에서도 그동안 서구의 주류 심리학을 무비판적으로 받아들이고 적용하였던 점을 반성하고 동양의 정서에 맞는 심리학을 건립하려는 시도가 진행되었다. 우리나라에서는 조긍호의『유학심리학』(나남, 1998)과『선진유학사상의 심리학적 함의』(서강대학교 출판부, 2008), 최상진의『한국인 심리학』(중앙대학교 출판부, 2000), 임헌규의『유가의 심성론과 현대 심리철학』(철학과 현실사, 2001), 한덕웅의『한국유학심리학』(시그마프레스, 2003), 이죽내의『융심리학과 동양사상』(하나의학사, 2005), 이부영의『노자와 융-도덕경의 분석심리학적 해석』(한길사, 2012) 등이 그 결실이다. 이들은 크게 문화심리학과 분석심리학적 관점에서 동·서양 심리학의 대화를 시도하였다. 유학과 관련해서 조긍호는 선진시대 유학자인 공자와 맹자 및 순자의 인간관에 대해 체계적인 심리학적 해석을 하였으며, 한덕웅은 한국의 퇴계와 율곡, 하곡과 다산의 심성론에 대해 심리학적으로 분석하였다.

우리는 여전히 유교 문화권에서 살아간다. 따라서 우리는 좋은 의미든 나쁜 의미든 관계없이 유교적 습성들을 마음속에 간직하며 살아간다. 유교 문화의 가장 큰 특징은 오륜을 중심으로 하는 관계중심적인 자아설정이다. 서구 심리학의 흐름은 자아중심적인 관점에서 출발하여 그 테두리를 벗어나지 않고 발전하였다. 서구에서는 모든 심리적 문제를 철저히 개인의 문제로 여기며, 동시에 개인을 인지 체계 안에서 파악한다. 그러나 유학에서는 인간을 인지 체계보다는 도덕성의 체계에 초점을 맞추어 파악한다. 측은지심이라는 도덕적 정감을 기초로 하여 가정에서 사회로 확충하여야 한다는 것이 유학이므로 인간은 강한 사회성을 띨 수밖에 없다. 따라서 심리적 문제 역시 관계 속에서 발생한다.

심리학 분야에서 진행되는 우리 심리학은 대체로 두 방향으로 정리할 수 있다. 첫째는 전통 사상을 심리학 이론의 관점에서 재해석하여 현대 심리학에서 시사하는 점을 논의하는 것이다. 둘째는 한국 문화에서 한국인들이 보여주는 이른바 토착 심성이나 행위의 특징을 찾아내서 심리학적으로 설명하는 것이다.[51] 두 방향 모두 한국인의 심리를 체계적으로 해석하는 데 초점을 맞추어 진행된다. 자식의 카드 빚을 비관하여 아버지가 자살하는 사회가 관계 중심의 한국 사회이다. 우리는 늘 가정에서, 학교에서, 직장에서 남과의 관계 때문에 고민하고 스트레스를 받는다. 지금까지 우리는 이러한 것들이 유교 문화의 근본적인 문제이기 때문에 과감히 버려야 한다고 주장해 왔다. 그러나 이러한 것들은 버리려 해도 버려지지 않는다. 이제 우리는 적극적인 태도로 대응하여, 관계 안에서의 자아실현이 얼마나 삶을 윤택하게 해 주고 즐겁게 해 주는가에 초점을 맞추어, 관계 때문에 일어나는 심리적 문제들을 치료해야 한다. 유학에서는 학문의 궁극적인 목적이 즐거움이라고 주장한다. 이 즐거움은 욕망의 발산에서 나오는 쾌락이 아니라 관계 속에서 자신의 가치를 실현할 때 저절로 우러나는 즐거움이다. 이러한 유학의 본령을 드러내어 심리치료에 적용한다면 부정적인 마음이나 정서 등의 제거에 치중하는 기존의 심리치료 이론의 전환을 꾀할 수 있을 것이다.

4. 심리치료

영국의 분석철학자 스티븐슨은 일찍이 온전한 인성론은 우주의 본질에 관한 배경 이론과 인간의 본성에 관한 기본적인 이론, 인간의 병증에 관한 진단 및 치유 구조를 갖추어야 된다고 여겼다.[52] 이 주장을 전통적인 동양 사상에 대한 해석의 틀에서 본다면, 앞의 두 가지는 유·불·도 모두 각각의 '심성론'의 구조에서 다루고 있지만 뒤의 영역은 근대 이후 서양 심리학에서 다루기 시작한 개념이다. 서양에서 인간 본성의 탐구가 '심리학' 영역으로 들어온 이후 프로이트가 무의식 영역을 파헤쳐 의식과 무의식의 관계 및 그로부터 파생되는 억압 개념 등을 설명하며, 정신병증을 진단하고 치유하겠다는 기치 아래 '심리학'은 '심리치료(정신치료)'를 포함하면서 새로운 지평을 열었다.

일반적 의미에서의 '심리치료(psychotherapy)'란 문자 그대로 마음의 치료를 가리키는 용어로서, 본질적으로 인격의 기능과 발달을 방해하는 병리적 과정을 제거·수정·지연·억압할 목적으로 환자와 치료사 간의 관계와 대화(언어적 및 비언어적)를 사용하여 치료하는 형태이다.[53] 이러한 의미의 심리치료에서는 기본적으로 인간을 부정적 시각으로 바라보는 프로이트의 가치관에 근거를 두고 심리적 장애 요인을 추적하여 억압하거나 제어하는 방법을 사용한다. 그러나 심리적 질병, 혹은 고통은 기능적인 측면에서만 생기는 것이 아니고 이상과 현실의 괴리, 관계의 단절 등 일상생활에서 오는 것이 대부분이다. 이 점에서 삶의 근본적인 문제를 성찰하는 철학의 본령으로 되돌아가자며 '철학 상담'을 주장히는 학자들도 생겨나서 실제로 철학 치료 활동을 한다.[54]

동양 전통에서 '심리치료'란 명칭은 없었지만, '치신(治神)'·'의심(醫心)'·'료심(療心)'·'치심(治心)'·'치의(治醫)' 등의 명칭으로 심리적 치료를 강조하였으며, '심병(心病)'·'심질(心疾)' 등의 명칭으로 심리적 질병을 주시하였다. 『황제내경』에서는 "침구(鍼灸)로 질병을 치료하여 천하 사람들에게 혜택이 돌아가게 하는 관건에 다섯 가지가 있는데, 사람들은 모두 버리고 돌아보지 않아 이러한 도리를 알지 못한다. 다섯 가지 관건은 첫째, 마음을 다스려야 하고, 둘째, 몸을 보양해야 하고, 셋째, 약물의 성분을 알아야 하고, 넷째, 폄석(치료석)의 크기를 조정해야 하고, 다섯째, 오장육부와 혈기의 진단 방법을 알아야 한다."[55]고 하면서, 침구에 앞서 마음치료를 강조하였다. 명의 화타(华陀, 145?-208)의 유작으로 불리는 『청낭비록(青囊秘箓)』에서는 "훌륭한 의사는 먼저

마음을 치료하고 난 다음 몸을 치료해야 한다."[56]고 하였다. 모두 심
리적 질병의 치료를 강조한 말들이다. 고전 문헌에 등장하는 '심병'은
대체로 마음속의 우려 때문에 생기는 질병을 가리킨다.

'심병'이라는 말은『주역』에 가장 먼저 등장한다.『주역』「설괘전」
에서 다음과 같이 말하였다.

> 감(坎)은 물이고, 도랑이고, 숨어 엎드린 것이고, 곧게 펴거나 구부리는
> 것이고, 활과 바퀴이다. 그것이 사람에게는 근심을 더하는 것이고, 마
> 음의 병이고, 귀가 아픈 것이고, 혈괘(血卦)이고, 붉은 것이다.[57]

불교 경전인 남북조시대의『홍명집(弘明集)』, 송 대의『전등록(傳燈
錄)』등에서도 '심병'을 언급한다.

> 물었다. 사려가 제멋대로 일어나는데 어떻게 이것이 마음(心體)이 주도
> 하는 것임을 알 수 있는가? 답하였다. 마음이 병나면 생각이 어긋난
> 다. 그러므로 마음이 사려의 근본이 됨을 알 수 있다.[58]
> 만약 부처의 제자가 되려 한다면 마음의 병이 가장 고치기 어렵다고
> 가르치지 말라.[59]

위의 용례에서 보듯 '심병'이라는 말은 춘추전국시대부터 지속적으

로 쓰이기 시작하였음을 알 수 있다. '심병'과 유사한 단어로 '심질(心疾)'이 쓰이기도 하였다. 『사원(辭源)』의 해석에 의하면 고대 한자에서 '심질'은 세 가지 함의를 지닌다. 첫째, 마음의 근심 때문에 일어나는 질병으로, 춘추시대에 '여섯 가지 질병' 가운데 하나로 여겼다. 『좌전』에서 "하늘에는 여섯 가지 기후가 있고 … 지나치면 여섯 가지 질병이 생긴다. 여섯 가지 기후란 음·양·바람·비·어둠·밝음이다. 또한 순서대로 네 계절 다섯 절기로 나누어 이루어지는데 지나치면 재앙이 된다. 음기가 지나치면 오한병이 들고, 양기가 지나치면 열병이 들고, 바람이 지나치면 사지에 병이 나고, 비가 지나치면 배에 병이 나고, 어둠이 지나치면 정신에 미혹이 오고, 밝음이 지나치면 마음에 병이 생긴다."[60]고 하였다. 즉 사려가 지나치면 마음이 번잡하여 질병이 생기는데, 이는 각종 '심병'을 일컫는다. 『한비자』에 "사람을 시켜 사마자반을 소환하자 사마자반은 심질을 핑계로 거절하였다."[61]라는 구절이 나오는데 같은 의미다.

둘째, 신경병을 일컫는다. 당 대 이조(李肇, 약 813년 전후 생존)의 『국사보(國史補)』라는 책에 "초에 유벽이 심질이 있어서, 밖에서 사람이 오면 늘 음식을 삼키는 흉내를 내었다."[62]라고 하였다. 다른 문헌에서는 정신착란에 해당하는 말로 '광질(狂疾)'·'광역병(狂易病)' 등의 단어를 사용하기도 하였다.

셋째, 마음에 질투를 품는 것이다. 질병 '질(疾)' 자는 질투 '질(嫉)' 자와 통용된다. 『황제내경』에서 "다른 사람이 잘 지내는 모습을 보면 오히려 성내고 마음에 질투가 일어나며 고마움을 모르는 사람이 있는데 이는 소양인이다."[63]라는 말이 나온다. 이렇게 살펴볼 때, 고대 한자에서 '심병'과 '심질'은 동일한 함의를 나타내기도 하였음을 알 수 있는데, 둘 다 심리적 요인 때문에 발생하는 질병을 의미한다. 따라서 오늘날의 '심리적 질병'과 같은 의미를 지닌다고 할 수 있다.[64] 동양 전통에서는 심리적 질병이 발생하기 전에 예방하는 것을 최우선으로 삼았다. 『황제내경』에서 다음과 같이 말하였다.

그러므로 성인은 이미 생긴 병을 다스리지 않고 병이 생기기 전에 다스리고, 이미 어지러워진 뒤에 다스리지 않고 어지러워지기 전에 다스리는데, 이를 일컫는다. 병이 생긴 후에 약을 쓰고, 이미 어지러워진 다음에 다스리는 것은 목마른 뒤에야 우물을 파고 전투가 발생한 뒤에야 무기를 만드는 것과 같으니 어찌 늦지 않겠는가?[65]

『황제내경』의 이 말은 예방의학의 좌우명이며, 심리 교육의 함의를 지닌다. 마음치료의 강조는 우리나라 허준(許浚, 1546-1615)이 『동의보감』에서 가장 잘 표현하였다.

구선이 말하였다. 옛적에 신성(神聖)한 의사들은 사람의 마음을 다스러서 병이 나지 않게 하였다. 지금 의사들은 단지 사람의 병만 치료할 줄 알고 마음을 다스릴 줄은 모른다. 이것은 근본을 버리고 말단을 좇는 것이며 원인을 찾지 않고 나타난 증상만을 치료하여 병을 낫게 하려고 하는 것이니 어리석은 일이 아닌가! 비록 일시적인 요행수로 나았다고 하더라도 이것은 민간의 서투른 의사들의 처치이므로 얻을 것이란 없다고 하였다. 태백진인(太白眞人)은 말하였다. 병을 치료하려면 먼저 그 마음을 다스려야 한다. 반드시 올바른 마음가짐으로 도에 기대어 환자로 하여금 마음속에 있는 의심과 염려와 사려, 일체의 망념과 불평 및 나와 남의 구분을 없애고 평생 행한 잘못을 뉘우치며 몸과 마음에서 비롯된 모든 것들을 내려놓도록 해야 한다. 그리고 자기의 생활 방식이 자연의 이치에 부합하도록 하여 세월이 지나면 결국 정신이 통일되어서 저절로 마음이 편안해지고 성품이 화평해진다. 이렇게 되면 세상의 모든 일은 다 공허한 것이고 종일 하는 일이 모두 헛되다는 것을 알게 되며 또한 내 몸이 있다는 것도 환상이며 화와 복이 없는 것이고 살고 죽는 것이 한갓 꿈과 같다는 것을 알게 된다. 그리하여 모든 것을 깨닫게 되고 모든 문제가 다 풀리게 되며 마음이 저절로 깨끗해지고 질병이 저절로 낫게 된다. 이와 같을 수 있다면 약이 입으로 오기 전에 이미 병을 잊게 된다. 이는 진인(眞人)이 도로써 마음을 다스려서 병을 치료하는 방법이다. 또한 지인(至人)은 병들기 전에 고치고 의사는 병든 후에 치료한다. 병들기 전에 고치는 것을 마음을 다스린다고도 하고 수양한다고도 말한다. 병든 다음에 치료하는 것에 대해 약을 먹는다고도 하고 침과 뜸을 놓는다고도 한다. 치료 방법에는 비록 두 가지가 있으나 병의 근원은 하나이니 반드시 마음으로 생기지 않았다고 할 수 없다고 하였다.[66]

허준은 도교 수련을 포함하는 마음의 치료를 최우선으로 삼았다. 그는 마음의 병뿐 아니라 몸에 오는 대부분의 질병도 마음에 기인한다고 여겼는데, 핵심은 대체로 병은 불가나 도가의 사유처럼 분별하는 마음과 그에 따르는 욕망에서 비롯되기 때문에 분별을 없애고 욕망을 줄이면 대부분의 질병이 저절로 사라진다는 것이다.

중국에서 당 대까지 출현한 의서에서는 심병이란 개념을 많이 사용하였지만, 불교나 유가 그리고 도가 계열 문헌에서의 용례는 의서에 비하여 적다. 그러나 송 대에 들어오면 의학 서적을 제외하고 특히 유가 계열의 문헌들에서 심병이란 개념을 사용하는 빈도가 전 대와는 비교가 되지 않을 정도로 폭증한다. 이는 심병이란 개념에 의한 마음 경험이 유학자들에게 일반화되었음을 의미한다.[67] 송 대 범준(范浚, 1102-1150)은 「심잠(心箴)」을 지어 다음과 같이 말하였다.

망망한 천지 사이에 굽어보고 우러러보아도 끝이 없는데, 사람은 그 사이에서 보잘것없는 몸을 지니고 있다. 이 몸은 작은 것이 큰 창고 안의 한 낟알같이 보잘것없지만, 천지에 참여하여 삼재가 되는 것은 오직 마음이 있기 때문이다. 예로부터 지금까지 누군들 이 마음이 없겠는가? 마음이 형체가 부리는 대로 하면 짐승이 되는 것이고, 오로지 입과 귀와 눈과 수족과 동정이 마음의 빈틈을 파고들어 심병이 되는 것이다. 한마음은 은미한데 온갖 욕망이 마음을 공격하니 보존됨이 드물구나. 군자는 진실한 마음을 보존하여 잘 생각하고 공경하니 마음이 태연하여 온몸이 명령을 따른다.[68]

이는 송 대 성리학자들의 일반적 견해라고 할 수 있다. 즉 인간이 인간인 까닭은 마음이 있기 때문인데, 이 마음은 순수하고 진실한 도덕적 마음이고, 이 도덕적 마음 때문에 천지와 더불어 창조의 주체가 될 수 있다. 하지만 육체적 욕망을 좇으면 인간으로서의 가치를 상실하고, 감각기관의 욕망에 의지하면 마음의 병을 얻는다. 진실함[誠]과 공경함[敬]만이 마음을 편안하게 하고 몸도 뜻하는 대로 움직일 수 있게 한다는 것이다. 성리학은 공자와 맹자의 정신을 계승함을 표방하고, 궁극적으로 수양 혹은 실천을 통해 성인의 경지에 이름을 목표로 하면서 체계화한 학문이다. 이 점에서 공자와 맹자 이래 유학은 줄곧 심신 수양을 핵심적인 관건으로 삼았다. 명말 청초 학자인 이옹(李顒, 1627-1705, 호 二曲)은 유가 경전 전체를 자기치유의 책으로 보고 다음과 같이 말하였다.

공자 · 안회 · 자사 · 맹자와 송 대의 주돈이 · 정호와 정이 · 장재 · 주희 및 명 대의 하(河) · 회(會) · 요(姚) · 경(涇) 등은 모두 의사로 치면 뛰어난 명의이고, 오경과 사서 그리고 여러 유가들의 어록은 모두 의사들의 양방 아닌 것이 없다. 나는 어려서부터 자랄 때까지 종일 그 처방을 읽으면서 다만 그 경전들을 부귀영달의 자원으로 여겼을 뿐, 실은 처방에 따라 복용하는 약으로 여긴 적이 없었다. 스스로 병을 치료하려면 명의가 처방한 초심을 저버리지 않아야 한다.[69]

그는 감각기관의 만족만을 위한 삶이나 부귀영화를 위한 삶 · 경쟁심 · 질투심 · 인색함 · 자아와 타자와의 분리 · 옳고 그름에 대한 지나친 분별 등을 심리적 질병으로 보고, 독서와 수양을 통한 자기치유를 강조하였다. 이렇게 볼 때 이옹은 심리학자로서의 면모를 충분히 갖추었다고 할 수 있다. 유가 전통에서 심리학 및 심리치료학적 함의가 가장 풍부하게 나타나는 계통은 육왕심학 전통이다.

02

선진 유학의
심리학적 함의

인에 바탕을 두지 않고 법률에만 의거하는 정의는 공권력의 횡

포를 부를 것이고, 인에 바탕을 두지 않은 예(禮)는 의미 없는

형식주의로 흐를 것이며, 인에 바탕을 두지 않은 용기는 만용

이 되어 폭력을 부를 것이고, 인에 바탕을 두지 않은 지식은 얕

은 지식에 머무는 등, 인에 바탕을 두지 않은 일체의 문물제도

는 결국 생기를 잃는다는 것이 공자의 생각이다. 인을 바탕으

로 공자는 온화하고, 어질며, 공경하고, 검소하며, 겸양의 인격

을 갖추어 동아시아인들의 삶의 지표를 열어주고 만세의 스승

이 될 수 있었다.

1. 주역의 심리학적 함의

중국 사상 및 의학 등을 포함하는 중국 문화의 뿌리라고 일컫는
『주역』이 심리학계의 관심의 대상이 된 것은 융의 『주역』에 대한 심
리학적 해석과 평가로부터 비롯되었다고 할 수 있다. 융은 1920년
대 전후부터 인도와 중국 등 동양의 여러 사상들에 관심을 갖기 시작
하면서 『주역』을 접하게 되었고, 독일의 중국 전문가 빌헬름(Richard
Wilhelm, 1873-1930)의 『주역』 독일어 번역본의 서문을 쓰고 원문을 읽으
면서 그의 『주역』에 대한 이해가 심화되었다. 그는 "『역경』[1]에서 천
명한 것은 실제 일종의 독특한 인류의 심리 현상이다."[2]라고 하면서
심리학적 관점에서 『주역』을 이해해야 한다고 하였다. 빌헬름은 또
도교 경전 가운데 하나인 『태을금화종지(太乙金華宗旨)』[3]를 『황금꽃의
비밀(The Secret of the Golden Flower)』이란 이름으로 번역하였는데, 융은
서문에서 『주역』을 언급하면서 "『역경』은 중국 문화의 정신과 영혼
을 포함한다. 수천 년에 걸쳐 중국의 위대한 현자들이 끊임없이 관심

을 기울이면서 계속 새로워졌으며,『역경』에 관심을 가진 사람들에게 무궁한 의미와 무한한 계시를 드러내었다."[4]라고 하면서『주역』의 심리학적 가치를 높이 평가하였다.

역이란 무엇인가?

변화의 원리이다. 아침이면 해가 뜨고 저녁이면 해가 진다. 밤낮이 교차하고 봄이 가면 여름이 오고 단풍 지면 겨울이다. 잉태되는 순간부터 변화하기 시작하고 태어나는 순간부터 자라기 시작한다. 학생이있다가 사회인이 되고 아들·딸이었다가 부모가 된다. 계절이 끊임없이 순환하는 것이 자연이고, 인간의 생사고락도 끊임없이 반복된다.

64괘로 구성된『주역』의 첫 괘는 건(乾)괘이다. '건'은 시작이나 발생을 뜻하며, 이어서 나오는 곤(坤)은 시작하는 장소 혹은 발생하는 장소를 뜻한다. 건곤에서부터 세상만사의 온갖 이치가 변화무쌍하게 진행되다가 63번째 괘인 기제괘(旣濟卦)에서 완성된다. '기제'는 완성이란 뜻이다. 그리고 마지막으로 미제괘(未濟卦)를 둔다. '미제'란 미완성이란 뜻이다. 자연의 변화도 인간의 운명의 변화도 영원히 끝나지 않는다는 것을 나타낸다.

『주역』은 또한 불변의 진리를 의미한다. '낳고 또 낳는 것을 일러 역[生生之謂易]'이라 하였다. 자연이 끊임없이 창조된다는 것은 불변의 진리이다. 산과 들에 자라는 나무와 풀과 꽃들, 위에서 아래로 흐르는

물 등 우주의 모든 것이 우주의 자기실현이다. 이 세상에 모습을 드러
낸 이상 누구나 자신의 존재 이유를 지니고 자아실현을 통해 자기를
완성하게 된다. 나아가 내 자신이 창조의 주체가 되어야 한다. 내가
나의 능력을 제대로 실현하지 않으면 우주도 내게서 멀어져 간다. 변
하지 않는다는 사실은 변함없고, 내가 삶의 주인이라는 사실 또한 변
함없는 진리다.

『주역』의 미덕은 또한 간단함에 있다. 세상의 모든 이치와 인생에
서 일어날 수 있는 모든 일들을 음과 양(--, ―), 8괘 및 64괘로 설명한
다. 『주역』은 우주와 인생의 근본원리를 음양이라는 부호로 상징하
며, ― 과 -- 두 부호를 조합하여 64괘를 만들고 64괘에서 8괘를 끌어
낸 다음 다시 그 도상을 가지고 삶의 전 영역을 64괘(卦) 및 384효(爻)
로 해석했다.(― 과 -- 두 부호를 조합하여 8개의 괘를 만들고 다시 그것을 포개어 64괘
를 만들었다는 이론도 있다.) 어찌 되었던 그 밑바탕에는 우주와 인간의 일
이 아무리 복잡하다 해도 결국은 단순화시킬 경우 두 가지 상대되는
개념에서 출발한다는 믿음이 깔려 있고, 복잡하기 짝이 없어 갈피를
잡을 수 없을 것 같은 수많은 일도 결국 일정한 패러다임 속에서 설명
된다고 보는 것이다. 인생의 결정적인 관건에서 우리는 때로 문제를
너무 복잡하게 생각하여 주저하며 결정하지 못한다. 신중이 지나쳐
고민에 휩싸여 병을 얻기도 한다. 결혼을 할 것인가 말 것인가? 이 회
사에 입사를 할 것인가 말 것인가? 사표를 쓸 것인가 말 것인가? 결론

은 둘 중 하나가 아닌가. '죽느냐 사느냐!' 『주역』을 지은 까닭도 미래에 대한 걱정과 근심 때문이라고 하였다.

현대에 들어 '심리학사' 고대편에 서양 이외의 심리 사상들을 언급하는 사례가 늘고 있는 가운데, 『주역』에 대한 심리학적 이해의 중점 또한 '변화의 책(Books of Changes)'이라 번역하듯 아래의 예와 같이 음과 양의 변화에 초점을 맞춰 이해한다.

> 심리학의 토대가 되는 고대 중국의 철학은 음(yin)과 양(yang)이라는 두 가지 기본적인 개념에 토대하고 있다. 이 두 개념은 서로 정반대되는 우주의 기운이지만, 그것은 또한 상보적인 기운이기도 하다. 양은 힘·강함·남성성·열·건조성 등과 같은 성질을 대표하는 개념이고, 반대로 음은 약함·부드러움·여성성·수용성·차가움·습함 등과 같은 성질을 대표하는 개념이다. 음과 양의 평형상태는 신체적인 안녕과 심리적 안녕, 그리고 사회적 균형에 필수적으로 요구되는 것이다. 중국의 의학적, 심리학적 처방의 대부분은 이러한 균형이나 평형 상태를 유지하고 회복하는 방향에 초점을 둔다.[5]

이렇게 음과 양의 변화와 조화를 근본으로 하는 『주역』의 저술 배경은 '우환 의식', 즉 근심과 걱정의 해결에 있었고, 따라서 단순히 균형과 평형을 추구하는 것보다 더 풍부한 심리적 함의를 지닌다. 『주역』·「계사전」에서 "『주역』이 출현한 것은 중고(中古) 시대이던가?
『주역』을 지은 사람은 우환이 있었던가?"[6]라고 하였다. 우환은 내우
외환이라 하듯 내적인 정신 상태나 외적 요인인 현실 상황에서의 고
통이나 위기를 경각한 가운데 나온 것이다. 점을 통하여 설문하려는
사람들은 대부분 일상적인 안정과 현실의 세계로부터 소외된 불안과
의혹 속에서 결단을 구하려고 한다. 그렇다고 하여 우환은 결코 자신
이 스스로 할 수 있는 일들을 모두 포기하여 버리고 운명의 결정을 두
려워하는 그런 정신 상태나 마음가짐이 아니라 오히려 자력으로 어
려움과 고통을 극복하려는 태도라고 할 수 있다. 즉 자신의 걱정과 고
통이라는 문제를 스스로 판단하여 해결하려는 일종의 자각적인 반응
혹은 자기치유적인 태도라고 할 수 있다.[7]

　『주역』에서의 우환 의식은 작게는 개인의 우환에서 크게는 공동체
와 우주 전체의 질서와 조화에 대한 고민의 발로였다. 이러한 우환 의
식은 마음(心)에서 일어나는 의식으로, '심' 범주에 대한 심리학적 함의
가 갑골문이나 금문에 비해 『역경』에서 더욱 심화되었음을 볼 수 있
다. '심' 자는 『역경』 '감(坎)'괘·'명이(明夷)'괘·'익(益)'괘·'정(井)'괘·
'간(艮)'괘·'려(旅)'괘의 괘사 및 효사에서 다음과 같이 여덟 차례 등장
하는데 서의명(徐儀明)은 『역학심리학』에서 다음과 같이 정감심리사
상, 도덕심리사상, 사회심리사상 등에 분속시켜 심리학적 함의를 드
러내었다.[8]

첫째, 정감심리사상.

'정(井)'괘 구삼효사(九三爻辭) : 우물의 흙을 쳐내도 마시지 못하니 내 마음이 슬프다. 길어 마실 수 있는 물이니 군왕이 밝다면 함께 우물이 주는 복을 받을 것이다.[9]

'간(艮)'괘 육이효사(六二爻辭) : 장딴지에서 멈춘다. 발을 옮겨 따라갈 수가 없으니 그의 마음이 불쾌하다.[10]

'려(旅)'괘 구사효사(九四爻辭) : 여행하다가 한곳에 머물러 날카로운 도끼를 얻었으나, 내 마음이 불쾌하다.[11]

'불쾌하다'·'슬프다' 등은 감정의 변화라는 심리적 특징을 나타내는 것으로, 외부 사건의 변화와 상응해 인간의 내면에서 일어나는 감정을 반영한다. 특히 '마음이 슬프다'라는 말은 조난자에 대한 동정의 발로인 동시에 자신의 마음 깊은 곳에서 솟아나는 비통함이 혼합된 복합 감정을 나타내는 표현이라 할 수 있다.

둘째, 도덕심리사상.

'감(坎)'괘 괘사(卦辭) : 감괘가 겹친 습감(習坎)은 믿음이 있으면 마음에 형통함이 있으며, 행하면 숭상받을 것이다.[12]

'익(益)'괘 구오효사(九五爻辭) : 믿음이 있는 데다가 따르려는 마음이 있으니, 물을 필요도 없이 크게 길하다. 나의 덕을 믿고 따른다는 것이다.[13]

위 두 문장에 '마음'과 '믿음(孚)'이 짝이 되어 표현된다. 이를 통해 '믿음'이라는 도덕의식이 자신의 행위를 관통해야만 실패하지 않는다는 점을 밝히고 있는데, 이러한 도덕심리 측면은 이후 유가 사상의 뿌리가 된다.

셋째, 사회심리사상.

'간(艮)'괘 구삼효사(九三爻辭) : 허리에서 멈춘다. 등뼈가 갈라지는데 위태로워 마음을 애태운다.[14]

'익(益)'괘 상구효사(上九爻辭) : 다른 이의 도움이 없을뿐더러 다른 이가 내 것을 뺏으려 한다. 이는 마음먹은 것을 오래 지킬 수 없는 것이니, 흉하다.[15]

'마음을 애태운다'는 말은 한 사물에 대한 일관적 인식이 결여되어 형성되는 진퇴양난의 심리 상태를 가리킨다. 이렇게 양자택일의 상황에서 경험하는 혼란한 심리 상태는 사회 전체로 확장될 경우 아노미 현상으로 나타날 수 있어서 현대 심리학의 관심 분야 가운데 하나가 되었다.

'명이(明夷)'괘 육사효사(六四爻辭) : 왼쪽 배로 들어가 밝음을 가리는 마음을 찾아 문 밖의 뜰로 나온다.[16]

위 문장은 집을 나설 때에는 특히 조심해야 한다는 의미로, 특정 환경에 처할 경우 주의를 기울여 고도의 경각심을 지녀야 함을 강조한다.

사실 『주역』의 심리학적 함의는 '심(心)' 자 자체가 지닌 의미에 국한되는 것이 아니고, 괘와 효가 지닌 상징적 의미가 더욱 크다 할 수 있다. 융도 상징(Symbol)을 강조하였는데, 융에게 상징이란 어떤 의미 있는, 그러나 아직 그 의미의 특징을 남김없이 말로 표현할 수 없는 것이다. 상징적 의미라 할 때 우리는 미지의 어떤 의미를 전제로 한다. 최선의 방법으로 아직 채 알려지지 않은 의미를 표현하고자 하지만, 그래도 설명하지 못한 의미가 남아 있는 것이 상징의 특징이다. 그러므로 융은 "상징은 의미를 잉태하고 있다."고 말한다. 상징을 남김없이 설명할 수 있다면 그 상징은 이미 생동성을 잃는다.[17]

"『주역』이란 상(象)일 따름이다."[18]라고 하였고, "성인이 천하 만물의 깊은 이치를 보고서 그 모습을 본떠 그 사물에 적합한 것을 상징한 까닭에 그것을 '상(象)'이라 하였다."[19]고 하였다. 이는 『주역』 64괘, 384효가 풍부한 상징성을 지닌다는 것을 의미한다. 왕필(王弼, 226-249)은 『주역』의 상징과 의미와 언어의 관계를 다음과 같이 말하였다.

상징[象]은 의미[意]에서 나왔고, 언어[言]는 상징을 드러낸다. 의미를 다 드러내는 데는 상징만한 것이 없고, 상징을 다 드러내는 데는 언어만한 것이 없다. 언어는 상징에서 나왔기 때문에 언어를 통해 상징을 볼 수 있고, 상징은 의미에서 나왔기 때문에 상징을 통해 의미를 볼 수 있다. 의미를 통해 상징이 다 드러나고, 상징을 통해 언어가 드러난다. 그러므로 언어는 상징을 밝히는 것이고, 상징을 얻으면 언어를 잊는다. 상징은 의미를 간직하는 것이고, 의미를 얻으면 상징을 잊는다. …
그러므로 상징을 잊으면 의미를 얻고, 언어를 잊으면 상징을 얻는다.
의미를 얻으면 상징을 잊고, 상징을 얻으면 언어를 잊는다. 그러므로
상징을 세워 의미를 다 드러내었으니 상징은 잊어도 된다. 괘를 중첩
하여 실상을 다 드러내었으니 괘는 잊어도 된다.[20]

의미를 가장 잘 드러낼 수 있는 것은 상징이고, 상징을 언어로 해석
하는 것은 각자의 몫이며 시대의 몫이다. 따라서 상징과 의미와 그 해
석이 고정되는 순간 모두 생명력을 잃는다는 것이 왕필의 주장이다.
공자는 "글로는 말하려는 것을 모두 표현하지 못하고, 말로는 뜻하는
것을 모두 담지 못한다. 그렇다면 성인의 뜻은 볼 수 없는 것인가? 성
인은 상(象)을 세워 뜻을 모두 표명하였고, 괘를 만들어 만물의 실정을
모두 아울렀으며, 괘 아래 괘사와 효사를 달아 말로 표현하였고, 변
화하고 다시 회통하여 사람들의 이익을 극대화하였으며, 만물을 고
무함으로써 신묘함을 표현하였다."[21]고 하였다. 이렇게 『주역』의 역
사는 상징과 그 상징의 해석의 역사이다. 예컨대 '건'괘 순양(純陽) 여
섯 효는 지극히 진실함이 쉼 없이 계속되는 하늘의 강건한 움직임을
상징하므로, 군자도 마땅히 자강불식의 정신을 지녀야 하고, '곤'괘의
순음(純陰) 여섯 효는 무엇이든 포용할 수 있는 땅의 후덕함을 상징하
므로, 군자도 마땅히 후덕한 포용력을 본받아야 한다. 이렇듯 하늘과

땅·산과 연못·우레와 바람·물과 불 등은 자연현상을 가리킬 뿐만 아니라 인문학적 정신, 나아가 마음의 본질을 포함한다고 할 수 있다.[22] 『주역』을 일곱 개 언어로 번역한 에라노스 재단(Eranos Foundation)의 회장 루돌프 리체마(Rudolf Ritsema)는 『주역』은 현재 서양의 심도 있는 무의식심리학 및 분석심리학 이론을 포함하여 영성 및 심리학적 의의가 충만하다고 하였다. 그리고 『주역』에는 융이 묘사한 원형의 힘이 포함되어 있는데, 이러한 역량은 삶의 변화와 삶의 의의에 대한 체험, 그리고 그 규칙 혹은 도를 대표한다고 하였다.[23]

『역경』의 심리학적 함의는 『역전』에 이르면 마음의 정화(洗心)와 감응(感應)을 통하여 참자아를 정립하고 타자와 소통하는 것으로 심화된다. 「계사전」에서 "이런 까닭에 시초(蓍草)의 덕은 원만하고도 신묘하며, 괘의 덕은 바르고도 예지가 있다. 여섯 효는 변화를 통하여 길흉을 알려주는 데 의의가 있다. 성인은 이것으로 마음을 씻으며, 물러나 은밀한 곳에 감추어 두고 길함과 흉함을 백성과 함께 근심한다."[24]고 하였다. 『역경』 64괘와 괘사 및 384효와 효사는 인간의 일상적인 삶과 자연에 대한 관찰 등을 통해 얻은 지혜를 모아 시공간을 아우르는 우주 자연의 원리 및 인간의 삶의 양태를 표현한 것이다. 그렇다면 「계사전」의 이 문장은 마음 씻음을 통하여 내면으로 침잠하여 우주의 본질을 온몸으로 깨닫고 궁극적으로 우주와 합일을 이룰 수 있음을 표현한다고 할 수 있다. 이렇게 볼 때 심(心)은 우주와 합일을 이루기 위한 교량의 역할을 담당한다. 바꾸어 말하면 인간이 세계와 일체가 될 수 있는 유일한 통로는 오직 마음이라고 표현할 수 있다. 이 '마음 씻음'을 통해 체득한 일체감은 개인의 성장에서만 그치는 것이 아니라 감응(感應)을 통해 타자와 소통하는 것으로 확대된다. '함(咸)' 괘 '단전(彖傳)'에서 "성인이 인심(人心)에 감응하여 천하가 조화롭고 평온하다. 감응하는 것을 보면 천지와 만물의 실정을 알 수 있다!"[25]라고 하였고, '상전(象傳)'에서는 "산 위에 연못이 있는 것이 함괘이다. 군자는 이를 본받아 겸허하게 다른 사람을 받아들인다."[26]고 하였다. 감(感)과 응(應)은 모두 마음의 작용이다. 따라서 주역의 감응 이론은, 심리 과정의 생리적 기제를 묘사하는 것에 그치는 행동주의 심리학의 단순한 자극과 반응 이론을 넘어서서, 심리 과정에서의 체험과 정감의 작용을 강조한다. 그리고 이 체험은 개인의 자기실현에서 그치지 않고 타자 수용과 책임의식을 수반한다. 이러한 사유는 '심성체인(心性體認)' 형태로 이후 유가 전체를 관통하는 수양공부 이론으로 인도한다.

2. 왜 공자인가?

인간은 늘 태평성대를 꿈꾸며 살아왔다. 유교 문화권에서는 요순시대를 태평성대로 여겼고 요(堯)·순(舜)을 성인으로 불렀다. 요 임금 시대에 백성들은 격양가(擊壤歌)를 부르며 태평성대를 만끽했다고 한다. 격양가란 "땅을 두드리며 노래한다."는 뜻으로 "해가 뜨면 일하고, 해가 지면 쉬고, 우물 파서 마시고, 밭을 갈아 먹으니, 임금의 덕이 내게 무슨 소용이 있으랴."[27]라는 내용이다. 만물이 대자연의 법칙에 따라 공존하며 질서와 조화를 이루듯 순리에 따라 정치를 했기 때문에 백성들은 제왕의 힘이 작용하는지조차 몰랐다는 의미로 해석되는데, 도가에서 말하는 무위지치(無爲之治)의 이상향이 실현된 시대로 불린다.

『주역』에서 하늘은 이 세상을 창조하고 절기를 변화시켜 만물을 생육하고 자연의 질서와 조화를 이루고, 성인은 이 땅에서 백성들을 먹여 살리고 사회의 질서와 조화를 이끌어 가는 존재로 묘사된다. 따라서 고대 성인은 최고 통치자를 일컬었다. 중국에서는 요와 순을 이어서 하나라를 세운 우(禹), 은나라를 세운 탕(湯), 주나라를 세운 문왕(文王)·무왕(武王)·주공(周公)을 성인으로 여겼다. 요순시대로부터 주나라에 이르기까지는 질서와 조화가 비교적 잘 이루어져 왔다. 그러나 주나라가 무너지기 시작하면서 진시황이 천하를 통일하기까지 춘추전국시대로 일컫는 500여 년은 혼란의 역사였다. 춘추전국시대를 종식하고 진시황이 성취한 통일의 역사는 동시에 800여 제후국이 멸망하는 역사를 의미한다. 춘추전국시대는 문자 그대로 전쟁의 시대였다. 전쟁에서의 살육은 '닭과 개의 씨가 마르고 촌락은 폐허가 되어

행인조차 없으며', '백골이 황야에 널리고 천리 안에는 닭 울음소리조차 들리지 않는' 처참한 상황을 초래했다. 성이 포위되었을 때 자식을 서로 바꾸어 잡아먹는 참상과 야만적인 행위가 벌어지곤 했다.[28] 피비린내가 하루도 쉬지 않고 이어지는 상황에서 지식인들은 무슨 생각을 했을까? 혼란한 현실은 지식인들로 하여금 은둔과 현실 참여라는 양자택일의 기로에 서서 선택과 결단을 내리게 했다. '제자백가(諸子百家)'라 불리는 다양한 이론들은 결국 시대를 진단하고 대안을 제시한 이론이었다고 할 수 있다. 생존을 위한 몸부림은 지배계급에서 피지배계급에 이르기까지 많은 사람들을 욕망의 노예가 되도록 했고, 마침내 부자·형제까지 서로 가슴에 칼을 들이대기에 이르렀다. 이는 인간에 대한 근본적인 반성을 불러일으켰고, 인간의 본성에 대한 물음으로 이어졌다. 맹자는 '성선설'을 주창하였고, 순자와 한비자는 '성악설' 계열에 섰다. 서양 심리학도 인간의 본성에 대한 탐구를 기초로 하여 발달하였다. 그 가운데 프로이트와 아들러 등의 정신분석학 계열은 성악설에 기초하여 이론을 펼쳤고, 매슬로를 비롯한 인본주의 심리학 계열은 성선설의 입장에서 이론을 펼쳤다.

모종삼(牟宗三, 1909-1995)은 선진시대 제가백가의 공통적인 시대적 과제를 주나라 문화의 피폐에 대한 응답으로 규정하였다. 여기에서 '주 문화의 피폐'는 예악(禮樂) 중심의 주나라 문화가 장기간의 사회적 변천을 거치는 동안 이미 가치와 권위를 잃으면서 사회적 문제를 야기했다는 의미이다. 주 문화의 피폐는 단순히 사회질서의 붕괴에서 그치는 것이 아니라, 그 배후에서 작동하는 개개인의 인생관·가치관·세계관의 변화를 상징한다는 점에 주의해야 한다. 따라서 주 문화의 피폐라는 시대적 과제에 대한 응답은 표면적으로 드러난 예악으로 대표되는 사회제도에 대한 반성에서 그치지 않고, 그러한 제도 배후에 내포된 정신적 문제들에 대해 철저하게 응답하는 것이 공자를 필두로 하는 당시 참여 지식인들의 시대정신이었다고 할 수 있다. 왜냐하면 당시 사람들에게 주나라 문화는 단순히 형식과 제도에 그치는 것이 아니고 안신입명(安身立命)의 근거임을 상징하기 때문이었다. 이 점에서 주 문화의 피폐는 근본적으로 생명의 귀속처를 잃었음을 상징한다. 따라서 제자백가의 공통적인 과제는 삶의 의지처를 재건하는 것이었다고 할 수 있다. 모종삼은 선진시대의 학문을 삶의 의의와 가치 실현을 중심 내용으로 삼는 '생명의 학문'이라 규정하였다. 모종삼은 중국의 '생명' 중심의 학문의 내용을 구체적으로 '주체성(Subjectivity)'과 '내재적 도덕성(Inter-morality)'로 규정하였는데, 이는 공자에서 비롯된 유가 사상을 중국 사상의 주류라고 인정하는 것이다.[29] 즉 중국인들이 유가의 가치 체계를 지표로 삼아 삶을 영위했음을 의미하는데, 이는 우리나라를 비롯한 이른바 '유교 문화권' 전체를 포괄한다고 할 수 있다. '사람이 살아서 숨 쉬고 활동할 수 있게 하는 힘'이라는 사전적 의미처럼 '생명'의 함의는 삶의 영역에 속하는 것이고, 이

점에서 본다면 모든 학문을 '생명의 학문'이라 규정할 수도 있다. 그러나 유가를 특정하여 표현하는 까닭은 삶의 지표를 초월적인 신의 영역에 의탁하지 않고 인간 내면에서 주체적으로 우러나오는 힘에 따르기 때문인데, 이는 '인의(仁義)'로 대표되는 주체적 덕성이 보증한다.

기원전 484년, 자신이 낳고 자라고 자기를 등용해 준 노나라에서 이상을 실현하려다 실패한 공자는 56세의 나이에 고국을 떠나 자신의 이상을 알아주고 실천할 군주를 찾아 제자들과 함께 길고 험난한 13여년 간의 주유열국을 시작한다. 그러던 어느 날 길을 잃은 공자는 제자를 시켜 밭 갈던 노인에게 나루를 묻는다.

장저 : 저기 수레에 올라앉아 점잖게 고삐를 쥐고 있는 사람은 누군가?

자로 : 공구이십니다.

장저 : 노나라의 공구란 말인가?

자로 : 예, 그렇습니다.

장저 : 그라면 나루터 가는 길쯤은 알고 있을 텐데?

...

걸닉 : 나루터 가는 길을 묻는 그대는 누구신가?

자로 : 중유입니다.

걸닉 : 노나라 공구란 사람의 제자인가?

자로 : 예, 그렇습니다.

걸닉 : 온 세상이 물처럼 거세게 흘러가는데 누가 감히 고칠 수 있단 말인가? 그러니 자네도 나쁜 사람이나 피해 다니는 그런 공자 같은 사람을 따라 다니지 말고 차라리 어지러운 세상을 피해 우리와 같이 지내는 게 어떠한가?

두 사람은 씨앗 뿌리기를 멈추지 않았고, 자로는 돌아와서 있는 그대로 고하였다.

공사 : 날짐승이나 길짐승과 더불어 살 수는 없지 않겠는가? 내가 세상 사람들과 더불어 살지 않으면 누구와 더불어 산단 말인가? 온 세상이 질서 있고 조화롭다면 나도 구태여 바꾸려 애쓰지 않을 것이다.[30]

불가항력의 무력감을 느끼고 현실 사회와 결별하고 은둔하는 지식인들에게 비친 공자의 모습은, 무엇인가 해 보겠다고 이 나라 저 나라 돌아다니다가 강도를 당하기도 하며 혹은 도적으로 오인받아 죽을 고비를 간신히 넘기는 등 마치 비 맞은 상갓집 개와 같은 처량한 신세로 전락하니 어찌 비웃음거리가 되지 않았겠는가? '안 되는 줄 알면서도 하는 사람'이라는 조소 속에 바로 공자의 정신이 들어 있다. 극도로 혼란한 시대에 태어나 안 되는 줄 알면서도 무모하게 세상과 맞서려 한다는 비아냥거림을 견디며 자신의 사명을 자각하고 수행하기에 평생을 바친 인물이 바로 공자이다. 공자는 어떻게 살육을 종식하려 했을까? 공자의 첫 번째 외침은 "먼저 인간이 되어라."였다. 공자는 '아는 것은 바로 인간을 아는 것'[31]이라고 하면서 인문학의 길을 열었다. 인간이란 무엇인가? 인간은 무한한 가능성을 지닌 존재이다. 누구나 하늘의 목소리를 들을 수 있다. 공자 이전에 하늘은 특정한 사람에게만 명령을 내린다고 여겨졌다. 이른바 천명(天命)은 애초에 정치적 용어였다. 백성들의 생살여탈권을 지닌 최고 통치자는 자신의 권위를 하늘에 의지하였다. 자신이 사람을 죽이는 것은 한 인간이 다른 한 인간을 죽이는 것이 아니라 하늘의 명령을 대신하여 수행하는 것이고, 따라서 자신의 권위를 의심하는 것은 하늘의 권위를 의심하는 것이며, 자신의 행동을 가로막는 것은 하늘의 뜻을 거스르는 것이니 그 결과 천벌을 받아 마땅하다는 논리다. 통치자가 좋은 정치를 한다면야 아무렴 어떠랴. 하지만 인류의 역사는 좋은 왕만 존재한 역사가 아니었다. 때로는 폭군이 나오고 인내의 한계에 다다르면 쿠데타를 부르기 마련이다. 혁명에는 명분이 필요한 법, 혁명의 주체는 역으로 쿠데타의 정당성을 하늘에서 찾았다. 하늘이 극악무도한 너를 죽여 도탄에 빠진 백성들을 구하라는 명령을 내렸다고 주장한다. 문제는 너도 나도 하늘의 명령을 받았다며 칼을 들고 살육의 장에 뛰어드는 데 있었다. 이 지경에 이르자 천명에 제한을 두기 시작한다. 천명은 칼을 통해 내려오는 것이 아니라 인격을 통해 내려온다는 것이다. 즉 하늘은 덕을 갖춘 자에게만 국가의 통치권을 준다고 설정한다. 역

사적으로 은나라 왕조를 쿠데타로 몰아내고 주나라를 세운 문왕의
정통성을 확보하는 과정에서 가장 강조된 것은 문왕이 덕이 있는 자
라는 점이었다. 이때까지도 여전히 권력자의 몫이었던 인격, 혹은 덕
성을 모든 사람에게로 확장시킨 인물이 바로 공자이다. 공자는 성인
의 자격을 보좌에서 끌어내려 전 구성원에게로 확장하여 사람이면
누구나 성인이 될 수 있다는 신념을 열어 주었다. 평등성을 어디서 찾
았는가? 공자는 '인(仁)'을 내세웠다. 인간이면 누구나 가지고 있어서,
자각하고 실천하기만 하면 성인이 될 수 있는 근거가 바로 인이다. 인
은 주체의 자각성·자발성을 의미한다. 공자는 말한다.

> 인이 멀리 있는가? 내가 인을 행하려 하면 인은 실현된다.[32]
> 인을 행함은 자신으로부터 말미암는 것이지, 타인으로부터 말미암는
> 것이겠는가?[33]

이 말은 바로 인간이 실천적 주체임을 명백히 밝힌 것으로, 인간이
인간인 까닭은 바로 자율적이고 능동적인 실천 능력을 지니고 있기
때문이라는 외침이다. 문제는 참된 마음의 소리를 좇을 것인가, 아니
면 스스로를 기만하고 사욕을 좇을 것인가의 선택에 달려 있을 뿐이
다. 공자는 "오직 사람다운 사람만이 정말 남을 좋아할 수도 있고 남
을 미워할 수도 있다."[34]고 하였다. 공자에게 인은 생태계 내 여타 존

재들과는 다른, 사람다움을 규정하는 총체적 덕목이고 전인적 덕목이며 삶의 역정 전부였다. 『논어』에 '인(仁)'자는 109차례 등장한다. 본성을 의미하는 '성(性)' 자가 두 차례, '심(心)' 자가 여섯 차례만 등장하는 것과 비교해 보더라도 공자의 사상에서 인이 얼마나 중요한 위치를 차지하는지 엿볼 수 있다. '인'은 공자 이후 유교 문명의 핵심적인 관념이 된다.

우리는 인(仁)을 어떻게 자각할 수 있는가? 불안(不安)을 통해서 알 수 있다. 『논어』에 공자와 제자 재아(宰我) 사이에 상례 기간을 놓고 벌인 대화가 다음과 같이 기록되었다.

재아 : 삼년상은 너무 긴 듯합니다. 군자가 삼 년 동안 예를 행하지 않으면 예가 반드시 무너질 것이며, 삼 년 동안 음악을 행하지 않으면 음악이 반드시 생소해질 것입니다. 옛 곡식이 이미 없어지고, 새 곡식이 벌써 돋아나며, 불씨를 일으키는 나무도 철마다 바꾸어야 불을 얻을 수 있으니 일 년이면 될 것 같습니다.

공자 : 그렇게 하고서 이밥을 먹고 비단옷을 입어도 너는 마음이 편하겠느냐?

재아 : 예, 편할 것 같습니다.

공자 : 네가 편하다고 하니 그렇게 해라. 군자가 상중에 있을 때는 맛있는 음식을 먹어도 달지 않고, 아름다운 음악을 들어도 즐겁지 않으

며, 집에 가만히 있어도 편안하지 않기 때문에 그렇게 하지 않는 것이다. 하지만 네가 편하다면 생각대로 하여라.

재아는 물러났다.

공자 : 재아는 사람답지 못하구나! 자식은 태어나서 삼 년이 지나야 부모 품을 벗어날 수 있다. 삼년상은 세상 사람들이 다 지내는 것이다. 재아도 부모에게 삼 년 동안 사랑을 받지 않았는가![35]

정치가인 재아는 전란의 와중에도 지켜지는 시묘살이를 동반한 삼년상의 인력과 경제력의 낭비를 심각하게 고민하지 않을 수 없었고,[36] 결국 공자에게 일년상이라는 합리적 제안을 하다가 사람답지 못하다는 핀잔을 듣고 만다. 재아의 제안에 대해 공자는 제도를 바꿀 경우 '편안한가?'라는 물음을 던진다. 이 물음은 그럴 경우 '불안함'을 전제로 한다. 편안하면 사람답지 않고 반대로 '불안함'을 느끼면 '사람다운 사람'이라는 말이다. 이러한 불안감은 일상과 전통의 테두리에서 벗어날 때 느끼는 불안감이 아니다. 또한 실존적 조건으로서의 심리적 불안도 아니다. 서양의 지적 전통에서 불안은 인간의 영혼을 갉아먹는 불쾌한 심리적 증상을 의미하는데, 실존주의 철학자 키에르케고르(Søren Kierkegaard, 1813-1855)는 불안을 인간만이 지닐 수 있는 인간의 고유한 것으로 규정한 다음 인간이 불안해 하는 이유에 대해 다음과 같이 이해한다.

만일 인간이 짐승이거나 천사였다면, 그는 불안해 할 수 없을 것이다. 인간은 총합체이기 때문에, 그는 불안할 수 있다. 인간이 더 깊이 불안해 하면 할수록 인간은 더 위대하다. 그러나 그것은 일상적으로 우리가 이해하는 어떤 외적인 것이나 인간의 밖에 있는 어떤 것에 대한 불안을 의미하는 것이 아니라 인간 자신이 산출한 의미에서의 불안이다.[37]

키에르케고르는 불안을 통해서 인간의 주체성을 확인하였고, 또한 인간이 자유로울 수 있는 가능성으로 이해하였다. 이렇게 불안은 인간에게 부정적이고 소모적이라기보다는 긍정적이고 창조적인 것으로 변한다.[38] 불안을 통하여 인간이 인간인 까닭과 인간이 주체적 존재임을 확인한다는 점에서 공자와 실존주의 철학자들은 궤를 같이한다. 그러나 공자의 "편하냐?"라는 물음은 문화와 제도 등의 변화가 야기하는 일반 심리적 감정 상태에 대한 물음이 아니다. 그것은 문화와 제도의 밑바탕이 되는 인간의 내면에 대한 근본적 물음이다. 삼년상 유지 여부는 예의범절에 관한 관점에서 보지 말고, 더 근원적인 물음에서 출발해야 한다. 내면에서 울려나오는 불안은 불쾌한 심리적 증상으로서의 불안이 아니라 근본적으로 도덕과 관련된 불안이다. 재아와의 대화에서 공자는 '도덕적 정감'으로서의 불안을 말했다. 또한 키에르케고르는 불안이 신의 구원을 통해 해소된다고 주장한 반면,

공자는 스스로의 자각과 실천을 통해 해결해야 한다고 강조했다. 송대 정호는 "의가에서 아픔과 가려움을 느낄 수 없는 것을 일러 불인(不仁)이라고 하였다. 사람이 지각할 수 없어서 의리를 알 수 없는 것을 불인이라고 한다."[39]고 말하며 의서에서 유비하여 도덕적 주체의 자각으로 '인'을 규정한다. 의서에서는 몸이 마비되어 아픔이나 가려움을 느낄 수 없는 것을 일러 '불인'이라 한다. 몸이 마비되어 아픔을 인식할 수 없으면 감각이 없는 것이다. 마음이 마비되어 불안을 자각할 수 없는 것 또한 같은 맥락이다. 정호는 "진맥으로 인을 가장 잘 체험할 수 있다."[40]고 하였고, 또 "병아리를 보면 인을 볼 수 있다."[41]고 하였다. 맥을 짚으면 혈관의 약동을 통해 살아 숨 쉬는 생명력을 느낄 수 있고, 종종 뛰노는 노란 병아리들을 통해서도 생명에 대한 감동과 경외를 느낄 수 있다. 이렇듯 인은 약동하는 생명력을 의미한다. 어쩌다 병아리가 다른 동물의 먹잇감이 된 모습을 목격하면 안타까운 마음을 금할 수 없다. 이렇듯 타자의 아픔에서 불안을 느끼고 자각하여 타자의 아픔을 참을 수 없는 것이 곧 인심(仁心)의 발현이다.

'인'은 또한 만물 일체의 근거가 된다. 정호는 다음과 같이 말하였다.

> 의서에서 수족이 마비되는 병을 불인(不仁)이라고 하는데, 이 말이 가장 적절하다. 인자는 천지 만물을 일체로 삼으니 자신이 아닌 것이 없

다. 자신임을 깨달으면 어디엔들 이르지 못하겠는가? 자신에게 있지 않은 것이라면 본래 자신과 상관없다. 수족이 불인하여 기가 통하지 않으면 모두 자기에게 속하지 않는 것과 같다. 그러므로 '널리 베풀어 백성을 구제하는 것'이 성인의 일이다. 인을 말하기는 매우 어렵기 때문에 "자기가 서고자 하면 남을 세우고, 자기가 이루고자 하면 남이 이루도록 해 준다. 가까운 데서부터 깨우쳐 나갈 수 있다면 인을 행하는 방도라고 이를 만하다."라고만 하였다. (공자는) 이 말을 통하여 인을 체득할 수 있도록 하였다.[42]

정호는 이 문장에서 인자의 경지를 통해 인의 내용을 표현했다. 인자는 마치 수족이 신체의 일부분인 것처럼 세상 모든 것을 자신의 일부분으로 여긴다. 그는 "인자는 만물과 혼연하게 한몸이 된다."[43]고 하였다. 이 말은 천지 만물을 일체로 삼아 혼연하게 사물과 나, 안과 밖의 나뉨이 없다는 의미인데, 이것이 바로 '인'의 경지이며 또한 '인'의 의미이다. 이렇게 물·아와 내·외를 구분하지 않는 경지에 도달하면 타자의 아픔을 마치 자신의 아픔인 양 불안한 마음을 견딜 수 없게 되어 저절로 타자에게 관심을 기울이고 배려하게 된다. 물·아와 내·외를 구분하지 않는 경지는 불안이라는 자각에서 출발하여 관심과 배려를 불러일으키고, 이 관심과 배려는 "자기가 서고자 하면 남을 세우고, 자기가 이루고자 하면 남이 이루도록 해 준다. 가까운 데서부터 깨우쳐 나갈 수 있다면 인을 행하는 방도라고 이를 만하다."라는 공자의 말처럼 구체적인 실천을 불러일으킨다. 또한 인은 구체적 덕목 가운데 하나로서 모든 덕목의 근본이 된다. 공자가 말하였다.

사람이 사람답지 못하면 예를 갖추어야 무슨 소용이 있으며, 사람이 사람답지 못하면 음악을 잘 연주해야 무슨 소용이 있겠는가?[44]

인에 바탕을 두지 않고 법률에만 의거하는 정의는 공권력의 횡포를 부를 것이고, 인에 바탕을 두지 않은 예(禮)는 의미 없는 형식주의로 흐를 것이며, 인에 바탕을 두지 않은 용기는 만용이 되어 폭력을 부를 것이고, 인에 바탕을 두지 않은 지식은 얕은 지식에 머무는 등, 인에 바탕을 두지 않은 일체의 문물제도는 결국 생기를 잃는다는 것이 공자의 생각이다. 인을 바탕으로 공자는 온화하고, 어질며, 공경하고, 검소하며, 겸양의 인격을 갖추어 동아시아인들의 삶의 지표를 열어주고 만세의 스승이 될 수 있었다.[45]

공자는 인격을 중행(中行), 광자(狂者), 견자(狷者)로 나누었다.

공자가 말했다. 중도를 실현하는 선비를 얻어 그와 함께할 수 없다면 반드시 광자나 견자와 더불어 할 것이다. 광자는 적극적으로 나아가고 견자는 하지 않는 바가 있다.[46]

'중행(中行)'은 '중용(中庸)'의 도를 실현함을 의미한다. 『중용』에서 "군자는 중용에 따르고 소인은 중용을 거스른다. 군자가 중용을 따른다는 것은 군자답게 상황에 맞게 행동한다(時中)는 뜻이며, 소인이 중용을 거스른다는 말은 소인배답게 아무 거리낌 없이 행동한다는 뜻이다."[47]라고 하였다. 공자는 이 세상이 끊임없이 변화하고 있음을 자각하고, 고지식하게 현실에 안주하거나 관습에 얽매이지 말고 구체적인 상황에 알맞게 대처하는 자세가 바람직한 인간의 자세라고 보았다. "벼슬할 만하면 벼슬하고 그만둘 만하면 그만두며, 오래 머무를 만하면 오래 머물고, 빨리 떠날 만하면 빨리 떠나는 사람"[48]으로 공자를 묘사한 맹자의 말은 공자가 중도의 덕, 즉 시중(時中)을 실천한 인물임을 보여준다. '중(中)'에 대해 주희는 '치우치지도 않고 기울지도 않으며, 지나치지도 않고 모자라지도 않은 상태'[49]로 묘사하였다.

치우치지도 기울지도 않고 지나치지도 모자라지도 않은 상태로서의 '중'의 존재 양식은 시공간 차원에서 '중립성'을 특징으로 한다. 그러나 이와 같은 중립성은 단순히 일차원상의 양극단에서 중간 지점을 가리키는 것이 아니다. 『서경』에서 "인심은 위태롭고 도심은 은미하니, 정미(精微)하게 하고 한결같이 하여 진실로 그 가운데를 잡으라."[50]고 했다. 여기에서 '그 가운데를 잡는다'는 말은 양극단을 파악하여 그 가운데를 취하는 것이다. 『중용』에서는 이것을 가리켜 "양극단을 붙잡아 그 가운데를 쓴다."[51]고 표현하였다. 이렇게 『중용』에서 말하는 '중'은 양극단을 파악하여 중간을 쓰는 상태를 가리킨다. 이 상태는 양극단과 거리를 두지만 양극단을 포용하는 상태이다. 따라서 이러한 중립성은 그 속에 양극단이 포용되어 있는 상태를 가리킨다. 이렇게 볼 때 '중'의 존재 양식으로서의 중립성은 양극단을 모두 포용하고 이를 초월한 상태라고 볼 수 있다. 그리하여 필요하다면 언제든 양극으로 전개될 수 있는 일체의 가능성을 내포하고 있는 것이다.[52] 송 대 학자 진순(陳淳, 1159-1223)은 '시중'을 권도(權道)로 해석했다.

> 권(權)은 때에 따라 적절히 조치하는 것이다. '군자는 상황에 맞게 행동한다.'고 하였다. 상황에 맞게 행동하는 것이 곧 권이다. 천지의 변치 않는 도리가 경(經)이고, 예나 지금이나 두루 통하는 도리가 권이다. 물었다. 권과 중은 어떤 차이가 있는가? 답하였다. 중을 알고 난 뒤에 권을 행할 수 있고, 권을 통해서만 중을 얻을 수 있다. 중이란 리의 당연히 그러해야 하는 바를 의미하는 것으로 지나침도 모자람도 없는 상태이다. 권이란 사리를 헤아려 당연히 그러해야 하는 바를 얻어 지나침도 모자람도 없는 것이다.[53]

'권'은 저울질한다는 뜻으로 변통(變通)을 가리킨다. 저울의 추는 물건에 따라 옮겨져서 평형을 이룬다. 이는 각각의 상황에 따라 '중'의 위치가 달라져서 정신이 조화된 전체성을 유지함과 같다. 맹자는 "중에 집착하여 권이 없음은 하나에만 집착하는 것"[54]이라고 하였다. '권'을 수반하는 '중'에서 '권'은 '중'을 유지하기 위해 항상 변화하는 것이지만, 항상 '중'이어야 한다는 점에서 '중'은 상대성 속의 절대적 '중'으로 표현할 수 있다. 『중용』의 '중'은 분석심리학의 '자기실현' 관점과 궤를 같이 한다고 볼 수 있다. 분석심리학에서는 '자기'를 전체 정신인 동시에 그 전체 정신의 중심으로 파악하는데, 여기서 말하는 중심이란 고정된 평균적 중간으로서의 중심이 아니라 수시로 변하는 정신으로 하여금 항상 전체성을 유지하게 하는 수시처중(隨時處中)으로서의 '중'이다. 그러므로 분석심리학에서는 '중'의 관점에서 볼 때 자기실현이란 곧 바로 이런 '중'의 실현이다. 이 점에서 자기실현의 과정을 '중'의 실현 과정이라고 표현할 수 있고, '중'이 '자기'의 본질을 나타냄을 알 수 있다.[55] 이와 같은 의미의 '중'에 대해 유학에서는 도체(道體–일상적인 의미로서의 도가 아니라 형이상학적 실체를 의미함) 혹은 본체(本體–현상과 상대되는 의미로서의 형이상학적 실체를 의미함)로 표현한다. 『중용』에서 다음과 같이 말하였다.

> 희로애락이 발하지 않은 것을 일러 중(中)이라 이르고, 발하여 모두 절도에 맞는 것을 화(和)라고 이르니, 중이란 것은 천하의 큰 근본이요, 화란 것은 천하의 공통된 도이다.[56]

'희로애락이 발하지 않은 것을 일러 중이라 한다.'는 표현은 마치 희로애락 등의 감정이 발하기 전의 심리적 상태를 일컫는 듯 보인다. 하지만 '중이란 천하의 큰 근본'이라는 말에서 『중용』에서 가리키는 '중'이 단순히 감정의 미발 상태가 아니라 초월적인 본체를 의미함을 알 수 있다. 『예기』에서 다음과 같이 말하였다.

> 인간이 태어나서 고요한 것은 천성이고, 사물에 감응하여 움직이는 것은 본성의 욕구이다. 사물과 맞닥뜨리면 지각할 수 있고, 그런 후에 좋아하고 싫어하는 감정이 생긴다. 좋아하고 싫어함이 내면에서 절제가 없고, 지각이 외부의 유혹을 받으면 자신의 본성으로 되돌아가지 못하여 마침내 멸한다. 외부 사물의 촉발은 무궁무진하고, 인간의 좋고 싫음의 감정은 절제가 없기 때문에 외부 사물이 다가오면 인간은 물화(物化)된다. 물화된 사람은 천리가 멸하고 욕망이 끝없이 발산된다. 그 결과 도리에 어긋나는 거짓된 마음이 생기고, 음란하고 방탕한 일을 벌인다. 그래서 강자는 약자를 괴롭히고, 다수가 소수를 짓밟으며, 지혜로운 자가 우매한 자를 기만하고, 용감한 자는 소심한 자를 업신여기며, 병이 나도 요양을 받지 못하고, 노인과 아이와 홀아비와 과부가 안식처를 찾지 못하니, 이는 세상을 어지럽히는 근원이다.[57]

'인간이 태어나서 고요한 것은 천성'이라는 말은 인간의 마음은 본래 평정하다는 의미인데, 이는 가치중립적인 평정이 아니고, 본체로서의 평정함이다. 일상적 의미에서 희로애락 등의 감정이 발하지 않았을 때의 심리적 상태는 외부의 조건과 접하기 전에 정서가 아직 촉발되기 이전의 중성적 혼동 상태라고 할 수 있다. 정서가 아직 촉발되기 전에는 마음이 비록 평정한 듯 보이지만, 그 안에는 기쁨과 슬픔, 고통과 쾌락 등 온갖 감정들이 무의식 상태로 뒤섞여 있다. 우리는 마음의 발산과 수렴을 통하여 자신(의 감정)을 표현한다. 우리의 행동거지는 마음이 주재한다. 이는 마음이 스스로 자신을 발산할 수도 있고 수렴할 수도 있다는 의미다. 우리는 인간과 사물, 제도나 관습 등 갖가지 외부적 환경에 마음을 열고 자신을 표현하다 보면 때때로 절제하지 못하고 감정의 요동에 맡겨 방탕과 파탄으로 치닫기도 하며, 의도하지 않은 욕망에 사로잡히기도 하고, 충족되지 않는 욕망 때문에 고통을 겪기도 한다. 이럴 때는 감정을 다시 거두어들인다. 그러나 발산을 통해 받은 충격과 고통이 너무 크다면 방어기제가 작동하여 아예 마음의 문을 닫는다. 이러한 상태가 반복적으로 발생하고 지속될수록 스스로 쌓은 마음의 벽은 점점 두꺼워지고 높아질 것이다. 그러다가 특정한 계기를 만나 다시 발산하면 마치 거대한 파도가 제방을 덮쳐 일순간에 무너뜨리듯 마음의 장벽이 무너지고 갇혀 있던 감정들이 격정적으로 토로되어 조울증 등 병태적인 상태로 흐르는데 심하면 이런 모습이 마음의 원래 모습인양 여긴다. 마치 잔잔한 바다에서 수시로 파도가 일러 포말을 일으키듯 인간은 늘 감정의 자극을 받아 쉽사리 혼란에 빠져들어 자신의 참모습을 드러낼 수 없다. 그러나 혼란한 상태 안에서는 이 점을 자각할 수 없고 반드시 일상에서 빠져나와 한 차원 올라서야 자각할 수 있다. 따라서 마음의 발산과 수렴이 조화를 이루려면 잠시 현실 생활에서 벗어나 정좌(靜坐) 등을 통해 자신의 본모습을 들여다보아야 한다.

송 대 유학자 이통(李侗, 호 延平, 1093-1163)은 "종일토록 정좌하며 희로애락이 아직 발동하기 이전의 기상이 어떤 것인지를 체험하면서 이른바 중이라는 것을 구하라."[58]고 하였다. 이는 본체를 깨닫는 가장 기본적인 방법이다. 잠시 외부 사물과 격리한 채 물화된 자신을 거두어들인 다음 침잠하여 초월적으로 본체를 깨닫는 과정 중, 본체는 온갖 욕망과 감정의 격변 너머에서 환하게 스스로 자기를 유지하면서 순수한 그 자체로서 존재한다. 그 본체는 다름 아닌 자신의 마음이지 마음 밖에 있는 특정한 신과 같은 존재가 아니다. 이 본래의 마음이 발현될 때 자연스럽게 자기를 실현하면서, 사물과 맞닥뜨릴 때 옳은 것과 만나면 옳음을 알게 되고, 그른 것과 만나면 그른 것을 알게 되며, 즐거워야 할 때 저절로 즐거워하게 되고, 슬퍼해야 할 때 저절로 슬퍼하게 된다. '발하여 모두 절도에 맞는 것을 화(和)'라고 하는 말은 이렇듯 감정이 때에 따라 저절로 조화롭게 표현됨을 의미한다. 이런 경지가 바로 완전한 인격을 이루어 중도를 실현하는 삶이다. 그러나 "중용은 최상의 도리인데, 그것을 실천할 수 있는 사람들이 드물구나."[59]라는 공자의 한탄처럼 완전한 인격을 갖추는 것은 결코 쉽지 않고, 그래서 공자는 '광자(狂者)'와 '견자(狷者)' 인격을 내세웠다.

하지만 광자와 견자에 대한 해석이 소략하여 맹자 이후 이에 대한 구체적 해석이 유학의 과제 가운데 하나가 되었다. 그리고 공자는 중용의 도를 실천하지도 않고, 광자나 견자에도 미치지 못하며, 내면의 순수함이 아니라 겉으로 드러나는 모습에만 관심을 기울이는 부류를 덕을 해치는 자들로서, '향원(鄕原)'이라고 부르며 경멸하였다.[60]

광자는 뜻이 원대하여 아무 거리낌 없는 행동을 함으로써 문제를 일으키기도 하지만 마음 씀씀이가 광명정대하고 초탈하여 가리거나 감춤이 없는 사람이고, 견자는 진취적 기상은 부족하지만 사회적 규범을 충실히 지키는 사람을 일컫는다고 할 수 있다. 공자가 몇몇 제자들과 대화를 나누던 중 각각 품은 뜻을 묻자 다들 정치가의 포부를 드러내었다. 그러나 증점(曾點)은 간간히 타던 비파를 내려놓고 "늦봄에 봄옷이 다 만들어지면 관을 쓴 어른 대여섯 명과 동자 예닐곱 명과 함께 기수에서 목욕하고 무에서 노래하면서 돌아오겠습니다."고 하였다. 이에 공자는 "나도 증점과 함께하고 싶다."라고 답하며 칭찬하였다.[61] 이후 증점의 뜻은 유가 인격의 전형 가운데 하나가 되었고, 나아가 광자(狂者)의 전범이 되었다. 주희도 증점의 이러한 태도를 높이 평가하여 "증점의 학문은 인욕이 다한 곳에 천리가 유행하여 곳에 따라

충만하여 조금도 결함이 없음을 볼 수 있다. … 그리하여 그 가슴속이 한가롭고 자연스러워 곧바로 천지 만물과 더불어 위아래가 함께 흘러 각기 제자리를 잡은 오묘함이 은연중에 말 밖으로 드러났다."[62]라고 하였다. 특히 왕수인은 증점의 태도 자체를 광자의 태도라고 하며 높이 평가하였다. 왕수인은 "남경에 오기 전에 나에게는 약간의 향원의 뜻이 있었다. 그러나 지금은 오직 양지의 참된 시비 판단을 믿게 되었고, 또한 조금이라도 덮어 감추려고 하지 않았기 때문에 비로소 광사가 될 수 있어서 모든 사람들이 나의 행동이 말을 따라가지 못한다고 비난하더라도 나는 오직 양지에 의거하여 행동할 것이다."[63]라고 하면서 상식적인 사람들의 비난을 감수하고서라도 뜻한 바를 이루겠노라고 외쳤다. 그리고 광자란 고인의 삶에 뜻을 두고 일체의 세속적인 가치관의 속박에서 벗어나 마치 천 길 하늘을 나는 봉황처럼 자유롭고, 단박에 성인의 경지에 오를 수 있는 자라고 노래하였다.[64] 이렇게 왕수인이 광자 정신을 높이 산 이후 양명학에서는 추구해야 할 이상 인격으로 광자를 견자보다 우위에 둔다.[65] 그리고 대개는 유학자가 추구해야 할 이상적인 도덕적 인격인 성인(聖人)에 뜻을 두고 실천하는 가운데, 특히 격물궁리나 거경(居敬) 등 주자학적 방법에서 나타나는 번쇄함이나 엄숙주의에 반대하면서 광자 정신을 강조한다. 이지(李贄, 1527-1602)는 음양의 조화로 태어나는 생명이 인간인데, 양의 성질이 강하면 광자가 되고 음의 성질이 강하면 견자가 되기 때문에 순수하게 광자가 되거나 순수하게 견자가 되는 일은 거의 없다고 하였으며, 유학이 추구하는 완전한 인격체인 성인도 중용에 맞는 행동을 하는 광자나 견자일 뿐이지, 날 때부터 성인으로 태어나는 것은 아니라고 주장했다.

현대 신유학자 당군의(唐君毅, 1909-1978)는 수렴과 발산으로 광자와 견자를 구분하였다. 조화된 전체로서의 마음은 그 안에 발산하면서 동시에 수렴히고, 수렴하면서 동시에 발산하는 작용을 가진다. 따라서 본래 발산이 지나쳐 행동이 말보다 앞서면서 흐르면 자각하여 수렴해야 하고, 수렴이 지나쳐 고지식한 상황에 이를 때는 자각하여 발산해야 한다. 이 발산과 수렴 과정에서 인격이 형성된다. 발산에 치중하여 종종 관습과 제도를 벗어나는 사람을 '광자'라 하고, 수렴에 치중하여 관습이나 규정에 얽매이는 사람을 '견자'라고 할 수 있다.[66] 두 가지 유형의 인격은 모두 강직한 기개를 갖추었기 때문에 공자가 더불어 살 수 있는 사람들이라고 했다. 공자가 가장 혐오한 인격의 유형은 그가 '덕의 파괴자'로 표현한 '향원'이다.[67] '향원' 인격에 대해 맹자는 다음과 같이 표현하였다.

비난하려 하여도 들 것이 없고, 공격하려 하여도 공격할 것이 없으며 세속과 동화하여 더러운 세상에 영합하며, 안주함에 충성과 신의가 있는 것 같고, 행함에 청렴결백한 것 같아 여러 사람들이 다 좋아하며 스

스로도 옳다고 여기지만 요순의 도에 들어갈 수 없다. 그러므로 '덕의 도적'이라고 한 것이다.[68]

'향원'은 자기성찰은 하지 않고 과거에만 집착하며 외부의 평가에만 관심을 쏟으면서, 천박한 욕망과 이기주의에 물들어 언행이 일치하지 않고, 도덕에 적당히 순응하며 세상에 아첨하는 인간의 유형을 가리킨다. 공자는 다시 인격의 유형을 '군자'와 '소인'으로 구분한 다음, 둘의 대비를 통하여 인간이 추구해야 할 참된 가치를 제시한다. "군자는 다스림에 종사하고 소인은 노동에 종사한다."[69]라는 말이 있듯 고대사회에서는 군자는 지배계층을 의미하고 소인은 피지배계층을 의미했다. 그러나 공자는 군자와 소인의 개념을 지배/피지배 관계에서 개인의 덕의 유무 개념으로 바꾸어 사람됨의 가치를 설명하였다. 군자와 소인의 판단 기준을 왕봉염(汪鳳炎)은 '인(仁)'·'의(義)'·'예(禮)'·'지(智)'·'신(信)'·'충(忠)'·'서(恕: 타인에 대한 관심과 배려)'·'성(誠)'·'용(勇)'·'중용(中庸)'·'문질빈빈(文質彬彬: 인문 정신과 소박함의 조화)'·'화이부동(和而不同: 사람들과 조화를 이루면서도 부화뇌동하지 않음)'·'겸허(謙虛)'·'자강(自强)' 등 열네 가지 덕목으로 정리하였다. 그는 또 현대 심리학 용어를 차용하여 '인·의·예·지' 네 가지 덕목을 군자 인격의 근원적 특질(source traits)로 규정하고 나머지 열 가지 덕목은 군자 인격의 표면적 특질(surface traits)로 묶었다.[70] '인·의·예·지' 네 가지 덕목은 인간이면 누구나 지니는 고유한 본성인데 있는 그대로의 본성의 실천 여부는 자신의 선택과 결단에 달려 있다.[71] 군자의 길을 선택하면 자연스럽게 나머지 덕목들을 실천하며 마음에 아무 거리낌이 없어 언제 어디서든 당당하게 행동할 수 있고, 소인의 길을 선택하면 항상 걱정에 잠겨 초조한 마음으로 산다. 나아가 마음에 거리낌이 없으면 죽음까지도 담대하게 직면할 수 있다.

죽음에 대한 유가적 해석은 제자의 질문에 대한 공자의 간명한 한마디로 대표된다. 어느 날 자로가 귀신 섬기는 법을 묻자 공자는 "사람도 잘 섬기지 못하는데 어찌 귀신을 말하겠느냐?" 하였고, 다시 "감히 죽음에 대해 묻습니다." 하자 "삶도 아직 다 모르는데 어찌 죽음을 말하겠는가?"[72]라고 하였다. 이 문답은 공자의 관심이 신비적인 것보다는 구체적인 일상생활에 있고 죽음보다 삶에 있음을 잘 알려 주는 문구다. 공자는 죽음에 대해 '명(命)'이라는 관념을 사용한다. 『논어』에 공자가 제자 백우(伯牛)가 문둥병으로 추정되는 병에 걸려 죽음을 앞두고 있을 때 문병 가서 남쪽 창문을 통해 그의 손을 잡고 영결하면서, "이런 병에 걸릴 리가 없는데, 명(命)인가 보다. 이런 사람이 이런 병에 걸리다니. 이런 사람이 이런 병에 걸리다니."[73]라며 한탄하는 장면이 나온다. 공자에게 명(命)이란 생사(生死), 귀천(貴賤), 요수(夭壽) 등 인간의 의지로는 어찌해 볼 수 없는 것들을 의미한다. 공자는 또 제자인 자로(子路)를 참소한 공백료(公伯寮)를 죽이려는 시도에 대해, "도가 온 천하에 실행된다면 그것은 명이요, 도가 폐지된다면 그것도 역시 명이다. 공백료가 그 명에 어떻게 하겠는가?"[74]라고 하였으며, 자신을 해치려는 환퇴의 기도 앞에서도 "하늘이 나에게 덕을 주었으니, 환퇴가 나에게 어찌하겠는가?"[75]라고 하며 자신의 운명을 하늘에 기탁하였다. 그러나 공자는 운명에 순응하고 있는 그대로 받아들이려는 태도를 취하지는 않았다. 공자는 "명을 알지 못하면 군자가 될 수 없다."[76]는 말로 명(命)을 통해 하늘이 자신에게 내린 사명을 깨우치고 실천할 것을 주문하였다. 즉 명(命)도 각자의 삶의 일부분임을, 나아가 그 안에서 실천을 요구하는 하늘의 소환(천명)임을 자각해야 하는데, 이는 의(義)를 통해 실현된다. 의는 삶의 영역에서의 무조건적 도덕적 실천을 의미한다. 당시 공자가 어떤 은둔자로부터 '되지 않을 것을 알면서도 그것을 하려고 하는 사람'[77]이라는 조소를 받았을 때 자로는 "군자가 벼슬을 하는 것은 그 의를 실행하려는 것일 뿐이다. 도가 행하여지지 않을 줄은 이미 알고 있었다."[78]라는 말로 대신하였다. 이는 성공과 실패, 나아가 삶과 죽음과 같은 결과를 염두에 두지 않고 자신의 사명을 자각하고 실천하는 것을 최고의 가치로 삼았음을 의미한다.

소명 의식의 자각은 경외감으로 이어진다. 공자는 "군자에게는 두려운 것이 세 가지 있으니, 하늘의 명을 두려워하고, 대인을 두려워하고, 성인의 말씀을 두려워한다."[79]고 하였다. 즉 의(義)를 명(命)을 통해 직시할 때 원래 인간의 의지로 어찌해 볼 도리가 없던 명(命)이 오히려 엄중한 경외감의 원천이 되고, 나아가 고난과 역경을 극복하고 맛볼 수 있는 생명의 희열의 원천으로 전환된다. 공자는 자신을 알아주지 않는 세상에 대해 "하늘을 원망하지 않으며, 사람을 탓하지 않고, 아래로 인간 세상의 일을 배우면서, 위로 하늘의 이치를 통달하니, 나를 알아주는 것은 하늘일 것이다."[80]라는 탄식의 말을 내뱉었다. 자신의 처지에 대해 하늘을 원망하지도, 남을 탓하지도 않는 자세는 운명에 대한 소극적인 태도가 아니라 인간사와 하늘을 관통하는 원리의 통찰에서 나오는 평온한 생명의 경지를 의미한다.[81] 따라서 공자가 평생의 걱정거리는 성공과 실패, 삶과 죽음이 아니고, '덕이 닦아지지 못함과, 학문이 강마되지 못함과 의를 듣고 옮겨가지 못함과 불선을 고치지 못함'[82]이라고 한 것이다. 맹자는 공자의 뜻을 이어받아 도덕적 본성의 실천을 통하여야만 온전히 입명(立命)의 경지에 다다를 수 있다고 강조하였다. 맹자는 "본심을 온전히 실천하면 본성을 알 수 있고, 천도를 알 수 있다. 본심을 보존하고 본성을 기르는 것이 천을 섬기는 것이고, 목숨의 길고 짧음에 연연하지 않고, 수신하며 천명을 기다리는 것이 바로 명을 세우는 것이다."[83]고 하였는데, 이 말은 도덕적 삶에 근거해야만 명(命)의 참뜻을 이해하고 참된 삶을 영위할 수 있다는 의미다.

3. 맹자의 인간 이해

육구연은 "공자는 인을 통해 이 도를 열었는데, 그 말은 온전하여 꿰맬 틈이 없다. 맹자는 그것을 활짝 열어젖혀서 더욱 숨겨진 것이 없게 되었다."[84]라고 하였다. 공자는 '인(仁)'을 내세워 인간이 도덕적 주체이며 능동적 주체임을 밝히고, '인'을 실천하여 전인적 인격을 완성할 수 있다고 하면서 인간이 가야 할 길을 열었다. 그러나 "선생님의 문장은 들을 수 있었지만, 선생님이 본성과 천도에 대해 말하는 것은 듣지 못하였다."라는 제자의 말처럼 공자는 인간의 본성 및 그 근거에 관해 말을 아꼈다.[85] 공자는 또 "인간의 본성은 서로 비슷하지만, 습성을 서로 다르다."[86]고 하면서 본성의 구체적 내용이 무엇인지 명확히 밝히지 않았다. 이 비슷한 본성에 대해 맹자는 '성선설'로 이해하고 순자는 '성악설'로 해석하면서 인간을 이해하였다. 공자는 "배우기만 하고 생각하지 않으면 얻는 것이 없고, 생각만 하고 배우지 않으면 위태로워진다."[87]고 하면서 덕성과 지성을 겸비해야 한다고 강조했다. 또한 "지적 능력을 충분히 갖추었다 할지라도, 인덕(仁德)으로 그것을 지켜내지 못한다면, 비록 지위를 얻었다 할지라도 반드시 잃게 될 것이다."[88]라는 말로 지성의 표현은 도덕이 전제되어야 제대로 발휘된다고 하였다. 이후 맹자는 덕성 주체에 중점을 두고 인간의 실천 능력을 파악하였고, 순자는 지성 주체에 중점을 두고 인간의 실천 능력을 파악하였다. 맹자와 순자를 비교해 볼 때, 맹자가 공자의 뜻을 충실히 좇았으며, 나아가 인간의 내면을 통찰하고, 당대 학자들과의 토론 및 현실 상황에서의 구체적 비유를 통해 인의(仁義)의 내재 및 천도와 본성과의 관계를 명확히 규정하였다. 이 점에서 맹자가 공자의 도를 활짝 열어젖혀 사람들을 인도하였고, 공자와 맹자의 인간의 본성에 대한 낙관적 믿음에 바탕을 둔 덕성 주체로서의 인간 이해는 이후 유가 사유의 근간이 되었다.

맹자는 구체적인 상황에서 드러나는 심리 상태를 예로 들며 타자의 아픔을 차마 견디지 못하는 마음으로 '인(仁)'을 규정하였다. 맹자와 제나라 선왕(宣王) 사이에 다음과 같은 대화가 이어진다.

제 선왕: 과인과 같은 자도 백성을 보호할 수 있습니까?

맹자: 가능합니다.

제 선왕: 무엇을 근거로 내가 가능함을 아십니까?

맹자: 신이 다음과 같은 내용을 호흘에게서 들었습니다. 왕께서 당상에 앉아 계시는데, 소를 끌고 당하로 지나가는 자가 있었습니다. 왕께서는 이를 보시고 '소가 어디로 가는가?' 하고 물으시자, 대답하기를 '종의 틈을 바르는 데 쓰려고 합니다.'라고 하였습니다. 이에 왕께서 '놓아 주어라, 내가 그 두려워 벌벌 떨며 죄 없이 사지로 나가는 것을 차마 볼 수 없구나.' 하시니, 대답하기를 '그렇다면 흔종(새로 종을 주조

하여 완성되면, 짐승을 잡아 피를 내어서 그 틈을 바르는 일)을 폐지하오리까?' 하니 '어찌 폐지할 수 있겠는가? 양으로 바꾸어 쓰라.' 하셨다고 들었습니다. 모르겠습니다만 이런 일이 있었습니까?

제 선왕: 있었습니다.

맹자: 이 마음이면 왕 노릇 하기에 충분합니다. 백성들은 모두 왕더러 재물을 아꼈다고 하지만, 신은 진실로 왕께서 차마 못 보심을 알고 있습니다.[89]

인정(仁政)을 베풀라는 비유를 한 이 문답에 등장하는 소와 양은 사실 희생으로서 같은 가치를 가진다. 따라서 소를 양으로 바꾼 행위 자체만 놓고 보면 높이 평가할 만한 것이 아니고, 당시 상황을 보지 못한 백성들의 평판처럼 오히려 인색하다는 비난에 직면할 만하다. 그러나 제 선왕의 선택은 지금 자신의 눈앞에서 살아 숨 쉬는 동물이 곧 애처롭게 울부짖으며 도살당한다는 상황에 저절로 마음이 아파 양으로 바꾼 것이라고 맹자는 설명하였다. 바꾼 동물이 양이건 아니건 상관없이, 눈에 띄지 않은 것의 희생에 대해서는 특정 심리 상태가 발현되기 이전의 상태이기 때문에 아픔을 논한다면 이론적 영역이 될 것이다. 맹자는 사람과의 관계에서 아픔을 더욱 극적으로 표현한다.

사람들은 모두 (타자의 아픔을) 차마 견디지 못하는 마음을 가지고 있다.

… 사람들이 모두 (타자의 아픔을) 차마 견디지 못하는 마음을 가지고 있다고 말하는 까닭은 지금 어떤 사람이 어린아이가 물에 빠지려는 것을 갑자기 본다면 누구든 깜짝 놀라서 두려워하고 측은하게 여기는 마음이 생기기 때문이다. 이는 어린아이의 부모와 친교를 맺으려 하기 때문도 아니고, 마을 사람들과 친구들에게 칭찬을 들으려 해서도 아니며, 어린아이의 위험을 보고도 구하지 않았다는 나쁜 평판을 듣기 싫어해서도 아니다. 이로부터 본다면 측은하게 여기는 마음이 없으면 사람이 아니고, 불의를 부끄럽게 여기고 미워하는 마음이 없으면 사람이 아니며, 사양하고 공경하는 마음이 없으면 사람이 아니고, 옳고 그름을 가리는 마음이 아니면 사람이 아니다. 측은하게 여기는 마음을 사람들 모두 지니고, 불의를 부끄럽게 여기고 미워하는 마음을 사람들 모두 지니며, 사양하고 공경하는 마음을 사람들 모두 지니고, 옳고 그름을 가리는 마음도 사람들 모두 지닌다. 측은하게 여기는 마음은 인의 단초이고, 불의를 부끄럽게 여기고 미워하는 마음은 의의 단초이며, 사양하고 공경하는 마음은 예의 단초이고, 옳고 그름을 가리는 마음은 지의 단초다. 사람이 이 네 가지를 갖추고 있다는 점은 마치 사람이 팔다리를 갖추고 있는 것과 같다. 이 사단을 갖추고 있는데도 실천할 수 없다고 하는 사람은 스스로 자신을 해치는 사람이다. … 무릇 사단이 자신에게 있다는 사실을 깨달아 확충하면 마치 불이 처음 타오르고 샘물이 처음 솟아오르는 것과 같다. 만약 확충할 수 있으면 천하를

보전할 수 있고, 확충하지 못하면 부모를 섬기기에도 부족하다.[90]

아이가 물에 빠지는 급박한 상황을 목격하면 어떤 고려함도 없이 누구나 놀라고 안타까운 마음을 즉각적으로 표출한다. 안타까운 마음은 감성의 영역에 속한다고 할 수 있다. 마찬가지로 측은하게 여기는 마음, 부끄러워하거나 미워하는 마음, 사양하고 공경하는 마음 등은 모두 감성의 영역에 속한다. 맹자는 이러한 심리적 정감을 도덕적 성감으로 귀결시키고, 이 아무 목적 없는 즉각적인 감정의 표출을 인간의 본래 마음으로 규정하였다. 정호는 "온 마음에 충만한 것이 측은하게 여기는 마음이다."[91]라는 말로 인간은 본질적으로 타자의 아픔을 그대로 보고 넘길 수 없는 존재임을 표현했다. 이 점에서 맹자는 '심'과 '정'을 구분하지 않았다. 맹자는 또 단초라는 말을 빼고 직접적으로 "측은하게 여기는 마음은 인이고, 불의를 부끄럽게 여기고 미워하는 마음은 의이며, 사양하고 공경하는 마음은 예이고, 옳고 그름을 가리는 마음은 지다."[92]라고 하였다. 인·의·예·지를 도덕적 법칙으로 규정한다면, 마음이 바로 도덕적 법칙이라는 의미이고, 이를 이어받아 육왕심학에서 '심이 곧 리[心卽理]'라는 명제를 내세운다. 맹자는 "인(仁)이 사람의 마음이다."[93]라고 하였고 또 "군자의 본성은 인·의·예·지가 마음에 뿌리를 내린 것이다."[94]라고 하였다. 이는 심(心)과 인(仁)과 성(性)을 같은 것으로 본 것이다. 그는 "인·의·예·지는 밖으로부터 녹아 들어오는 것이 아니라, 나에게 본래 있는 것이지만 사람들이 생각하지 못할 뿐이다. 그러므로 말하기를 구하면 얻고, 버리면 잃는다고 한 것이다."[95]라는 말을 통해 인간이 자율적인 도덕적 주체임을 천명하였다.

측은지심을 비롯한 수오·사양·시비 등 사단지심으로부터 인·의·예·지의 도덕적 법칙이 나온다고 맹자는 역설한다. 측은지심은 마음의 저 밑바닥으로부터 나오는 누르려 해도 눌러지지 않는 참된 도덕적 정감이다. 이러한 정감은 가족 사이에서 자연스럽게 발현된다. 그리고 가족 간에 드러나는 이러한 마음을 사회로 확충시켜야 한다고 주장한다. 오륜이라고 불리는 사회적 관계로 확충되어야만 비로소 자아를 실현했다고 말할 수 있다. 이렇게 볼 때 유학 사상에서 인간의 존재 특성은 사람들 사이의 관계에서 출발하고 있으며, 사회에 대한 관심을 인간의 가장 근본적인 특성 또는 의무로 간주한다. 따라서 이러한 바탕 위에서 구성되는 동양 심리학은 필연적으로 강한 사회성을 띠면서 뜨거운 요소를 강조하는 역동적인 심리학이 될 수밖에 없다. 그리고 동양 고전 속의 인간 이해의 틀을 찾아 이를 인간의 심성과 행동의 이해와 연결 지으려는 시도는 그 자체 문화의 탐구라는 시대적 흐름에 직결되는 것이라고 할 수 있다.[96]

이러한 맹자의 인성론에서 끌어낼 수 있는 심리적 함의에 관하여 조긍호는 다음과 같이 설명하고 있다.

첫째, 자아 및 동기 심리학의 문제에서 맹자는 인간을 능동적이고 주체적인 존재로 본다는 것이다. 이러한 입장은 동물과는 다른 인간의 특이성, 즉 반성적 능력을 갖춘 마음이 있다는 사실에서 기인하는 것이다. 따라서 이러한 입장에서 인간 외적 요소를 탈피한 인간성 자체와 그 작용에 관한 연구가 중요한 문제로 등장한다. 즉 도덕 주체로서의 자아에 대한 통합적인 인식의 문제와 이러한 도덕 주체로서의 자아의 기능을 가능케 하는 기본적인 추진력(動因)에 관한 연구이다.

둘째, 인간의 독특한 지향의 문제다. 맹자는 인간이 인간인 까닭은 자기완성의 욕구와 관계 완성의 욕구로 구성되는 심적 욕구 체계에서 찾을 수 있다고 본다. 맹자는 이러한 심적 욕구 체계가 인간만이 가지는 독특한 지향적 추진력으로 작용한다고 보는 것이다. 자아의 실현 가능성의 문제는 발달 및 성격심리학과 관계가 있고, 사람들 사이의 상호 관계의 연쇄망 속에서 자신을 실현해야 한다는 것이다. 맹자는 개별적인 개인이 아니라 상호 연관된 사람들 사이의 관계를 인간 행위를 이해하는 기본 단위로 인식했고, 이러한 입장에서 그의 주요 관심은 개별적인 개인 사이의 거래와 교환이 아니라 상호 관계 속에서 추구되는 조화와 질서이다. 여기서 인간관계를 파악하는 조망의 연구가 중요한 문제로 떠오른다. 이는 사회심리학과 관련된 문제이다.[97]

맹자는 이러한 도덕적 주체의 자각과 실천을 통한 만물과의 일체를 인생 최고의 즐거움으로 여겼고, 이러한 만물 일체관은 송명 유학에서 활짝 꽃피우게 된다. 맹자는 인간의 도덕적 주체성을 '성선설'로 개괄한다. 맹자는 인간의 본성이 선하다는 자신의 주장에 대해 인의는 후천적 습득의 결과라고 반박하는 고자(告子)와 인간의 본성에 대해 다음과 같이 논변하였다.

> 고자: 타고난 것을 일러 성이라 한다.
>
> 맹자: 타고난 것을 일러 성이라 하는 것은 흰 것을 희다고 하는 것과 같은가?
>
> 고자: 그렇다.
>
> 맹자: 그렇다면 흰 깃털의 흰색이 흰 눈의 흰색과 같으며, 흰 눈의 흰색이 백옥의 흰색과 같은가?
>
> 고자: 그렇다.
>
> 맹자: 그렇다면 개의 본성이 소의 본성과 같고 소의 본성이 사람의 본성과 같다는 말인가?[98]

인간의 본성이 선하다는 맹자의 주장에 대해 고자는 식욕과 성욕 같이 타고난 자연적인 바탕이 본성이라고 하였다. 그러나 만약 생존 본능인 식욕과 성욕 같은 것을 본성으로 본다면 인간의 도덕적 행위는 후천적 습득의 결과라는 결론에 도달하는데, 맹자는 이 점을 받아들일 수 없었다. 물론 어느 누구도 생존 욕망을 비롯한 갖가지 욕망이 있음을 부정하지는 않는다. 이는 맹자도 마찬가지다. 그러나 생존 욕망이 가장 근원적인 것이라면 인간과 동물의 구분이 무의미해진다. 맹자는 동물과 인간을 구분하는 결정적 기준, 다시 말해 인간에게만 있고 동물에게는 없는 것이 마음인데, 그 마음은 다름 아닌 인의를 본질로 삼는 도덕적 마음임을 천명했다.

> 인(仁)은 사람이 마땅히 지녀야 할 마음이고, 의(義)는 사람이면 마땅히 가야만 하는 길이다. 그 길을 버리고 따르지 않으며, 마음을 잃어버리고도 찾지 않으니 슬프도다! 왜 사람들은 닭이나 개를 잃어버리면 찾을 줄 알면서도, 자신의 마음을 잃어버리고서는 찾을 줄을 모른단 말인가! 배움의 길은 다른 데 있지 않다. 자신의 잃어버린 마음을 찾는 것일 뿐이다.[99]

맹자는 인과 의로 대표되는 인간의 선한 본성을 간직해야 하고, 만약 잃어버린다면 되찾아 오는 것이 인간이 나아가야 할 길이라고 하였다. 그는 또 "만물이 모두 내게 갖추어져 있다. 몸을 돌이켜보아 진실무망하면 즐거움이 이보다 더 클 수 없다."[100]라고 말했다. 이 말은 인간의 마음은 무한히 확장할 수 있다는 가능성을 함축한다. 정호는 맹자의 뜻을 이어받아 "마음이 바로 하늘이다. 본심을 실천하면 본성을 깨닫고, 본심을 깨달으면 하늘을 깨닫는다. 바로 그 자리에서 받아들일 뿐이니 다시 밖에서 구해서는 안 된다."[101]고 말하며 인간의 마음과 본성과 하늘이 하나임을 명확하게 천명하였다. 인간의 심성에 대한 이와 같은 해석은 이후 송·명 유학에서 본성의 '초월적 내재관'으로 이어진다.

현실에서 인간이 사는 모습을 보노라면 "마음이 본래 이렇게 순수하고 아름답다고 하는데, 나는 왜 욕망의 질곡에서 몸부림치는가?", "맹자가 틀린 것은 아닌가?", "선천적으로 선하지 않은 사람도 있지 않은가?" 등의 물음이 이어진다. 맹자는 '우산(牛山)의 나무' 비유를 통해 이 물음에 답한다.

> 우산의 나무는 원래 아름다웠다. 그러나 큰 나라의 교외에 있었기 때문에 도끼로 날마다 베어 가니 어떻게 아름다움을 유지할 수 있겠는가? 밤낮으로 조금씩 자라고 비와 이슬이 적셔 주어 싹이 나오지 않는 것은 아니지만, 소와 양이 그곳에 방목되어 마침내 민둥산이 되고 말았다. 그런데 사람들은 풀 한포기 없는 모습만 보고 본래 나무가 없었다고 여긴다. 이 어찌 산의 본성이겠는가?[102]

인간에게는 본질적으로 도덕적 마음이 있어서 실천을 통해 인격을 완성하는 내적 동력으로 작용하지만, 다른 한편으로는 감각적 욕망이 있어서 이해득실의 소용돌이에 함몰되어 빠져나오기 쉽지 않다. 또한 불이 처음 타오르다 꺼지는 수도 있고, 샘물이 처음 솟아오르다 가 순간 메말라서 바다까지 미치지 못할 수도 있듯, 타자의 고통을 안 타까워하는 마음이 솟았다가 바로 사라져 희미한 단초로만 머물 수 도 있는 것이다. '좋은 말 한 마디를 듣고, 좋은 일 한 가지를 보면 즉 각적으로 실천하는 것이 마치 장강대하가 터진 듯 성대하게 흘러 막 을 수 없는 듯'[103]한 실천 동력을 유지하기 위해서는 자각과 확충이 필 요한데 구체적인 방법은 송·명 유학에서 수양론으로 이어진다.

4. 순자의 인간 이해

맹자는 "생선 요리도 내가 좋아하는 음식이고, 곰 발바닥 요리도 내 가 좋아하는 음식이다. 하지만 둘 가운데 하나만 골라야 한다면 나는 어물을 버리고 곰발바닥 요리를 먹겠다. 사는 것도 내가 원하는 바이 고 의로움도 내가 원하는 바이다. 하지만 이 두 가지 모두 지킬 수 없 다면 생명을 버리고 의로움을 취하겠다."[104]라고 하면서 덕성의 실천 을 위해서 생명을 버릴 수도 있다는 인간의 본성에 대한 낙관적 시각 을 강력하게 표현하였다. 하지만 보통 사람들의 현실적인 삶에서 자 신의 목숨보다 도덕적 본성의 실현이 우선하는 경우는 매우 드물다. 예컨대 어린아이가 물에 빠지는 장면을 목격한다면 즉각적으로 안타까운 마음이 내면으로부터 우러나온다는 주장이 의심의 여지가 없다 할지라도, 수영을 못하니 구하러 들어갔다가 죽을 수도 있다는 등 순간적인 판단 때문에 주저하거나 발길을 돌릴 수도 있다. 순자는 생존 욕구 등 여러 욕구들의 실현이 도덕적 마음의 실현보다 우선한다고 하며 이러한 욕구를 '악'으로 규정하며 '성악설'을 주창하였다.

사람의 본성은 악하다. 선하다는 것은 인위적으로 바로잡은 것이다. 사람의 본성은 태어나면서부터 이익을 좋아한다. 이러한 본성을 따르기 때문에 빼앗는 마음이 생겨나고 사양하는 마음은 사라진다. 태어나면서부터 남을 미워하고 시기하도록 되어 있다. 이러한 본성을 따르기 때문에 남을 해치고 상하게 하는 마음이 생겨나고 충성과 믿음이 사라진다. 태어나면서부터 귀와 눈에 욕망이 있어서 아름다운 소리와 빛깔을 좋아한다. 이러한 본성을 따르기 때문에 음란한 행동이 생기고 예의범절이 사라진다. 이러한 감정을 그대로 따른다면 반드시 다투고 빼앗게 되며, 본분을 어기거나 문물제도를 어지럽혀 난폭하게 될 것이다. 그러므로 반드시 스승과 법도에 의한 교화와 예의 제도의 인도가 이루어진 후에야 서로 사양하고 공경할 줄 알게 되고, 예의범절에 합치되어 다스려진다. 이로부터 볼 때, 인간의 본성이 악하다는 사실은 분명하다. 선하다는 것은 인위적으로 바로잡은 것이다.[105]

순자가 말하는 본성의 악함은 원죄설과 같이 근본적인 악을 의미하는 것은 아니다. 생리적 욕구나 감각적 욕구 등을 '악'이라는 말로 개괄하였다. 즉 욕구가 삶의 동력이라는 점에서 인간의 본성이 악하다고 표현하였다. 이러한 추동력을 좇아 움직이면 필연적으로 공동체의 질서와 조화는 무너진다. 그럼에도 질서와 조화가 유지될 수 있었던 것은 인간이 근본적으로 선한 존재여서 저절로 그런 것이 아니라 교육과 제도를 통한 교화의 결과라고 순자는 주장했다. 그는 악이라고 묘사한 인간의 욕구에 대해 구체적으로 다음과 같은 예를 들었다.

지금 사람들의 본성은 굶주리면 배불리 먹기를 바라고, 추우면 따뜻해지기를 바라며, 피로하면 휴식을 바라는데, 이것이 인간의 성정이다.[106]

무릇 눈은 아름다운 색깔을 좋아하고, 귀는 듣기 좋은 소리를 좋아하며, 입은 맛있는 음식을 좋아하고, 마음은 이익을 좋아하며, 육체는 안락한 것을 좋아하는데, 이는 모두 인간의 성정에서 나온 것으로 느껴서 저절로 그렇게 되는 것이지, 좋아하려고 해서 생기는 것이 아니다.[107]

위의 문장은 생리적 욕구 충족이 인간의 본성임을 표현한 것이고, 아래 문장은 감각적 쾌락 및 심리적 안정을 추구하는 것이 인간의 자연스러운 본성임을 표현한 것이다. 이렇게 볼 때 순자에게 '성'은 인간이 날 때부터 구유하는 생리적 · 감각적 측면의 자연스런 속성으로서, 감각 능력을 의미하는 동시에 심리적 욕구와 정서적 충동을 포함한다.

순자는 '성(性)'과 '정(情)' 및 '욕(欲)'을 구분하여 다음과 같이 말하였다.

성이란 하늘이 생성한 것이다. 정이란 성의 바탕이다. 욕이란 정이 외부 사물에 감응한 것이다.[108]

순자는 인간의 본성을 자연적인 속성으로 규정하고, 본성이 외부와 접촉하여 발현될 때 정(情)과 욕(欲)의 형태로 나타난다고 보았다. 공자와 맹자 및 순자를 대표로 하는 선진 유가에서 '정(情)'은 일반적으로 '진실 · 진정 · 진실된 마음' 등의 뜻으로 사용하는 경우가 대부분이다. 그러나 순자는 인간이 태어나면서부터 갖추고 있는 생물적 욕구와 정서적 측면을 포괄하는 용어로 쓰는 경우가 많았는데, 다음과 같은 문장에서 알 수 있다.

형체가 갖추어지고 정신이 생겨나면, 여기에는 좋아함 · 미워함 · 기쁨 · 성냄 · 슬픔 · 즐거움이 갖춰진다. 이를 일컬어 자연적 정서라고 한다.[109]

본성의 좋아함 · 미워함 · 기쁨 · 성냄 · 슬픔 · 즐거움을 일러 정이라고 한다.[110]

이러한 예들에서 보면, 순자는 '정(情)'에 대해 각 개별적인 감정 반응을 아우르는 유개념으로서의 감정 또는 정서의 의미를 부여함을 알 수 있는데, 유학자들 중에서 정을 유개념으로 사용하는 것은 순자가 효시이다.[111]

맹자는 인간과 인간 이외의 존재물과의 차이는 지극히 미미하다고 하면서, 그 미미함의 관건을 인의(仁義)로 대표되는 도덕성의 자율적 실천으로 보았다.[112] 이에 비해 순자는 인간과 동물의 차이를 인식 능력 및 사회조직의 구성 여부에 두었다. 순자는 다음과 같이 말하였다.

물과 불은 기(氣)는 있는데 생명은 없고, 풀과 나무는 생명은 있는데 지각이 없고, 짐승은 지각은 있는데 의(義)가 없다. 인간은 기와 생명과 지각을 다 갖춘 데다 의까지 갖추었다. 그러므로 천하에서 가장 존귀

한 존재이다. 인간이 소보다 힘이 약하고 말보다 빠르지 못한데도 소와 말을 부릴 수 있는 것은 무엇 때문인가? 그것은 인간은 조직을 구성할 수 있지만 동물들은 그렇지 못하기 때문이다. 인간은 어떻게 조직을 구성할 수 있는가? 그것은 직분을 나눌(分) 수 있기 때문이다. 직분은 어떻게 나누는가? 그것은 의(義)가 있기 때문이다. 그러므로 의를 바탕으로 직분을 나누면 조화를 이룰 수 있고, 조화를 이루면 한마음이 되며, 한마음이 되면 힘이 많아지고, 힘이 많아지면 강해지며, 강해지면 모든 것을 이길 수 있다. 그러므로 집을 지어서 기거할 수 있으며, 절기에 맞추어 만물을 재배할 수 있고, 천하를 이롭게 할 수 있다. 이는 다른 이유가 있어서가 아니라, 의에 따라 직분을 나누었기 때문이다. 그러므로 사람이 살면서 사회가 없을 수 없다. 사회에서 직분이 나눠지지 않으면 싸움이 벌어지고, 싸움이 벌어지면 혼란스러워지며, 혼란스러워지면 서로 떨어지게 된다. 서로 떨어지면 약해지고 약해지면 다른 것들을 이길 수 없다.[113]

인간과 다른 존재와의 차이점에 대해 맹자가 도덕적 인격을 강조한 것과는 달리 순자는 본능적 충동에서 나오는 다툼을 극복하고 상호협조적인 사회조직을 구성할 수 있는 능력을 강조했다. 인간이 다른 존재에 비해 우위를 유지할 수 있는 까닭은 공동체를 구성하고 직분에 따라 행동하며 조화를 이룰 수 있기 때문이다. 그러나 인간은 본능적 욕망에 끌리는 이기적 존재이고 서로 간의 이익 추구로 분쟁을 발생시킨다. 이 분쟁을 해결하지 못하면 조직 자체가 흔들리고 서로 싸우게 되어 공동체가 해체될 것이고, 최후에는 동물에 대한 인간의 우월함도 잃어버릴 것이라고 보았다.

순자는 인간 개개인의 내면적 도덕성보다는 사회규범이 공동체의 질서와 조화 유지에 더욱 중요하다고 보았다. 인간에게는 사회와 조직을 구성하고 제도를 제정하고 실행할 수 있는 지적 능력이 있다. 이러한 지적 능력을 통하여 사람들은 외부 사물을 구별하여 인식하고, 이들 사이의 차이점을 기억함으로써 외부 사물들에 대한 합당한 지식 내용을 얻는다. 또한 사람들은 이러한 본유적인 지적 능력에 힘입어 외부 사물들에 대한 구체적인 지식 내용뿐만 아니라, 사물들의 이치도 또한 깨달아 알 수 있으며, 나아가서 도덕성과 올바른 행위 원칙에 대해서도 인식할 수 있다는 것이다.[114] 순자는 명확한 인식을 위한 심의 상태로 허(虛)·일(一)·정(靜)을 강조하였다. 마음은 지각을 저장하지만 이미 얻은 지식이 새로운 지각을 방해하지 않기 때문에 '허'라고 하고, 서로 다른 지각을 동시에 지니면서도 각자 서로를 방해하지 않기 때문에 '일'이라 하고, 꿈이나 잡념 같은 것들이 인식을 방해하지 않기 때문에 '정'이라고 한다.[115] 순자는 마음의 이러한 상태를 '대청명심(大淸明心)'이라 불렀다.

맹자와 순자는 비록 서로 다른 인성론을 펼쳤지만 같은 가치관을 공유하였다. 그것은 다름 아닌 인간은 주체적 존재로서, 삶에서 인·의·예·지 등의 사회규범을 추구해야 할 이상적 가치관으로 여긴 점이다. 다만 맹자는 인간을 덕성 주체로 규정하고, 자신의 도덕적 마음의 움직임에 따라 자율적으로 추구할 때 공동체의 진정한 질서와 조화를 이룰 수 있다고 외쳤고, 순자는 지성 주체로서의 인간의 자율성을 강조했다.

03

리학에서
심학으로

개인의 삶을 이끌어 가는 궁극적인 힘이 '의미'라는 전제에 동

의한다면, 그것이 어느 시점이든 이 한탄은 자신의 삶에서 의

미의 부재를 깨닫는 순간이다. 그리고 "왜 재미없지?", "어떻게

하면 재미를 되찾을 수 있을까?" 하는 물음으로 이어지는데 이

것은 지식의 문제가 아니고 자각의 문제이다. 자각된 내용은

실천을 수반해야만 한다. 그리고 실천은 반드시 내면적 확신을

통해 기쁨으로 자연스레 이어진다. 유가에서의 삶의 의미는 자

신의 본성을 자각하고, 관계 속에서 가정에서 작은 동아리로,

사회 전체로 실천하면서 확충하다 보면 최후에는 우주와 일체

감을 느끼게 되고 이 일체감에서 존재 의의와 희열을 느낄 수

있게 된다고 본다.

1. '성즉리'에서 '심즉리'로

유학은 일반 지식을 추구하는 학문과는 달리 사회적 실천을 통한 전인적 인격의 실현을 목표로 하는 학문이다. 선진시대에 공자는 '인'을 내세워 인간이 도덕적이고 자율적인 주체임을 천명하였으며, 동시에 '인'을 도덕 행위의 법칙으로 삼았다. 맹자는 심의 선함으로부터 인간의 본성이 본디 선함을 증명하고, 인의가 내재함을 밝힘으로써, 즉 사람이 인의를 행하는 것은 순수하게 인간 자신의 자발적인 행위임을 밝힘으로써, 도덕적 가치가 외부의 특정 요인에 의하여 만들어지는 것이 아니고, 인간의 본심에서 저절로 우러나오는 것임을 명백히 밝혔다. 그러나 한 대 이후 유학은 국가 통치 이데올로기로 자리매김하기 시작하면서 삼강오륜으로 대표되는 윤리적 강령의 틀에 갇혀 본래의 활력을 잃어버리고 불교와 도교에게 그 자리를 내어주고 만다. 불교와 도교는 더욱 풍부한 세계관과 섬세한 심성론을 바탕으로 개인의 정신적 자유와 해탈을 주창하며 집단적 윤리 의식의 틀에 갇혀 있던 지식인들의 주의를 끌어들였을 뿐만 아니라 죽음에 대한 두려움을 포함하여 심신과 관계되어 일어나는 여러 가지 문제들을 해결하고자 노력하며 민간에 깊이 파고들며 문화와 사상을 주도하였다. 그러다 당나라 말기에 이르러 불교를 중심으로 한 문화는 본래의 모습을 잃고 세속적인 변질의 길을 걸었다. 또한 북쪽에서 다른 민족들이 침입하여 중국은 존폐의 위기에 처하는데 이러한 내우외환의 위기를 극복하기 위하여 민족의식의 고취가 요구되었고, 지성계에서도 새로운 사상이 요구되었다. 그 결과 불교와 도교에 관심을 기울였던 지식인들이 유교로 돌아오기 시작하면서 유학 부흥 운동이 일어난다. 당나라 말기부터 시작된 유학 부흥 운동은 송 대로 이어지면서 한편으로는 도교와 불교의 가치관 및 이론을 비판하는 동시에, 다른 한편으로는 도교와 불교의 사유 틀을 의식적 혹은 무의식적으로 받아들이면서 '리학(理學)' 혹은 '성리학(性理學)'으로 불리는 '심성론'을 핵심으로 하는 학문적 틀을 완성한다. 송·명대 유학자들은 공자와 맹자의 정신을 되살린다는 기치하에, 여러 유교 경전 가운데 특히『논어』·『맹자』·『중용』·『역전』과『대학』을 바탕으로 존재·우주론과 심성론 및 수양공부론 체계를 완성한다. 모종삼은 유교 경전에 대한 송·명유학자들의 계승과 발전에 대해 다음과 같이 설명하였다.

첫째, 공자는 "인을 실천함으로써 천도를 안다[踐仁知天]."고 하였지만, 직접적으로 인과 천의 합일 혹은 '인과 천이 하나'임을 말하지는 않았다. 그러나 송·명 유학자들은 공통적으로 인의 내용적 의의(intensional meaning)와 천의 내용적 의의가 궁극적으로는 같다는 사유를 나타내었다.

둘째, 맹자는 "본심을 온전히 실현하면, 본성을 알 수 있고, 천도를 알 수 있다盡心知性知天."고 하였지만, 분명하게 심성과 천(天)이 하나임을 보여주지는 않았다. 그러나 송·명 유학자들은 공통적으로 심·성·천이 하나라고 여겼다.

셋째, 『중용』에서는 '천이 명한 것을 성'¹이라고 하였지만, 천이 우리에게 명한 것으로서의 '성'이 초월적인 형이상학적 실체와 완전히 동일하거나, 또는 그 실체가 개체에 내재한 것이 곧 개체의 본성임을 분명하게 표현하지 않았다. 그러나 송·명 유학자들은 이러한 의미를 분명하게 표현했다.

넷째, 『역전』의 "건도가 변화함으로써 만물은 각기 성명을 바르게 한다."²는 말에 대해 초월적인 형이상학적 실체가 각 개체에 내재하여 그것의 본성이 되고, 바르게 된 '명(命)' 역시 이 실체가 정한 명이라고 명확하게 규정하였다.

다섯째, 『대학』에서는 '밝은 덕행'의 의미로 "명덕을 밝힌다."³고 했을 뿐, '명덕'이 곧 인간이 본래부터 갖추고 있는 심성이라는 의미를 표현하지 않았다. 그러나 송·명의 유학자들은 '명덕'을 행위의 결과로서의 '덕행'으로 이해하지 않고, 행위의 동기인 심성으로 보았다.

또한 『대학』에서는 "치지는 격물에 있다."[4]고 말하는데, 주희는 '격물'을 사물에 나아가 존재하는 원리, 즉 현상 세계를 존재하게 하고 변화하게 하는 원리를 궁구하는 것으로 이해하고, 왕수인은 이 구절을 양지인 천리를 실현하여 사물을 바르게 한다고 해석하는 등 다양한 해석의 가능성을 열어 놓았다.[5]

송 대 유학자들은 초월적 실체의 의미로서의 '천', '건도(乾道)' 등을 '천리(天理)' 혹은 '리(理)'라는 명칭으로 귀속시켰다. '리'는 초월적인 전체 우주, 만물 생성 변화의 원리이면서 동시에 도덕 창조의 실체이다. 이 초월적인 생성 변화 원리로서의 천리가 각 개체에 내재된 것을 '성(性)'이라고 한다. 이 점에서 '성이 곧 리[性卽理]'라고 표현하였는데, '성'은 초월적이며 동시에 내재적임을 의미한다. 이 점에서 인간과 다른 존재들 사이에 구분이 없다. 정호는 "만물이 일체라고 말할 수 있는 근거는 모든 것에 이 '리'가 있기 때문이다.",[6] "만물이 모두 내게 갖추어져 있다. 인간만이 그런 것이 아니고 모든 사물이 그렇다."[7]라는 말로 초월적인 리를 본성으로 갖추고 있다는 점에서 인간과 다른 존재의 동등함을 표현하였다. "만물이 모두 내게 갖추어져 있다."는 말은 맹자의 말이다. 맹자는 "만물이 모두 내게 갖추어져 있다. 반성하여 진실하면 즐거움이 그보다 더 큰 것이 없다. 힘써 서(恕)를 행하면 인을 구함에 더 가까운 것이 없다."[8]라고 하였다. 맹자에게 "만물이 모두 내게 갖추어져 있다."는 말은 인간은 누구나 세상사의 이치를 본유한다는 의미가 강하였지만, 정호는 이를 존재 전체로 확대하였다.

그렇다면 인간과 다른 존재와의 차이를 어디에서 찾을 수 있는가? 정호는 "단지 물질은 미루어 나갈 수 없고 인간은 미루어 나갈 수 있을 뿐이다."[9]라고 하였다. 즉 인간은 자각적으로 자신의 본성을 실현할 수 있는 반면 다른 존재는 그럴 수 없다는 의미다. 그 까닭에 대해 정호는 "다른 존재는 기가 어두워 미루어 나갈 수 없다."[10]라고 하며 생리적 차이로 설명한다. 이 세상 모든 존재는 형이상학적 원리인 '리'와 물질적 요소인 음양오행으로 대표되는 '기'로 이루어진다. 주돈이는 『태극도설』에서 "음양 두 기가 서로 교감하여 만물을 생성하고 화육한다. 만물은 생식을 끝없이 진행하고, 그 변화는 무궁하다. 오로지 사람만이 빼어난 기를 얻어 만물 중에 가장 영명하다."[11]라는 말로 인간과 다른 존재의 차이점을 본질적인 생리적 구조에 두었다. 그리고 이 본성이 안착되고 실현되는 장소는 '심(心)'이다. 인간 이외의 존재는 생리적 구조가 혼탁하기 때문에 심이 드러날 수 없어서 자신의 본성을 온전하게 실현할 수 없다. 도덕적 실천의 측면에서 보면, 인간은 드러내 실현할 수 있는 '리'를 갖추어 본성으로 삼은 반면, 인간 이외의 존재에게서 이 '리'는 실현될 수 없다. 왜냐하면 인간 이외의 존재는 생리적으로 자각 능력이 없기 때문이다. 자각은 '심'에서 일어나고, 따라서 '심'이라는 단어는 인간에게만 적용된다. 마음으로 자각할 수 있는 '리'는 '참되고 거짓 없음'이 본질이다. 『중용』에서 "참되고 거짓 없음(誠)은 하늘의 도리이고, 참되고 거짓 없는 삶을 사는 것은 인간의 도리다."[12]라고 하였다. 이 세계는 천도 혹은 천리의 자기실현의 장이다. 천리는 춘하추동의 변화를 통하여 자신을 그대로 드러낸다. 봄이 오면 싹이 트게 하고, 여름이면 무성하게 자라도록 하며, 가을이면 거두어들이고, 겨울이면 동면에 들도록 한다. 오늘 나무인 것이 내일 돌로 바뀌지 않는다. 이것이 참되고 거짓 없음이다. 현상세계에서는 꽃은 때가 되면 꽃으로 피어 자신을 실현하고, 말은 달리는 것으로 자신을 실현한다. 꽃이 꽃으로 피어나고, 말이 달리는 것이 바로 참되고 거짓 없음이다. 즉 꽃은 꽃으로 피었다 지기를 반복하고, 말은 달리는 것이 자신의 존재 이유이다. 그렇다면 인간의 자기실현은 무엇으로 이루어지는가? 바로 내재된 '참되고 거짓 없는 본성', 즉 선한 도덕적 본성을 실현함으로써 자기를 실현해야 한다. 이것이 인간의 존재 이유이다. 『중용』에서 "오직 천하의 참되고 거짓 없는 사람만이 자신의 본성을 다 실현할 수 있고, 자신의 본성을 다 실현할 수 있어야만 인간의 본성을 다 실현할 수 있다. 인간의 본성을 다 실현할 수 있어야만 사물의 본성을 다 실현할 수 있다. 사물의 본성을 다 실현할 수 있어야만 천지의 화육을 도울 것이고, 천지의 화육을 도우면 천지와 더불어 참여하게 될 것이다."[13]라고 하였다.

동양 사상에서 일관되게 강조하는 성(誠)은 일반적으로 '성실함(sincerity)'이나 '자기완결성(integrity)'으로 번역되는데, 로저 에임스(Roger

Ames)는 '공동 창조성(co-creativity)'으로 이해해야 의미가 다 드러난다고 하였다.[14] 공동체 안에서 자아의 실현은 공동체의 삶의 형식에 참여만 하면 그만이라는 소극적인 행동에서 이루어지는 것이 아니고, 자신이 공동체를 만들고 이끌어 나간다는 적극적인 행동을 통해 이루어지는 것이다. 이렇게 자신의 본성을 온전히 실현할 때 인간은 천지와 더불어 우주의 공동 창조자가 된다. 이렇게 본성을 온전히 실천함으로써 자신을 완성하고 사물을 완성하는 관건은 바로 '진심(盡心)'이다. 마음은 몸을 통하여 자신을 표현한다. 이 점에서 주희는 "마음은 몸의 주재자이다."[15]라고 하였다. 주재자로서의 심은 '사람의 사지 운동, 손으로 쥐고 발로 밟는 행위, 배고플 때 음식을 떠올리는 것, 목마를 때 마실 것을 생각하는 것, 여름에 시원한 옷을 원하는 것, 겨울에 따스한 옷을 원하는 것'[16] 등 생리적 욕구를 포함하며, 기쁨과 슬픔 등의 감정도 마음에서 나온다. 생리적 욕구는 선·악의 가치판단에서 벗어난 것이고, 인간의 감정 또한 순선한 것이라고 할 수 없다. 또한 심을 성이 안착되고 발현되는 장소라고 규정할 때, 그 심은 형체가 있는가 하는 물음 또한 제기될 수 있다. 이에 대한 문답이 주희와 제자 사이에 이어졌다.

물었다. "인심(人心)은 형이상자인가? 아니면 형이하자인가?"

말하였다. "폐와 간 같은 오장의 심장은 실제 있는 사물이다. 지금의

학자들이 논하는 잡으면 있고 버리면 없어진다는 심은 본래부터 신령하고 밝아서 알 수 없는 것이다. 그러므로 오장 중의 심장은 병들면 약을 써서 보할 수 있지만, 이 심은 창포와 복령 등으로 보할 수 있는 것이 아니다."

물었다. "그렇다면 심의 리는 곧 형이상자인가?"

말하였다. "마음을 성과 비교하면 미세하게나마 흔적이 있고, 기와 비교하면 자연히 신령하다."[17]

주희는 '심'을 신체 기관의 하나인 심장과 사유 기관으로서의 심으로 나눈 다음, '인간의 마음'이라는 표현을 쓸 때는 사유 기관으로서의 심을 가리킨다고 하였다. 그러나 마음은 형이상학적 실체인 성, 즉 리와 다르고, 물질적 요소인 기와도 다르다고 하였다. '마음은 리와 기의 합으로 이루어지며, 마음이 몸을 주재할 수 있는 까닭은 허령한 지각이 있기 때문'이다.[18] 마음이 '허령(虛靈)'하다 함은 마음이 형체가 없으면서 측정할 수 없는 오묘한 작용을 하는 능력을 가리키는 것으로, 마음의 사유 능력을 의미하며, '지각'은 인식 능력을 의미한다. 주희는 또 '지'와 '각'을 나누어 설명하였다.

지란 어떤 일에 대해 아는 것이고, 각이란 홀연히 저절로 이해하는 것이다.[19]

선지자는 사물에 의거해 알고, 선각자는 이치에 의거해 안다. 지자는 사물에 의거해 모든 것을 알 수 있고, 각은 스스로 마음속에 깨달음이 있는 것이다.[20]

지금 누군가 어떤 일에 대해 알고, 어떤 도리에 대해 설명할 수 있다면, 이는 모두 앎에 관한 것이다. 스스로 깨우침에 이르면 또 자기만의 견해가 생기게 된다.[21]

'지'는 감각기관이 사물과의 접촉을 통하여 사물을 인식하는 능력을 의미하고, '각'은 '지'를 통해 획득한 것을 종합하고 반성하여 지식을 구성하는 능력을 의미한다. 이 지각 능력을 통하여 최종적으로 사물의 이치를 파악할 수 있다. 주희는 "지각의 대상은 심의 리이고, 지각할 수 있는 것은 기의 영험함이다."[22]라고 하면서 지각의 궁극적 목표가 '리'임을 밝힌 동시에 '심'을 '기'로 귀속시켰다. 기쁨과 슬픔 등 인간의 감정도 외부와의 접촉을 통하여 드러난다. 그리고 감정은 마음에서 움직이는 심리적 현상이면서 순선한 본성과 달리 도덕적 영역의 것이 아니다. 리는 마음에 갖추어져 있고, 따라서 인간의 본성은 순선하다는 의미에서 '성즉리'라고 표현한다. 이 순선한 본성은 마음에서 발현된다. 그런데 순선한 본성뿐만 아니라 온갖 감정과 욕망도 마음에서 발현되어 행동으로 나타난다. 주희는 장재(張載, 1020-1077)가

언급한 '심통성정(心統性情)'이란 명제로 심이 성과 정 두 가지 영역을 통섭한다고 주장하였다.

성·정·심에 관한 학설은 오로지 맹자와 횡거(張載)의 설만이 좋다. 인은 성이고 측은은 정인데, 심에서 나온다. 심은 성과 정을 통섭한다.[23]

인·의·예·지는 성(性)이고 측은·수오·사양·시비는 정이다. 인으로써 사랑하고 의로써 미워하며, 예로써 바루며, 지혜로써 아는 것은 심이다. 성이란 마음의 이치고, 정이란 마음의 쓰임이며, 마음은 성과 정을 주재한다.[24]

'심'은 인간의 의식 현상의 총체로서, 그 안에 내재된 도덕적인 본질이 '성'이고, 성은 정을 통하여 자신을 표현한다. 즉 주희는 성은 정의 근거가 되고, 성이 움직이면 정의 모습으로 드러난다고 하였다. 인·의·예·지로 대표되는 도덕적 법칙은 성이고, 그것이 표출되어 측은하게 여기거나, 불의를 부끄럽게 여기고 미워하기도 하고, 사양하고 공경하는 등의 감정으로 드러난다는 설명이다. 이러한 감정은 도덕적 감정이고, 선한 본성의 표출이다. 그러나 주희는 다른 한편 일반적 정서와 성과의 관계에 대해서 다음과 같이 말하였다.

희로애락은 정이고, 그것이 아직 발동하지 않은 것은 성이다.[25]

측은하게 여기는 마음이나, 불의를 부끄럽게 여기고 미워하는 마음, 사양하고 공경하는 마음과 옳고 그름을 가리는 마음 등은 순선한 도덕적 감정의 표출이다. 하지만 기쁨 · 노여움 · 슬픔 · 즐거움 · 사랑 · 미움 · 근심 · 놀람 · 두려움 등의 마음 상태는 상황에 맞게 표출될 때도 있지만 때로는 지나치게 표출되기도 하고 혹은 부족하게 표출되기도 한다. 상황에 알맞게 표출되는 경우는 선이라고 규정하고 그렇지 않을 경우를 악이라고 규정할 때, 칠정으로 대표되는 일반적 감정은 선으로 흐를 수도 있고, 악으로 흐를 수도 있다. 따라서 순선한 성에서 어떻게 악이 나올 수 있는가 하는 물음을 던질 수 있는데, 조선 성리학에서는 이 점을 심성론의 핵심적 문제로 여겨 '사단칠정 논쟁'이라는 명칭하에 학술계의 대표적 토론 주제로 삼았다. 대표적으로 이황은 사단의 정은 리에서 발하기 때문에 순선하고, 칠정은 기에서 발하기 때문에 선과 악이 섞여 있다고 보았고, 이이는 사단과 칠정 모두 정이란 점에서 동일하고 칠정이 발현될 때 절도에 맞는 것을 사단이라고 부른다고 하였다.

주희는 또 "마음은 성과 정을 주재한다."고 하였다. 마음이 정을 주재한다는 말은 지성이 감정을 주도하거나 조절한다는 의미로 볼 수 있기 때문에 별문제 될 것이 없다. 하지만 마음이 성을 주재한다는 표현은 있는 그대로 볼 때 문제가 생긴다. 주희에게 심은 기의 영역에 치중되고 성은 순선한 리가 내재된 것이다. 즉 형이하학적인 심이 형이상학적인 성을 주재한다는 표현이 되는데 이는 몸이 마음을 주재한다는 표현과 같아서 유학에서는 어불성설이다. 그러므로 주희의 경공부와 결합해서 보아야 심이 성을 주재한다는 뜻을 이해할 수 있다. 성이 아직 정으로 표출되기 전의 상태로서의 마음이 아무런 외부의 간섭을 받지 않고 순선한 성을 간직하려면 반드시 주재하고 함양해야 한다. 만약 심이 아직 발현하기 전에 함양이나 주재함이 없다면, 온갖 사념이 뒤섞여 본래의 상태를 유지할 수 없다. 따라서 경공부를 통하여 발현하기 이전의 마음의 상태를 깨끗하게 유지하고 주의력을 집중하여야 한다. 이렇듯 마음이 성을 주재한다는 말은 마음이 아직 발현하기 전에 경공부를 통하여 선한 본성이 아무 간섭 없이 그대로 표현될 수 있도록 보장하는 작용을 함을 의미한다.[26] 주희는 본성의 순선함을 알고, 그것을 보존하는 수양 방법으로 '거경(居敬)'과 '궁리(窮理)'를 내세웠다.

배우는 사람들의 공부는 오직 거경과 궁리 두 가지에 있을 뿐이다. 이 두 가지를 함께 발휘해야 한다. 사물의 이치를 궁구할 수 있으면 거경 공부는 날로 진보하고, 거경할 수 있으면 궁리공부는 날로 주밀해진다.[27]

주희는 맹자의 '진심(盡心)'을 '궁리'로 해석하였다.

심은 사람의 신명이니, 모든 리를 갖추고 있고, 모든 사태에 대응하는 것이다. 성은 심에 갖추어져 있는 리이고, 리는 천으로부터 나온 것이다. 사람이 가지고 있는 이 마음은 온전하지 않음이 없으나 궁리를 하지 않으면 가리워진 바가 있어서 심의 능력을 다 발휘할 수 없다. 따라서 자신의 온 마음을 발휘하여 실현하지 않음이 없다면 반드시 이치를 궁구할 수 있어서 알지 못하는 것이 없을 것이다.[28]

안으로는 마음을 한곳으로 집중하고, 밖으로는 엄숙하고 단정함을 유지하며, 마음을 평안하고 맑게 하여서, 마치 맑은 거울과 고요한 물과 같은 상태에 이르게 하는 것이 '거경'이다. 이러한 마음 상태를 바탕으로 사물의 객관적 이치를 탐구하여, 궁극적으로 자신의 본성이 순선함을 깨닫는 것이 '궁리'이다. 외부 사물의 이치를 탐구하여 자신의 본성이 선함을 알 수 있는 까닭은 인간과 사물 모두 '리(理)'를 갖추고 있기 때문이다. 그리고 "학문하는 방법에 궁리보다 우선하는 것은 없고, 궁리의 요체는 반드시 독서에 있다."[29]고 하면서 독서를 궁리의 핵심으로 삼았다. 육구연은 주희가 심·성·정 등을 구분하는 것에 반대하고, 독서를 통한 이치의 탐구도 반대하였다.

백민: 어떻게 하는 것이 심을 온전히 실현하는 것입니까? 성 · 재 · 심 · 정은 어떻게 구분합니까?

육구연: 그대와 같이 말한다면 또한 지엽적인 것이다. 그러나 그것은 그대의 잘못이 아니고 이 시대의 폐단이다. 요즘 학자들은 독서할 때 다만 자구의 해석에 그칠 뿐 혈맥을 추구하지 않는다. 또 정 · 성 · 심 · 재는 한가지 것인데 말에 따라 달라질 뿐이다.[30]

육구연은 심 · 성 · 정 · 재 등에 관하여 상세하게 구분하면 할수록 본래의 역동적인 창조성을 잃어버리고 단지 인식 주체로만 전락한다고 보았다. 그는 "우주가 곧 내 마음이며, 내 마음이 바로 우주이다." 라고 선언함으로써, 심과 우주를 동등한 위치로 올렸다. 우주는 창조의 연속으로 유지된다. 따라서 '우주가 곧 내 마음'이라는 것은 심에 창조 능력이 있음을 의미하는데, 그 창조 능력은 다름 아닌 도덕 창조 능력이다. 이런 의미에서 육구연은 "이 '심'과 이 '리'는 실로 서로 다름을 허용하지 않는다."[31]라고 하였다.

사실 육구연의 관심은 심성에 관한 이론적 탐구가 아니었다. 육구연은 당시의 과거제도와 공리공론이 횡행하는 풍토 아래에서, 모든 학문이 개인의 사욕을 추구하는 도구로 변하였고, 따라서 학자들의 공부하는 마음의 자세 또한 학문의 최종 목적인 도덕 가치의 건립에 두지 아니하고, 출세의 도구적인 가치를 중요히 여겨 그것을 통하여 과거에 급제하여 공명과 부귀를 꾀함을 개탄했다.[32] 이러한 시대조류에 맞서서 선비의 정신 생명을 과거 시험의 질곡으로부터 해방시키고, 또한 당시의 물욕과 껍데기를 찾는 풍토로부터 빠져나와 성현의 학문이 추구한 참된 정신을 구현함을 지상의 과제로 삼았다.[33] 이러한 관점에서 그는 맹자의 양지·양능설을 계승하여 양지·양능은 사람이면 누구나 선천적으로 가지고 있는 절대적이고 보편적인 도덕 본심으로, 언제 어디서나 바로 실현할 수 있는 모든 도덕 행위, 도덕 가치의 근원이기 때문에 사람은 당연히 여기에 힘써서 샛길로 빠져서는 안 된다고 주장한다. 모든 부도덕한 행위는 본심을 잃은 것에 기인한다. 자신이 원래 가지고 있는 도덕 본심을 자각하지 못하거나 혹은 자각했다 하더라도 그 도덕 본심에 따라 행동하려 하지 않는 것은 인간 스스로가 타락했음을 의미한다. 그러므로 육구연은 "우주가 사람을 멀리한 적은 없다. 다만 사람 스스로가 우주를 멀리할 뿐이다."[34]라고 하였다. 따라서 '육경이 모두 자신의 주석'[35]이라는 기치하에 그는 '본심을 드러내어 밝힘[發明本心]'과 '먼저 큰 몸을 세움[先立其大]'을 학문의 으뜸으로 삼는다.

심과 리가 하나라는 관점을 왕수인은 '심즉리'라는 말로 표현하였는데, 이는 '성즉리'를 주장하는 주자 성리학과 양명학을 구별하는 관건이다. 주희의 '성즉리'설은 천리가 산천초목 모든 사물에 본성으로 구비되어 있다는 전제하에 객관적 사물을 연구하여 자신의 본성에 순선한 천리가 내재함을 증험해야 한다고 강조함으로써 학자들로 하여금 객관적 사물의 탐구로 나아가게 하였다. 왕수인이 젊었을 때 구체적인 사물이나 사태와 맞닥뜨려서 이치를 궁구해야 한다는 주희의 '격물궁리설'을 좇아 마당의 대나무 가지를 꺾어서 방에 두고 일주일 간 식음을 폐하다시피 하고 바라보며 이치를 궁구하다가 결국 신경쇠약에 걸린 사건이 이를 상징적으로 말해 준다. 왕수인은 말년에 다음과 같이 말하였다.

> 주자가 격물을 천하의 모든 사물을 궁구한다고 해석하였는데, 어떻게 가능한가? 또한 풀 한 포기 나무 한 그루에도 모두 리가 있다 하였는데, 지금 어떻게 궁구할 수 있는가? 초목들의 이치를 궁구했다 하더라도 그것을 통하여 어떻게 자신의 뜻을 참되게 할 수 있는가?[36]

이는 모든 사물의 이치를 궁구하는 것이 현실적으로 불가능하고, 사물의 이치를 궁구하였다 하더라도 자신의 마음과는 아무런 관계가 없음, 즉 심과 리가 둘로 나누어짐에서 오는 곤혹감을 표현한 것이다. 왕수인은 30대 중반 환관의 전횡을 참지 못하고 상소를 올려 한겨울 치명적인 정장(廷杖)[37] 40대의 형벌을 받고 투옥되었다가, 북경에서 약 5,000킬로미터 떨어진 귀주성 용장(龍場)이라는 산간벽지로 좌천된다. 독사와 독충들이 우글거리며 풍토병이 많은 열악한 환경 가운데에서도 스스로 성공과 실패, 영욕은 모두 벗어던질 수 있다고 생각했으나, 오직 죽음에 대한 두려움만은 떨쳐 버릴 수 없었다. 그리고 돌관을 만들어 옆에 두고 '오직 명을 기다릴 뿐이다.'라는 맹세와 함께 밤낮으로 정좌하던 가운데 '성인이 이런 상황에 처했으면 어떻게 처신했을까?'라고 자문하다가 어느 날 한밤중에 홀연히 깨달음을 얻었다. 너무도 기쁜 나머지 자신도 모르게 큰 소리를 질렀고, 시중들던 사람들이 깜짝 놀라 깨어났다고 한다. 양명은 이때 다음과 같은 진리를 자각하였다.

성인의 도리는 나의 본성만으로 충분하며, 이전에 외부 사물에서 이치를 구했던 것은 잘못이라는 것을 비로소 알았다.[38]

이것을 흔히 '용장에서의 큰 깨달음[龍場大悟]'이라고 말한다. 이것은 천리(天理)는 바깥에 있는 것이 아니고 내 마음속에 있다는 깨달음이다. 즉 본심의 활동 자체가 천리의 활동이라는 주장으로, 학술사적으로는 '정주리학'에서 '육왕심학'으로의 전회를 의미한다.

2. 거경궁리에서 자득으로

송 대 이후 유학자들의 궁극적인 목표는 '존천리, 거인욕(存天理, 去人

欲)’ 즉 ‘천리를 보전하고 인욕을 제거’하여 전인적 인격을 완성하는 데 있다. 순선한 천리는 우리 본성으로 내재하기 때문에 잘 함양하여 있는 그대로의 본성을 보전하는 것이 ‘존천리’이다. 다른 한편으로 비도덕적 감정이나 사적 이익 추구 등의 욕망 또한 우리 마음속에 도사리고 있다. 인간의 감정은 외부 물질과 부딪치는 순간부터 순선한 본성에 반하는 욕망으로 흐를 가능성이 농후하다. 따라서 이를 억제하여 도덕적 이성의 요구에 부합하도록 해야만 내재된 본성을 잘 발휘할 수 있다. 이렇게 천리를 보전하고 인욕을 제거하기 위해서는 특정한 수양 방법이 필요하다. 주희는 “‘경(敬)’ 자의 공부는 성학(聖學)의 진리이니, 철두철미하게 행하여 잠시라도 끊어서는 안 된다.”[39]라고 하면서 경공부를 강조하였다. 주희는 경공부에 대해 다음과 같이 말했다.

‘경’이라는 것은 무엇인가? 두려워할 외(畏)자와 비슷하다. 흙덩어리처럼 우두커니 앉아 귀로는 아무것도 들으려 하지 않고, 눈으로는 아무것도 보지 않으려 해서 전혀 상황을 살피지 않는 것을 일컫는 것이 아니다. 몸과 마음을 거두고 간직하여 몸은 단정하고 가지런히 하며, 마음은 순수하고 한결같이 하여 함부로 방종하지 않는 것이 바로 경이다.[40]

‘경’이란 단지 상성성법으로, 고요한 가운데에서도 자각하는 것이 있

다는 말이다.[41]

　내적으로는 마음을 하나에 집중하여 이리저리 흩어지지 않도록 하고, 몸은 단정하고 엄숙함을 유지하여 마치 초월자를 대하듯이 경외하는 태도를 유지하는 것이 경공부의 요체이다.[42] '흙덩어리처럼 우두커니 앉아 귀로는 아무것도 들으려 하지 않고, 눈으로는 아무것도 보지 않으려 해서 전혀 상황을 살피려 하지 않는 것'은 불교의 좌선에 대한 비판이다. 경공부는 사념을 없애고 마음의 진면목을 발현하는 것을 목적으로 한다. 사념을 없애고 마음의 진면목을 발현한다는 점에서 거경과 좌선은 차이가 없다. 그러나 유가의 마음의 진면목은 도덕심으로 꽉 찬 마음이지만, 불교의 마음의 진면목에는 가치 개념이 없다. 이 점이 거경[유가]과 좌선[불교]의 본질적 차이이다. 무념무상의 상태인 듯하지만 늘 각성하는 마음이 유지된다. 그래야만 마음이 외부 대상과 만나 발현될 때 즉각적으로 대처할 수 있게 된다. 경공부가 이루어질 때면 자연스레 마음이 하나에 집중하여 갈피를 잡지 못함이 없게 되고, 자연스레 단정하고 엄숙한 자세를 유지하게 되며, 자연스레 깨어 있는 상태가 되어서, 마음을 수렴하여 어떤 사념도 허용하지 않게 된다.[43] 조선에서는 퇴계가 경은 '성학(聖學)'을 관통하는 요체[44]이며, '마음의 주재로서 만사의 근본[45]이라고 하여 경공부를 특히 강조하였다.

한덕웅은 퇴계 심리학을 이렇게 설명하였다.

퇴계심학이 심리학의 관점에서 보는 도덕적 인간상을 추구한다는 점
에는 이론의 여지가 없다. 달리 말해서 성학(聖學)에 비친 퇴계심학은
인욕을 막고 천리를 보전하려는 자기 목표의 달성을 위하여 수양하는
과정을 다룬다. 서양 심리학 용어로 말하자면 인간이 욕심을 막고 하
늘로부터 받은 천리를 보전하려는 목표를 달성하려고 자기 조절하는
과정을 나루기 때문에 퇴계심학을 '도덕적 생활 목표의 심적 자기조절
론'이라고 부른다. 이 명칭에서 도덕적 생활 목표라 함은 퇴계의 성리
학에서 제안된 우주론, 형이상학, 인성론 및 윤리관에 근거를 두는 인
의예지 네 가지 덕목과 조화되는 심리와 행동을 실현하는 일이라고 설
명할 수 있다. 또한 심적 자기 조절이라 함은 경이 주재하는 마음이 능
동적이고 주체적으로 자기의 심적 경험과 행동을 자기 목표로서 추구
하는 상태에 이르도록 자기 조절함을 의미한다.[46]

이 자기 조절 능력을 갖춘 마음은 '경'이라는 태도가 뒷받침해 준
다. 성리학에서 경은 흐트러지는 마음을 다잡는 내적인 조절 능력과
엄숙단정이라는 외적 자기통제를 동시에 의미한다. 문제는 종종 외
적 자기통제가 내적 조절 능력을 압도하고, 결과적으로 엄숙주의에
빠져들어 오히려 심리적 압박으로 다가오곤 한다는 것이다.

나아가 송·명 유학의 특징 중 하나는 한·당의 사장학(辭章學)의 질곡에서 벗어나 인간의 내면에서 우러나오는 학문적 즐거움을 추구하는 데 있다. 이러한 즐거움은 인격의 완성을 통하여 성인과 같은 경지에 올랐을 때 우러나오는 것으로, 주돈이는 이러한 관점에서 '공자와 안연이 즐거워한 바'를 찾을 것을 강조하였고[47] 이후 송·명 유학의 중요한 과제가 되었다. 그러나 주자학의 "한 포기의 풀, 한 그루의 나무에 대해서도 모두 하나하나 좇아서 이해해야 한다."는 치밀함과 엄숙함은 이러한 내면적 즐거움을 찾는 여유를 줄였으며, 책에 읽매여서 훈고나 고증으로 흐르는 경향이 강해졌다.[48] 이에 육구연은 일찍이 "학문함이란 모름지기 근본을 알아야 한다. 육경이 모두 내 주석이다."[49]라고 하면서 진리를 외부의 권위에서 찾지 말고 자신의 마음에서 찾으라고 역설하였다. 명 대 심학의 선구자라고 불리는 진헌장(陳獻章, 1428-1500, 호 白沙)은 젊었을 때 엄숙한 태도로 주자학적 방법인 독서를 통한 진리 추구에 매진하였으나 성과를 거두지 못하였고, 결국 고향으로 돌아와 정좌를 통하여 스스로 방법을 찾았다. 진헌장은 자신의 구도 과정을 다음과 같이 술회하였다.

나는 재능이 평범하여 다른 사람들에 미치지 못하여서, 스물일곱에 이르러 비로소 발분하여 오여필을 좇아 학문을 시작하였다. 옛 성현들의 교훈이 담긴 책을 모조리 공부하였으나 문을 찾지 못하였다. 백사로 돌아와 두문불출하며 전적으로 공부 방법을 찾았다. 스승이나 친구의 지도 없이 침식을 잊은 채 오직 책에만 의지하여 수년을 찾았지만 끝내 얻지 못하였다. 얻지 못하였다 함은 내 마음과 이치가 딱 들어맞지 않음을 의미한다. 이에 독서라는 번잡한 방법을 버리고 내 안의 간략함을 찾을 길은 오직 정좌뿐이었다. 오랜 정좌 끝에 마치 물이 강에서 시작하여 바다로 흐름을 알 수 있는 것과 같이 내 심체(心體)가 은연중에 드러남을 볼 수 있었다. 이에 모든 의혹이 풀려 스스로 믿어 말하기를 "성인이 되는 길이 바로 여기에 있다!"라고 하였다.[50]

  송·명 유학에서 정좌법은 주돈이 이후 면면히 내려오는 공부 방법인데, 주희는 학자들이 선으로 흐를 것을 염려하여 경을 강조하였다. 그러나 진헌장은 "스스로 판단하여 선(禪)에 유혹당하지만 않는다면 여전히 정좌를 통해 찾을 것이 많다. 만약 평생을 바쁘게 산 사람이라면, 정좌는 더없이 좋은 대증요법이다."[51]라고 하면서 선에 빠지고 안 빠지고는 정좌 자체와 관련 없이 각자의 내공에 달려 있다고 보았다. 특히 온갖 상념에 빠지고 물욕에 허덕이는 사람에게는 더없이 좋은 처방이라고 강조하였다. 진헌장은 "성인과 하늘은 본래 따로 설명하지 않는다. 육경의 말씀은 바로 하늘의 주석이다. 갖가지 주석들은 모두가 군더더기와 같다. 책이 많으면 없애면 된다. 그러나 세인들은 박식함을 높이 사 책을 산더미처럼 쌓아 놓지 못해 안달이다. …

독서할 때 장구에 얽매여서는 안 된다. 그렇지 않으면 천권 만권이 모두 찌꺼기가 될 뿐이다."[52]라고 하였다. 그리고 왕수인도 "배운다는 사람들이 자신의 마음에서 육경의 참뜻을 구할 줄 모르고 그림자 틈에서 찾아 헤매고 문의(文意) 자락에 걸려서 주변머리 없이 그것이 육경의 참뜻이라고 여긴다. … 육경은 내 마음의 기록이다. 그러므로 육경의 참뜻은 자신의 마음에서 구해야 한다."라고 하였다.[53] 즉 자신의 내면으로부터 구하지 않고 경전에 대한 갖가지 주석들에만 매달릴 경우 그것은 그림자와 찌꺼기에 불과하다고 경계하며 스스로의 마음에서 구할 것을 강조하였다.

이들이 독서와 궁리를 그리 중요하게 여기지 않는 이유는 대략 두 가지다. 첫째, 독서를 과거 급제의 도구로 삼아 명예와 권력을 추구하는 자신의 욕망을 채우는 사람들 때문이다. 즉 독서를 세속적인 목적을 이루기 위한 수단으로 삼아 욕망을 채우기 위해 달리면서 인생의 참된 가치를 잃어버리기 쉽기 때문이다. 둘째, 비록 지식인이 지녀야 할 지조를 잃지 않았다 할지라도 주석 등 외부에서 진리를 찾는 데 매달린 결과 공자와 맹자 이래 이어져 내려오며 유학의 전통이 된 인격의 완성과는 거리가 먼 경직된 강상 윤리에 얽매일 수 있기 때문이다.[54] 따라서 진헌장이 "필부가 비록 미약한 존재이기는 하지만 능히 하늘과 땅을 움직일 수 있다."[55]고 말하였듯, 이들은 자신을 굳건히 믿음으로써 평범한 사람이라도 누구든 자각하기만 하면 우주의 중심이 될 수 있음을 강조하였다.

이러한 자득은 전통과 권위에 대한 부정을 수반하여, 왕기(王畿, 1498-1583, 호 龍溪)는 "양명 선생은 학문은 반드시 스스로 증험하고 깨달아야지 다른 사람을 좇아 맴돌아서는 안 된다고 하였다. 만약 스승의 대증요법을 정본으로 여겨 집착한다면 언어 해석에 갇힘을 면할 수 없으니 바람직한 학문이 아니다."[56]라고 하며 스승의 말을 교조적으로 받아들이는 것을 반대하였다. 이지(李贄, 1527-1602, 호 卓吾)에 이르면 "무릇 육경과 『논어』·『맹자』는 사관이 지나치게 드높인 말이거나, 그렇지 않으면 그 아랫사람들이 지극히 찬미한 말일 것이다. 그것도 아니면, 우활한 문도와 어리석은 제자들이 스승의 이야기에서 앞뒤의 어느 부분만 기억하여 자기 소견대로 책에 기록한 것이다. 후대 학자들이 이를 살피지 않고 성인의 입에서 바로 나온 것이라 하여 '경'이라고 규정하였으니, 그 태반이 성인의 말이 아닌 것을 누가 알겠는가?"[57]라고 하였듯 『논어』와 『맹자』의 권위까지도 부정하는 데에 이르게 된다.

이렇게 권위에 얽매이는 것을 벗어난 자아의 발견은 스스로 자신의 내면에서 무엇인가를 찾아내야 가능하다고 여기기 때문에 심학 계열의 학자들은 기본적으로 정좌 공부 방법을 중시한다. 정좌 방법은 형식과 내용 양 방면에서 많은 유학자들의 공격을 받기도 하였다. 형식적으로는 선(禪)에 가까운 방법이라고 비판받았는데, 이 점은 정좌를 통해 깨닫는 것은 도덕적 자아로서 이는 완전히 유가적 것이라고 방어할 수 있으므로 별다른 문제가 되지 않는다. 문제는 정좌를 통하여 얻게 되는 것이 구체적으로 무엇인가에 있다. 주희는 일찍이 육구연의 정좌를 고자의 의외(義外)설, 즉 의를 자신의 마음에서 찾지 않고 밖에서 찾는 이론과 같다고 비판하였다. 이에 대해 주희는 고자를 외의(外義), 즉 의 자체를 내치고 구하지 않은 것과 같다고 규정하고, 육구연의 정좌는 아예 의를 구하지 않으려 하는 것이고 따라서 고자의 이론과 같다고 역공을 가하였다.[58]

육구연의 입장에서 보면 독서와 궁리는 도리를 밖에서 구하는 것이고, 따라서 내적인 심과 외적인 리가 합치되지 않는 것이다. 그러나 주희의 입장에서 보면 정좌란 세상사를 멀리 하고 한자리에 앉아 자신의 마음만을 살피는 것이기 때문에 일상사에서의 구체적인 이치들을 담보해 낼 수 없다는 문제점이 있다. 즉 정좌에만 힘쓴다면 일과성에 흐를 가능성이 많아지고, 또 자신의 진면목을 보았다 하더라도 그것이 반드시 실천 행동으로 연결되는가에 의문이 생긴다. 다시 말해 정좌만으로는 유학의 핵심 과제인 '존천리 · 거인욕'을 완전하게 담보하지 못한다. 따라서 왕수인은 정좌만으로 천리를 보전하는 것이 가능하다 하더라도 인욕을 없애는 극기(克己) 공부를 하지 않는 병폐에 빠져들 수 있다고 여겨 사상마련(事上磨鍊)을 강조한다.[59] 사상마련이란 언제 어디서든 구체적 사태와 맞닥뜨려 '존천리 · 거인욕' 공부를 하여야 한다는 것이다. 이럴 때 비로소 공부가 구체적일 수 있고 실천을 담보할 수 있다. 실천을 보장하는 내적 근거는 바로 자신의 시비 판단의 기준인 양지다.[60] 이 양지의 자각 및 확충이 곧 '치양지(致良知)'이며 왕수인은 치양지로 동과 정을 관통하는 공부 방법을 완성한다.[61] 나아가 왕수인이 "양지가 참되기만 하면 비록 거업(擧業)에 종사하는 양지라 하더라도 심에 누가 되지 않고 또한 쉽사리 자각할 수 있고 극복하면 될 뿐이다. 책을 읽을 때에도 양지가 억지로 외우려 하거나 빨리 읽으려 하거나 혹은 박식을 다투려고 하는 마음이 잘못된 것임을 알기 때문에 바로 그 마음을 없앨 수 있다. 이와 같다면 종일 성현과 대조하여 인증하는 것은 순수한 천리로서의 마음일 뿐이고, 그 마음에 의거하여 독서하는 것은 단지 이 마음의 수양일 뿐이니 어떤 누됨이 있을 수 있겠는가?"[62]라고 하며 일상에서 자신의 양지를 자각하고 그 양지, 즉 자신의 마음의 명령에 따라 생활한다면 어떤 심리적 압박이나 장애도 발생하지 않을 것이라고 주장하였다.

3. 제욕에서 자연으로

서양에서 데카르트 이후 이성은 의식의 동일성에 바탕을 두고, 인간의 본질을 이루는 개념으로 쓰여 왔다. 그러나 프로이트 이후 의식의 동일성 개념은 무의식의 분열에게 자리를 넘겨주기 시작하였고,

분열된 무의식에 바탕을 둔 욕망이 오히려 인간의 삶의 원동력이라는 주장이 더욱 우리 가슴에 다가오게 되었다. 송·명유학에서는 인간을 설명하는 데 천리와 인욕이 짝이 되어 사용되었다. 사실 서양의 이성과 욕망이라는 짝과 동양의 천리와 인욕이라는 짝을 비교하기에는 많은 무리가 따른다. 이성이 의식의 동일성을 기반으로 한 주체가 대상을 파악할 수 있는 능력을 의미한다면, 천리는 도덕적 행위를 가능하게 하는 원리라고 할 수 있다. 또한 서양의 욕망 이론이 이성 중심의 본질 철학을 전복하고 비본질 철학을 외치며 역사의 선면에 나섰다고 한다면, 동양의 인욕은 천리를 전복할 만한 힘을 지니지 못하였다. 서양에서 욕망 이론이 나오게 된 원인 가운데 하나는 이성의 이데올로기화나 도구화에 대한 반발일 것이다. 즉 욕망의 억압이 사회적 불평등의 원인이라는 시각에서 출발하였다고 할 수 있다. 그리고 욕망 이론의 궁극적인 목표는 욕망이 비록 죽을 때까지 충족될 수 없는 것이기는 하지만 자신의 삶의 원동력임을 파악하는 순간 타자의 욕망도 인정하게 될 것이고, 이 타자 의식이 사회적 불평등 구조를 치유할 수 있다는 것이다.[63] 송·명 유학의 핵심적인 명제인 천리와 인욕에 대한 해석은 천리와 인욕의 발생 근거라는 형이상학적 명제에서 출발하여 존천리·거인욕을 실현하는 것이 참된 인간의 모습이라고 설명한다. 따라서 욕망의 통제 혹은 억제는 자신의 본성을 보전하고 공동체의 질서와 조화 유지를 위한 필수 불가결한 요청이었다. 그러나 욕망의 억제는 종종 억압으로 다가와 강박증을 유발한다. 명 대 심학자 나여방(羅汝芳, 1515-1588, 호 近溪)의 구도 과정을 보면 욕망의 억 제가 유발하는 강박증의 양태를 알 수 있다.

「연보」[64]에 의하면 나여방의 최초의 기억은 세 살 때로서, 화로 옆 에서 홀로 어머니를 기다리면서 울 때 아버지가 안아 주자 울음을 그 치면서 "같은 심신인데 어떻게 슬픔과 즐거움이 이리도 다를 수 있는 가?"라고 생각했지만 이유를 알 수 없었다고 술회하였다. 다섯 살 때 어머니로부터 『효경』을 배우며 비린 음식을 멀리하고 채식을 시작했 다고 한다. 만약 '한 사람의 최초의 기억 속에 그 개인과 상황에 관한 근본적인 견해가 함축되어 있는데, 그것은 모든 사정의 최초의 총결 산이며, 그의 주관적인 출발점이며, 그가 자기 자신을 위해 묘사한 자 서전의 시초'[65]라는 아들러(Alfred Adler, 1870-1937)의 의견에 동의한다면 나여방의 적자지심(赤子之心)론이나 효·제·자를 통한 입성(入聖) 이 론은 어린 시절의 기억 속에서 이미 싹텄다고 할 수 있다. 이러한 것 들이 무의식 영역의 것이었다면, 15세 때 도학(道學)에 뜻을 두기 시작 하면서부터 의식 영역에서의 본격적인 탐구 과정이 시작되었다고 할 수 있다. 17세에 『이정수언(二程粹言)』을 읽다가 "일어났다 사라지기를 되풀이하는 모든 사욕이 내 마음을 어지럽힌 지 오래다. 이제 모든 것 을 벗어던지고 나의 밝고 맑은 본체를 온전하게 보존하겠다."[66]는 주 자학자 설선(薛瑄, 1389-1464, 호 敬軒)의 문장을 읽은 후 향을 피우고 머리를 조아리며 성현이 되겠다고 결심한다. 그러고는 일기장을 만들어 매일 공과를 기록하며 촌음 아끼기를 여러 달 동안 하여도 맑고 밝은 본체[澄湛之體]가 회복되지 않았다. 해를 넘기며 임전사(臨田寺)에서 두문불출하다가 결국 중병에 걸리게 된다. 연보 18세 조에 자초지종을 다음과 같이 기록하였다.

임전사에서 문을 걸어 잠그고 밀실에서 홀로 책상 위에 물 한 그릇과 거울 하나 놓고 마주 앉아 몇 시간이고 기다려서 내 마음이 물과 거울과 같은 상태가 되면 비로소 책을 펼쳐 읽기 시작하였다. 그러다가도 사념이 어지럽혀 마음을 집중할 수 없게 되면 책을 덮고 다시 앉기를 반복하다가 습관이 일상이 되어 마침내 중병을 얻게 되었다.[67]

나여방이 시도한 공부법은 설선이 강조한 거경공부로서 율곡도 "평상시에 엄숙하고 공경한 태도로 자신을 지켜서 생각이 떠오를 때, 그것이 소리나 색깔, 냄새나 맛과 같은 감각에서 나오는 것임을 알면 힘써 억제해서 자라나지 않도록 해야 하고, 생각이 인·의·예·지에서 나오는 것임을 알면, 한마음으로 그것을 지켜서 변하지 않도록 해야 한다."[68]라고 하였듯 주자학의 금과옥조라고 할 수 있다. 이기적 혹은 생물학적 욕구의 억제를 통한 본체 보존의 공부법이 나여방에게는 강박의 일종[69]으로 나타났다고 할 수 있다.

주자학의 경공부 자체에 문제가 있는가 아니면 나여방의 해석에 문제가 있는가 하는 토론은 접어 두고, 왕수인에게도 그랬듯, 나여방에게 주자학적 방법이 억압적 형태로 다가왔던 것은 분명하다. 치유 과정에서 보면, 왕수인의 경우는 소위 '용장오도(龍場悟道)'를 통하여 "성인의 도리는 나의 본성만으로 충분하며, 이전에 외부 사물에서 이치를 구했던 것은 잘못임을 비로소 알았다."고 선언한 뒤, 유배지에서의 두려움과 분노를 극복하고 마음의 평정을 찾을 수 있게 되었다.

빙 든 아들을 본 아버지는 나여방에게 "네 병은 밖에서 온 것이 아니라 안에서 비롯되었다. 마음이 쾌창하여 도에 어그러지지 않으면 약을 쓰지 않아도 나을 것이다."[70]라는 말과 함께 왕수인의 『전습록』을 주며 특히 '치양지' 부분을 강조했는데 이를 읽으면서 몸이 어느 정도 좋겠다고 한다. 왕수인은 자기 자신을 믿음으로써 고통을 극복하였는데, 이러한 믿음이 명 대 지식인들의 고난 극복의 내적 동력이 되었던 것이다. 나여방도 왕수인의 가르침을 통하여 마음의 평화를 얻기 시작하였다.

명 대는 지식인들의 입장에서 볼 때 중국 역사상 가장 혹독한 시절이었다고 할 수 있다. 태조 주원장은 천여 년간 유지해 온 재상 제도를 폐지하여 6부를 직접 관장하는 전제정치를 펼치기 시작하였는데, 이에 대한 지식인들의 저항은 피의 대가로 되돌아오곤 하였다. 명나라 초기 지식인들의 집단적 의식은 '비분강개'에 떨다가 지쳐 버리는 상태가 된다. 이른바 '정난지역(靖難之役)'에서 승자 편에 서기를 거부하다가 9족이 멸문지화를 당한 방효유(方孝孺, 1357-1402, 호 遜志)의 '오직 백성을 위하여'라는 이상이 함께 꺾여 버린 순직은 명대 전 지식인들의 암울한 현실을 예시한다고 할 수 있다.[71] 이후 명 대 전기 군신 관계가 화해의 국면이든 혹은 긴장 국면이든 상관없이 지식인들은 자신을 처첩에 비유하며 수동적인 입장에 서서 황제의 동정을 얻으려 애썼다.[72] 그러나 환관들의 발호 속에서 지식인들은 '내 몸소 때려잡으려 해도 칼이 손에 없고, 황제에게 고하려 해도 뭍에는 마차가 없고, 물에도 배가 없는'[73] 절망적인 상황에 처해, 때로는 궁정에서 공개적으로 곤장을 맞고, 때로는 감옥에 갇히기도 하고, 때로는 귀양살이를 하게 된다. 이러한 육체적 고통보다 더 참을 수 없는 것은 삶의 가치관의 파괴였을 것이다. 삶의 의미를 잃어버린 당시 지식인들은 집단적 공황 상태에 빠지게 되었고, 이상을 실현할 장을 잃어버린 당시 지식인들 가운데 어떤 부류는 권력에 빌붙어 생명을 연명하기도 하고, 혹은 자포자기하여 주지육림에 빠져 발광하여 죽음에 이르기도 하였다. 혹자는 산림에 은거하여 도교적 양생술을 통해 분노를 삭이기도 하였으며 끝까지 부당한 권력의 횡포에 항거하기도 하였다. 이 시기 왕수인의 깨달음은 스스로는 처참함과 두려움과 분노를 극복하고 마음의 평정을 유지할 수 있게 되었으며, 우울한 모습으로 살아가던 식솔들을 유머로 대하여 근심을 덜어 주었다.[74] 이렇게 보면 소위

'용장오도'는 유가 수양공부론의 입장에서 볼 때, 외향성에서 내향성으로 방향을 전환한 것이지만, 이러한 학술적 가치를 넘어서는 심리 치료의 함의를 지닌다 할 수 있다. 좌동령(左東嶺)은 양명의 용장오도의 의의를 다음과 같이 정의한다.

왕수인 자신에게 용장오도의 의의를 다음과 같이 말할 수 있다. 우선 지금까지 체득한 불교와 도교의 수련법을 이용하여 인생에 닥친 현실적인 어려움, 즉 역경에 처했을 때 밖으로부터 가해지는 갖가지 위협을 초월하여 마음의 평정을 유지하고 비관적 생각에 빠져드는 정서를 다잡을 수 있었다. 나아가 유가적 심성 이론에 의지하여 불교나 도교의 인생관을 넘어서는, 즉 정신적 고통에서 벗어나려는 것은 전적으로 자아해탈만이 목적이 아니라, 어떠한 고난 속에서도 유학자라면 마땅히 지녀야 할 삶의 태도를 확인하기 위한 것이다. 이러한 삶의 태도는 타인에 대한 관심, 국가와 민족의 앞날, 교육, 지조를 지키는 일 등을 포함한다. 양명은 용장오도를 통해 불교와 도교의 초월적 이론으로 험악한 환경을 극복했으며, 유가적 책임감으로 사회 실천의 의지를 굳건하게 세웠다고 할 수 있다. 명 대 지식인들의 의식의 변화라는 관점에서 볼 때, 왕수인의 이러한 체험과 의식의 전회는 더욱 중요한 의의를 지닌다. 이것은 명 대 지식인들이 장기적인 종속적 태도를 힘겹게 벗어던지고, 관료라는 정치적 배역에서 도의의 실천자로 배역을 전

환한 것이고 처첩의 정서에서 독립적이고 자주적인 의지로 전환했음을 의미한다.[75]

이 점에서 왕수인의 행적과 그의 저서 『전습록』은 이후 명 대 지식인들에게 삶의 방향을 재정립해 주는 심리치료사적 역할을 담당했다고 할 수 있다. 송 대와 명 대 유학을 관통하는 목표는 '존천리·거인욕'이다. 그러나 주자학의 거경공부에서는 인욕의 제거를 강조하는 측면이 강하게 나타난다. 끊임없이 명멸하는 인욕을 완전히 제거하는 것은 현실적으로 불가능한데, 그럼에도 불구하고 나여방은 인욕을 제거하기 위한 노력에 집착하였고 결국 심신의 병을 얻을 수밖에 없었던 것이다. 이후 나여방의 사상에 결정적 영향을 끼친 안균(顔均, 1504-1596, 호 山農)과의 만남도 화병[心火]이 매개였다. 나여방은 26세 때 강서성 과거 시험인 회시에서 낙방하고 돌아가는 길에 절을 지나다가 '급구심화(急救心火)'라는 간판에 이끌려 들어갔다가 그곳에서 강학을 하고 있던 안균을 만나 다음과 같은 대화를 나눈다.

나여방: 예전에 중병을 겪으면서 삶과 죽음에 흔들림이 없게 되었고, 이제 과거에 실패하여 얻고 잃음에 흔들림이 없게 되었습니다.

안균: 아직 멀었다. 그것은 욕망의 억제이지 인의 체득이 아니다.

나여방: 사욕을 없애면 천리를 회복하는 것 아닙니까. 욕망의 억제 없

이 어떻게 갑자기 인을 체득할 수 있단 말입니까?

안균: 그대는 맹자의 사단론을 읽지 못했는가? 읽었다면 모두 확충하면 된다는 것을 알았을 것이다. 마치 불이 처음 타오르고 샘물이 처음 솟아오르는 것과 같이 피어나게 될 것이라 하였듯 인의 체득은 얼마나 직각적인가! 그러므로 그대는 언제 어디서나 늘 쓰면서도 모르는 것에 대해 근심할 것이지, 절대 천성의 끊임없는 창조가 한순간이라도 멈출 때가 있을 것이라고 의심하지 말라.[76]

이 대화 끝에 나여방은 마침내 깨달음을 얻고 '인욕을 제거하고 예를 회복하라'는 '극기복례'에 대한 전통적인 해석에서 벗어나 창조적인 자신의 주체를 확인하는 것을 우선으로 삼았다. 욕망은 감각기관에서 발생하여 몸으로 표출되고, 따라서 욕망의 추구는 몸을 해칠 수 있다. 하지만 지나치게 욕망을 억제하면 오히려 마음이 병든다. 마음의 병은 몸의 병보다 치유가 더 어렵다. 자신의 내면을 들여다보고, 본래의 면목인 마음의 인을 자각하고 확충하기만 하면 욕망은 자연스레 사라진다는 것이 안균의 주장이다. 이렇듯 심학 계열의 학자들은 특히 자연스러움을 강조하였다.

욕망의 끝자락에 "내가 왜 이렇게 살지?"라는 물음이 떠오를 때 자기반성이 시작된다. 그리고 문제점을 찾기 위하여 여러 가지 방법을 쓴다. 뜬구름을 다 밀어 내어 없애고 청천백일을 보는 것이나 혹은 거울에 낀 먼지를 닦아 내고 맑고 밝은 본모습을 드러내는 것이 유가의 근본적인 취지가 아니냐는 제자의 물음에 대하여, 나여방은 한·당 이래 유학자들이 그것을 마음을 다스리는 공부라고 오해한 것이며 공자와 맹자의 뜻과는 근본적으로 다르다고 하였다. 공자의 "내가 인을 실천하고자 하면 곧 인이 다가온다."[77]라는 말이나 맹자의 "자신에게 있는 사단을 다 확충시킬 줄 알면, 불이 처음 타오르고 샘이 처음 솟아나는 것과 같으니, 정녕 그것을 확충시킬 수 있기만 하면 온 세상을 편안하게 하기에 충분하다."[78]라는 말은 뜬구름을 밀어 낸다거나 먼지를 닦는 소극적인 방법이 아니라 청천백일이나 거울 그 자체에서 빛을 발하는 적극적인 방법이라는 의미다. 태양과 구름 혹은 거울과 먼지의 구분은 내외의 구분을 전제로 하는 것이고, 외적 욕망을 제거하여 내면의 평화나 기쁨을 추구하는 것은 불가능하다는 주장이다. 마사히로는 욕망을 '신체의 욕망'과 '생명의 욕망'으로 나누고, "생명의 기쁨은, 외부 누군가의 가르침이나 권유에 의해서가 아니라, 자신의 내부에서 솟아나는 힘으로 자신을 바꾸고 재생시켰을 때 생긴다. '생명의 기쁨'을 설명하면서 '내부에서'라고 쓴 것은 이런 의미에서다. 외부의 가르침이나 권유가 아닌, 스스로의 의지와 필연성에 따라서 충실하게 자기 변용했을 때 예기치 않은 형태로 다가오는 것이야말로 '생명의 기쁨'이다."[79]라고 하였다. 그러면서 '신체의 욕망'과 '생명의 욕망'이 전혀 다른 별개의 것이 아니라고 하였다. 나여방에게 있어서 '생명의 기쁨'과 '신체의 욕망'은 '각(覺)'과 '미(迷)'로 표현된다.

제자: 뜬구름을 없애면 하늘의 태양을 볼 수 있는 것이 우리 유학의 본지 아닙니까?

나여방: 유학자들 가운데 이를 마음 다스리는 방법으로 오인한 사람들도 있다. 그러나 공자와 맹자의 본지와는 얼음과 석탄만큼이나 거리가 멀다. 『논어』와 『맹자』에 모두 갖추어져 있다. "진실로 인에 뜻을 두면 악하게 되지 않을 것이다.", "내가 인하려 하면 인이 다다른다.", "사단은 나에게 있으니…" 등등, 이 말들을 받아들여 써먹으면 전체가 푸른 하늘에 밝은 태양이니 얼마나 간단하고 쉬운 방법인가!

제자: 좋지 않은 습관이나 감각에 의지한 지식이 태양을 가린 뜬구름이 아니라고 할 수는 없습니다. 그러므로 공부의 요지는 거울을 닦아 먼지를 없애 밝은 빛이 드러나도록 함에 있습니다.

나여방: 내 마음이 깨달아 광명함은 거울의 광명과 다르다. 거울의 광명함과 먼지는 본래 서로 다른 물체지만 내 마음의 깨달음과 미혹은 바로 한가지다. 깨달으면 미혹된 마음이 깨달음으로 바뀌는 것이고, 미혹되면 깨달은 마음이 미혹으로 바뀐다. 깨달음을 제외하고 다른 미혹이 없고, 미혹을 제외한 다른 깨달음도 없다. 그러므로 뜬구름과 태양의 비유나 먼지와 거울의 비유 모두 적확하지 않다. 굳이 비유를 들자면 얼음과 물의 비유가 더 적절하다. 우리가 한거하면서 온갖

이익과 욕망과 우울함과 괴로움을 제멋대로 드러내는 것은 마음이 미혹되었기 때문인데, 비유하자면 물이 추위를 만나 얼어서 얼음이 되는 것과 같으니 몽매함에 얽매이게 되는 것은 당연한 이치다. 이따금 스승이나 벗들과 강론을 하다 보면 가슴이 탁 트여 마음이 환하게 열리는데, 비유하자면 얼음이 따뜻한 기운을 만나 녹아서 물이 되면 맑게 흐르는 것과 같으니 이 또한 당연한 이치다. 비록 얼음이 얼었다 하더라도 물의 본모습과 다르지 않듯, 깨달음이 미혹됨으로 바뀌었다 하더라도 여전히 마음의 본래 면목은 있어서 양지의 참뜻을 알 수 있다. 양지는 고금을 관통하고 성스러움과 어리석음을 관통하며, 천지 만물을 통틀어 바뀌지 않고 쉬지도 않는 것이다.[80]

미혹됨과 깨달음은 모두 하나의 마음이다. 깨달으면 미혹된 마음이 깨달음으로 바뀌는 것이고, 미혹되면 깨달은 마음이 미혹으로 바뀔 뿐이므로 둘을 나눈 다음 미혹됨은 외부에서 오는 것이라고 여겨 외적인 것을 다스리려 한다면 결국 더욱 미혹되어 고통만 더할 것이다. 나여방은 태양과 구름, 거울과 먼지의 비유보다는 차라리 물과 얼음의 비유를 쓰는 것이 낫다고 하였다. 일상생활에서 여러 가지 욕망 때문에 고통받는 상태를 마음이 미혹되었다고 표현하고, 추위를 만나 물이 얼어서 얼음이 되어 흐르지 못하는 것에 비유하였다. 그리고 타자와의 소통을 통하여 마음이 후련해지는 상태를 마음이 "탁 트여 환하다."고 표현하고, 따뜻한 날씨를 만나 얼음이 녹아서 맑은 물이 되어 흐르는 것에 비유하였다. 즉 얼음이 얼었다 해도 물의 본래모습과 다름이 없듯 '각'이 비록 '미'로 바뀌었다고 해도 마음의 본래 면목은 여전히 그대로 있다는 것이다. 이것이 시간과 공간을 초월하고 성스러움과 어리석음의 경계를 뛰어넘는 양지의 참뜻이라고 하였다.

욕망의 제거는 결국 윤리적 영역에 머물 수밖에 없고, 윤리적 영역에서 즐거움을 얻기란 결코 쉽지 않을 것이다. 우리는 "아, 사는 것이 정말 재미없네!"라고 한탄할 때가 있다. 개인의 삶을 이끌어 가는 궁극적인 힘이 '의미'라는 전제에 동의한다면, 그것이 어느 시점이든 이 한탄은 자신의 삶에서 의미의 부재를 깨닫는 순간이다. 그리고 "왜 재미없지?", "어떻게 하면 재미를 되찾을 수 있을까?" 하는 물음으로 이어지는데 이것은 지식의 문제가 아니고 자각의 문제이다. 자각된 내용은 실천을 수반해야만 한다. 그리고 실천은 반드시 내면적 확신을 통해 기쁨으로 자연스레 이어진다. 유가에서의 삶의 의미는 자신의 본성을 자각하고, 관계 속에서 가정에서 작은 동아리로, 사회 전체로 실천하면서 확충하다 보면 최후에는 우주와 일체감을 느끼게 되고 이 일체감에서 존재 의의와 희열을 느낄 수 있게 된다고 본다.

컴퓨터에서는 프로그램에 문제가 생겼을 때 '시스템 복원'을 누르면 문제 해결의 복잡한 과정을 거치지 않고 문제가 생기기 전의 상태로 되돌아간다. 바로 그 자리에서 해결할 수 있는 아주 간단한 방법이다. 나여방도 문제 이전의 상태로 복귀하면 되기 때문에 아주 간단하고 쉬운 길이라고 하였다. 그는 『주역』의 "복(復)에서 천지의 마음을 본다."[81]라는 표현에 대해, '복'은 첫날 이미 그러했던 것을 오늘 그러하다고 깨닫는 것이고, 이때 천지는 천지에 있는 것이 아니라 내 마음에 있는 것이라고 하였고, "복괘는 스스로 알게 한다."[82]는 말은 자신의 첫날의 마음을 아는 것을 의미한다고 하였다.[83]

유가에서 천지의 마음은 생명 창조의 원리이고, 자연스러운 감정의 발로이며 즐거움의 표상이다. 창조는 고통 속에서 피어나는 것이 아니라 내가 창조의 주체임을 자각하는 순간 시작되며, 타자와의 교감을 통하여 일체감의 즐거움을 만끽할 수 있는 것이다. 물론 인간은 기억할 줄 아는 동물이기 때문에 컴퓨터에서처럼 지금 이 순간부터 복원 시점 사이의 여러 문제들을 한순간 없애 버릴 수는 없다. 나여방은 "학문에는 원래 두 길이 있다. 애써 노력함을 우선으로 하는 사람은 생각에 주인이 있는 듯하고 언동에 얽매임이 있는 듯하여 스스로도 알아차릴 수 있을 뿐만 아니라 다른 사람들도 알 수 있다. 만약 심성을 우선으로 한다면 언동은 즉각적이고 더욱 평담해져서 생각 또한 편안해질 것이다."[84]라고 하였다. 나여방은 문제 해결을 위하여 하나하나 잘못을 따져 제거해 가는 것에서 시작할까, 아니면 마음의 본모습을 직시하는 것에서 시작할까를 물었다. 마음에 아무 맺힌 것이 없는 본래의 상태에서 다시 출발한다면, 그간의 고통과 아픔은 시간이 흐르면서 마치 봄이 오면 쌓인 눈이 스르르 녹듯 자신도 모르는 사이에 녹아 없어질 것이고 얼었던 땅이 녹으면서 새싹이 돋아 오르듯 생기를 되찾게 될 것이다.

나여방의 발길을 이끌었던 것처럼 우리는 안균의 강학 기치가 '화병[心疾]'치료에 있었다는 점에 주의를 기울일 필요가 있다. 안산농과 나여방 등이 활동하던 시기는 명 대 후기로 전통적인 강상 윤리 사회가 해체되어 가던 시기였다. 상업의 발달과 더불어 유가 전통의 '인간다움'에 대한 싱찰은 내팽개쳐지고 사회 전체가 이익과 욕망을 무한 추구하는 시대로 접어들어 배금주의와 소비 풍조가 만연하게 되었고 관료 사회도 탐관오리의 천국이 되었다.[85] 따라서 사회 전체가 공전의 급변에 직면하여 가치관에서 일종의 아노미 현상을 겪게 되었기 때문에, 계층을 불문하고 많은 사람들이 울분을 토하며 살아갈 수밖에 없었고, 안산농의 강학은 그들의 마음을 달래는 방향으로 나갔다고 볼 수 있다. 안균은 자신의 강학에 대해 다음과 같이 술회하였다.

한 달이 지나 사농공상 모두 해가 뜨면 나가서 자신의 일을 하고 저녁이면 돌아와 회당에 함께 모여 앉아 탐구하였다. 두 달이 지나자 8,90세 노인부터 12,3세 아이들에 이르기까지 영활하고 오묘한 심성이 뚫려서 각자 입에서 나오는 대로 읊어대니 시가 되기도 하고 노래가 되기도 하고 찬송이 되기도 하였다. 얻은 것은 비록 나무꾼들의 속어지

만, 실은 생생한 정신의 표출이다.[86]

양명학파의 주도로 이루어진 강학에는 지식인부터 일반 민중까지 참여하였으며 특히 태주학파의 강학에는 시정잡배까지 동참했고 심지어 나여방은 감옥의 죄수들까지 참여하게 하였으며, 적게는 수백 명에서 많게는 천여 명이 한자리에 모이기도 하였다. 물론 강학의 내용은 기본적으로 향약에 근거한 유가 윤리였지만, 유가의 울타리를 넘어 '인과응보'와 '윤회'·'정토' 등 불교 개념까지 인정하고 사용하기도 하였다. 이 점에서 양명학파의 강학은 집단치료의 성격을 강하게 띠었다. 사람이면 누구나 가지고 있는 '양지'를 실천하기만 하면 성인이 될 수 있다는 양명학의 선언은 물론 내면의 도덕적 자각과 사회적 실천이라는 교화의 영역에서 출발했다고 할 수 있지만, 동시에 이를 통하여 성과 속, 귀와 천의 울타리를 넘어서 서로가 평등한 입장에서 소통할 수 있는 기회를 제공했다고 할 수 있다. 명 대 심학자들은 계층을 뛰어넘어 모두 한자리에 모아 놓고 같은 주제로 강학을 실시하였는데, 특히 나여방은 유·불·도를 넘나들며 음악과 악기를 곁들여 당시 민간에서 사용하던 구어체를 사용하며 즐거움을 찾으라고 역설하였다. 나여방은 '자신만의 원칙을 세우거나 한 가지 방법에만 집착하지 않고 미혹에 빠진 사람들을 인도하여 집착에서 벗어나게 해 주었을 뿐'[87]이었고 "마음에 맺힌 모든 것을 내려놓아라. 내려놓은 마음에 또 무엇이 남아 있겠는가?"[88]라는 유언처럼 구도의 궁극적인 목적이 마음치료에 있음을 강조하였다.

최근 '인문치료학(Humanities Therapy)'이 인문학의 새로운 트렌드로 떠오르고 있다. 노숙자나 재소자 등 소외 계층을 직접 찾아가서 강연함으로써 스스로 문제와 해결책을 찾아 해결하여 건강한 심리 상태를 유지하며, 미래에 대한 실천 의지를 다질 수 있도록 해서 과거나 현재보다 더 나은 미래를 찾도록 길을 열어 주려 애쓴다. 대중과 유리된 채 상아탑에 안주하여 책을 통한 지적 유희에 머물던 인문학이 자기 반성의 의지로 대중과 소통하기 위해 노력하는 것을 보면서 명 대 강학의 모습을 떠올린다.

04

심학과
분석심리학

선과 악을 결정하는 도덕적 평가의 기준이 불확실한 상태에서

한 개인의 행동은 개개인의 무의식의 측면에서 나오는 자발적

인 결단에 의해 실행된다. 결국 선과 악이 한 의식 속에 있다는

자기 인식을 바탕으로 인간 존재의 핵인 본능과 만날 수 있으

며, 본능이란 선험적으로 존재하는 동적인 요소로서 우리의 의

식의 윤리적 결단이 궁극적으로 존재한다고 강조한다.

1. 융과 동양의 만남

융이 그의 자서전 첫머리에서 "나의 생애는 무의식이 그 자신을 실현한 역사이다."[1]라는 말로 자신의 학문을 총괄한 점에서 볼 수 있듯, 융 심리학에서 무의식(unconsciousness)과 자기실현(self-realization)이 핵심적인 주제였다. 융은 프로이트를 통하여 무의식 개념을 높이 평가하고 받아들였지만, 그의 리비도(Libido) 이론이 인간을 지나치게 병리적인 측면에서 설명하고자 한 점을 비판하면서 결별했다. 융은 무의식을 심층적으로 탐구하여 의식과 무의식의 대극의 합일을 특징으로 하는 정신의 전일성을 통한 진정한 인간의 삶의 회복을 추구하였다. 융은 프로이트와 결별 후 의식과 무의식의 관계 연구에 침잠하면서 평탄한 학문적 출세의 길을 포기하고, 자신의 내적 인격의 법칙과 보다 높은 이성의 원리를 좇아서 무의식과 직면해 나가는 자신의 과제를 서서히 추진하려고 결심한다.[2] 그러나 처음에는 주관적인 세계(내면의 이미지 세계)와 객관적인 세계(외부 세계) 사이의 괴리감을 극복할 수

없었다. 이후 연금술과 만다라 연구, 꿈의 체험 등을 통하여 자기(self)

가 질서와 의미의 원리이며 원형임을 깨닫고, 자신의 심적 체험의 내

용이 진실이며 그 진실성은 자기 자신의 개인적 체험으로서의 진실

일 뿐 아니라 다른 사람들도 역시 지니고 있는 집단적 체험으로서의

진실임을, 즉 보편성의 담보를 고민하다가『주역』·『도덕경』및 불

교 경전 등을 섭렵하면서 동양 사상과의 대화를 시작한다.

  융과 동양의 마음과의 만남에는 당시 저명한 중국학 전문가였던

빌헬름이 결성적인 역할을 하였다. 1920년대 초 '지혜학원'이라는 한

학술집회에서 빌헬름을 처음 만난 융은 1923년 빌헬름을 취리히의

한 심리학 클럽에 초대하여『역경』에 관한 강의를 들었다. 융은 빌

헬름과 만나기 이전부터 이미 동양철학에 관심을 가지고 이를 섭렵

하여 1920년쯤부터『역경』을 실제로 시험해 보기 시작하였고, 점법

을 통한『역경』의 대답의 의미를 탐구하였다. 그 결과 자신의 물음과

『역경』의 대답 사이에 놀랄 만한 일치성이 있다는 것을 알았다. 이는

그로 하여금 '비인과적 병행설'이라는 생각에 접근하게 하였다. '비인

과적 병행설'은 후에 '동시성(synchronicity)'이란 개념으로 바뀐다.[3] 이후

빌헬름은『역경』을 번역하여 출간하였는데, 이 책에 대해 융은 동방

의 심오한 저작을 서방에 처음으로 생생하고도 이해 가능한 형태로

제시한, 빌헬름의 가장 중요한 업적이라고 칭송하였고, 그의『역경』

주석은 그의 서구적인 정신 자세의 명징성 뿐만 아니라 중국심리학

에 대한 적응을 보여주었다고 평가하였다.[4]

프로이트와 결별을 선언한 후, 방향성을 잃고 외로움에 떨면서 서양의 중세 연금술이나 그노시즘(영지주의) 등의 문헌에서 볼 수 있는 무의식 세계의 상징을 연구하던 융은 빌헬름을 통해 도교 경전인 『태을금화종지(太乙金華宗旨)』[5]를 만나면서 자신의 무의식 이론에 확신을 갖기 시작한다. 1928년 빌헬름은 『태을금화종지』를 융에게 보내면서 논평을 써 줄 것을 요청하였다. 융은 후일 이 책과의 만남에 대해 "이것은 나의 고독을 깨뜨리는 첫 사건이었다. 그곳에서 나는 동류의식을 느꼈고, 그곳에 나를 결속시킬 수 있었다."라고 술회했다. 융은 『태을금화종지』를 통하여 자신의 집단 무의식 이론과 일치할 뿐 아니라 의식적이고 완전한 인간이 되고자 하는 그의 궁극적인 목표와도 맞아떨어짐을 발견하고, '동서양의 심리적 상태와 상징 사이의 일치'를 발견했다고 주장하였다.[6]

융은 일본의 불교 학자 스즈키(領木大拙, 1878-1966)를 통해 선불교의 영향을 크게 받았다. 그는 선(禪)에 대해 "불교의 놀라운 정신세계에 의해 열매 맺은 동양 정신의 가장 경이로운 꽃의 하나다."[7]라고 높이 평가하였고 『티베트의 대해탈경』, 『티베트 사서』, 「스즈키의 선불교 서문」, 「고타마 불타의 설화」, 「동양적 명상의 심리학」 등에서 불교에 관한 심리학적 해석을 시도하였다. 그는 서양에서는 외부세계의 표상을 인식하는 조건으로서의 개인의 심적 기능으로 이해되는 정신

(Geist)이 동양에서는 우주적 원리이며 존재의 정수가 된다고 이해하였다. 이런 형이상학적 의미로서의 '정신'을 동양에서는 '마음心'이라고 부르며, 이 마음의 '명상', '관조' 등의 작용을 통하여 신의 은총에 기대는 서양과 달리 스스로 해탈할 수 있고, 따라서 종교의 학문 사이에 어떤 갈등도 없다고 여겼다. 그는 자신이 나눈 인간의 성격 유형인 내향성과 외향성을 동양과 서양을 구분하는 기준점으로 삼아 서양인을 외향적 타입, 동양인을 내향적 타입으로 묶은 다음 서양인의 무의식 속에 존재하는 내향적 심성의 자기해탈 능력을 찾아서 외향적 성격과 조화를 이루어 이상적인 인간상을 수립해야 된다고 역설하였다.

융은 삶의 마지막 단계에 노자의 지혜를 되새겼다.

노자가 "모든 사람들이 분명한데 나만이 우매하구나."라고 했다면 그것이 바로 내가 지금의 고령에 느끼는 것이다. 노자는 높은 통찰을 지닌 사람의 본보기였다. 그는 가치와 무가치를 보았고 이를 겪었으며, 인생의 마지막에 그 자신의 고유한 존재로, 그 인식할 수 없는 영원한 의미 속으로 되돌아가고자 했던 사람이었다. 인생을 충분히 겪은 노인의 원형은 영원히 진실이다. 지능의 어떤 단계에도 이 유형이 등장하며, 그것이 늙은 농부이든 노자와 같은 위대한 철인이든, 그 유형은 일정하다.[8]

융에게 노자는 있음과 없음, 옳고 그름, 아름다움과 추함 등의 경계를 없애고 자연과 일체를 이룬 인격의 소유자로서 자신이 평생 추구한 무의식의 자기실현을 이룬 원형으로 다가왔다.

2. 누미노줌과 체인(體認)

융은 '모든 인격의 궁극적인 목표는 자기임(selfhood)과 자기실현의 상태를 달성하는 것'이라고 하였다. 그는 의식 세계의 속박에서 벗어나서 무의식의 세계로 들어가 자기를 실현할 수 있는 길을 도교나 선불교 등의 참선이나 요가를 통한 일종의 신비적 체험에서 검증했다. 융은 이런 신비적 체험을 종교적 체험의 일종으로 보았다. 그는 루돌프 오토(Rudolf Otto, 1869-1937)가 사용한 '누미노줌(numinosum)', 즉 '신성한 체험'이라는 개념을 받아들여 종교적 체험을 "의지의 힘이 미치지 않는 곳에서 생기는 하나의 동적인 존재, 혹은 작용이다."라고 정의하였다.[9] 융은 "선일화와 신비주의의 깨달음 사이에는 심연이 놓여 있는 감이 든다."[10]고 하면서도, "깨달음이 기독교에서의 종교적 변환 체험과 부합된다."[11]고 하였다. 융은 불교의 '오(悟)', '삼매(三昧)', '요가' 등을 심령의 내적 관조로 이해하고, 이를 통해 인격의 전체성에 도달할 수 있다고 여겼다. 동양에서 불교나 도교뿐만 아니라 유가 심학 계열의 학자들에게서도 신비적 체험의 형태가 많이 나타난다. 동양철학에서 최고의 경지라고 여기는 '만물 일체'의 경지를, 풍우란(馮友蘭, 1895-1990)은 신비주의로 해석하면서 신비주의에 대하여 다음과 같이 말하였다.

소위 신비주의란 만물 일체의 경지를 긍정하는 철학의 한 부류를 일컫는다. 이러한 경지에서 개별자와 전체는 하나로 합일되어 나와 남, 안과 밖의 구별이 사라지게 된다. … 개별자의 정신과 우주의 대정신은 원래 일체였는데 어떤 특별한 격리 작용으로 인하여 분리된 듯하다. … 맹자류의 유가와 장자류의 도가가 둘 다 신비적 경지를 최고의 경지로 여기고 신비적 경험을 개인 수양의 최고의 성취로 여긴다.[12]

풍우란은 일종의 신비적 체험으로써 주객의 대립을 뛰어넘어 모든 것이 하나가 되는 '불가사의하고 이해할 수 없는 것'으로 만물 일체의 경지를 진술하며, 맹자의 만물 일체관을 상당히 신비주의적 경향을 지닌 사상으로 규정한다. 또 진래(陳來)는 유가의 신비적 체험이 명 대에 와서 최고조에 이르렀다고 주장한다. 진래는 양명이 지행합일과 치양지에 역점을 두고 있지만 그 출발점은 용장오도에 있고, 용장오도를 신비적 체험의 예로 여긴다.[13] 용장오도에 대해 양명의 제자인 황간(黃綰, 1477-1551)은 다음과 같이 기록했다.

공은 모든 득실과 영욕을 완전히 떨쳐 버릴 수 있었으나 오직 죽음에 대해서는 마음에서 떨쳐 버릴 수 없었다. 이에 석관을 곁에 두고 스스로 "이제 오직 죽음을 기다릴 뿐이다. 다시 무슨 다른 방법이 있겠는가!"라는 맹세와 함께 밤낮으로 단정히 앉아 침묵하며 마음을 깨끗이 하고 사려를 간곡히 하여 하나 됨을 구하다가 어느 날 저녁 갑자기 깨달음을 얻어서 마치 미치광이처럼 뛰어올랐다.[14]

또 황간은 29세 때의 어느 날 밤, 하늘이 무너져 자신을 누르며, 모든 사람들이 살려 달라고 절규하는 가운데 팔을 뻗어 하늘을 들어 보니 일월성진이 어지러이 질서를 잃었고, 자신이 다시 정리하여 질서를 바로 세우는 꿈을 꾸고 난 뒤, 만물과 일체이고 우주가 마음속에 있다는 깨달음이 더욱 절실해졌다.[15] 섭표(聶豹, 1486-1563)는 감옥에서 정좌하던 중 홀연히 자신의 참마음(眞體)이 맑고 밝으며 그 안에 모든 것이 갖추어져 있음을 깨달았다고 말했고,[16] 나염암(羅念庵, 1505-1564)도 "지극히 고요할 때, 황연히 나의 마음속이 텅 비어 아무것도 없는데도 무엇이든 통하는 것이 마치 하늘에서 구름이 움직이듯 하고, 끝없이 펼쳐지는 것이 마치 바다에서 용이 변하는 듯하다. 피차간에 간격이 없고, 안과 밖을 가리킬 것도 없고, 동과 정을 나눌 것도 없어서 없는 것 같으면서도 없지 않음이 없다고 할 수 있다. 내 일신을 통해 드러내는데 육체가 그것을 막을 수 없다."[17]라고 하였다.

이러한 유학자들의 체험을 종합하여 진래는 유가의 신비 체험의 기본적인 특징을, 첫째, 자아와 만물의 일체감, 둘째, 우주와 심령의 합일 혹은 우주 만물이 모두 내 마음에 있음, 셋째, 심체의 현현, 넷째, 일체의 차별이 소멸되고 시간과 공간을 초월함, 다섯째, 갑작스런 깨달음, 여섯째, 고도의 흥분과 희열을 느끼거나 온몸이 땀으로 흠뻑 젖는 등 강렬한 심리적 충격과 생리적 반응 등으로 정리했다. 그리고 각 종교의 신비적 체험을 연구한 비교종교학자들의 관점과 일치함을 확인하였다.[18]

진래는 왕수인이 용장에서 정좌법을 사용하여 일체의 사유나 욕망을 떨쳐 내고 주의력을 완전히 내심에 집중시키는 방법으로 "내 본성만으로도 충분하다."는 결론을 얻었다고 인식하고, 이러한 과정을 진헌장의 "심체가 은연중에 드러나는 듯하다."는 진술과 연결시켜 신비적 체험으로 여긴다. 그는 '순간적 깨달음', '미친 듯 뛰어오름' 등의 특징을 윌리엄 제임스(William James)의 분류에 따라 신비적 체험의 특징으로 귀속시킨 다음, 깨달음의 내용인 심체를 순수의식(pure consciousness)으로 규정하고, 스테이스(W. T. Stace)의 외향적(extrovertive) 신비 체험과 내향적(introvertive) 신비 체험의 구분법에 따라 내향적 신비 체험에 귀속시킨다.[19]

사실 왕수인은 31세 때 병가를 얻어 북경에서 고향으로 돌아온 후 양명동에 기거하며 건강을 되찾기 위해 정좌와 도인술(導引術)을 통하여 선지(先知)의 경지에까지 올랐었다고 술회한 일이 있다. 그러나 그러한 경지는 정신을 가지고 노는 것일 뿐이고 설사 선지의 경지에 올랐다 하더라도 그것은 '사심의 발로'로서 사회적 실천과는 아무 관련이 없고 따라서 좇을 이유가 없다고 여겨 유가로 돌아오게 된다. 그럼에도 불구하고 양명 자신은 정좌를 통해 깨달음을 얻었고, 용장에서 돌아온 후 일정 기간 제자들에게 정좌를 권한다. 세속적 이해득실에서 잠시 벗어나 사욕을 떨쳐 버리는 방법으로서의 효용성에 주의를 기울인 것이다. 그러나 사회와의 단절로 이어지는 제자들을 보면서 구체적인 생활 가운데에서 양지를 자각하고 사회로 확충시켜야 한다는 '사상마련'을 강조하게 된다. 그렇다고 해서 양명은 정좌의 방법이 그르다고 말하지는 않는다. 다만 '치양지'를 바탕으로 하여 행하는 내적 수련의 한 방법으로 여겨야 한다고 주장한다.

양명은 양지로 심체를 설명한다. 이 양지는 사람이면 누구나 가지고 있고 또한 늘 구체적인 행동을 통하여 자신의 모습을 드러낸다. 따라서 자신을 돌아보기만 하면 스스로 양지를 자각할 수 있다. 이러한 자각을 모종삼은 '역각체증(逆覺體證)'으로 표현하며, 유가의 특징이라고 설명한다. 역각이란 경각심을 의미한다. 누구나 어떤 행위를 하고자 할 때 만약 잘못된 행위라면 즉각적으로 경각심을 느낀다. 즉 양지가 양지 자신을 자각하는 것이다. 그리고 양지는 초월적이고 추상적인 실체가 아니라 내재적이고 구체적인 내용을 지녔고 일상생활 속에서 시시각각 드러난다는 점에서 '내재적 역각체증'이라고 부른다.[20] 그리고 '체증'에는 자각과 더불어 실현의 원리도 포함된다. 따라서 일상생활 곳곳에서 구체적으로 드러나는 양지를 그대로 실천에 옮겨 자신을 완성하는 전 과정이 '역각체증'의 의미이다. 즉 양지는 구체적 실천을 요구하는 도덕적 내용을 자신의 본질로 삼으며, 이 점에서 신비주의와는 거리가 멀다고 주장한다. 모종삼은 이성에 근거하여 생명[生]과 이성이 서로 충돌할 수 있음을 밝히고, 양자의 결합을 통하여 삶의 초월을 실현할 것을 강조하였다. 즉 일상성으로부터 초월하여 궁극적인 목표를 향하여 나아가는 것이 삶의 역정인데, 초월에는 반드시 이성적인 목표가 있어야만 한다. 초월을 통하여 순수한 신성을 인증하려 하면 종교이고, 자신의 삶 속에 녹아 있는 이성의 본체를 인증하고 자연 생명으로부터 정신 생명으로 전회하려 하는 것이 유가라고 하며, 유가는 본질적으로 종교와 다르다는 점을 강조하였다.

신비주의란 말은 실상 절대자에 관한 직접적 종교체험을 말하는 이들에게 주어진 개념이다. 신학에서도 이론적 측면만이 아니라 신에 관한 직접적 신앙체험을 주로 할 때 신비주의 신학이라고 말할 수 있다.[21] 체험의 내용과 방법에서 절대자에 대한 믿음을 전제로 하는 종교와 유가는 다르다고 할 수 있다. 그러나 유가에서 강조하는 자득(自得)·체인(體認) 등은 모두 자신에게 내재되어 있는 천리, 즉 우주와 인간의 궁극적인 목적을 깨닫고 실천해야 하는 것이 학문의 본령임을 강조하는 말이다. 이 점에서 두유명(杜維明), 유술선(劉述先) 등 일련의 현대 신유학자들은 유교의 특징을 '내재적 초월성'에 두고 종교적 초월성과 실천적 윤리성이 결합된 강렬한 종교성을 지닌다고 역설한다.

초범입성(超凡入聖), 도교에서 나온 이 말로 모든 종교의 궁극적 관심을 개괄한다 할 수 있는데, 이는 세속적인 관심이나 가치관을 넘어 성스러운 경지로 들어서는 것을 의미한다. 틸리히(Paul Tillich, 1886-1965)는 "성은 속과 나란한 것이 아니라 속의 근본이다.", "성은 속을 창조하는 기준이며 동시에 속을 비판적으로 심판하는 기준이다."라고 하였고,[22] 엘리아데(Mircea Eliade, 1907-1986)는 세계 안에서 살고자 한다면 세계를 창조해야만 하는데,[23] 성스러운 것은 절대적 실재를 계시하고 동시에 방향 설정을 가능하게 한다. 즉 성스러운 것은 경계를 정하고 세계의 질서를 세운다는 의미에서 세계를 창조하는 것이라고 하였다.[24] 그리고 서구 종교 전통에서의 성스러움은 그것이 유일신적이든 범신적이든 세계 창조의 원천이라는 거룩함의 현현이고, 믿음이나 신비적 체험을 통하여 계시를 받음으로써 속된 세계를 초월하여 성스러움과 만나고 그에 따라 삶의 방향을 설정하고 실천함이 종교적 삶이라고 역설한다. 이는 '누미노줌'으로 개괄할 수 있다. 누미노줌적 계시는 신비주의적 전통에서 종종 빛의 형태로 현현된다. 그러나 유교에서는 한순간 나타났다 사라지는 형태의 빛의 현현은 참된 진리와 거리가 멀다고 여기고 내면의 수양을 근본으로 삼는다.

안균과의 만남 이후 심학에 정진하던 나여방은 38세 때 과거 시험을 보러 북경으로 가는 도중 이듬해 배를 타고 임청(臨淸)을 지나다가 다시 한 번 중병이 들었는데, 하루는 걸상에 기대어 앉았다가 홀연히 자칭 태상장인(泰山丈人)이라는 노인을 만나 다음과 같은 대화를 나눈다.[25]

> 태상장인: 그대의 몸은 약간 회복된 듯 보이는데 마음의 병은 어떠한가? 그대는 촉발하여도 기가 흔들리지 않고, 피곤하여도 눈이 감기지 않으며, 어수선하여도 마음이 분산되지 않고, 꿈에서 본 풍경을 생생하게 떠올리니, 이는 모두 마음의 고질병이다.
>
> 나여방: 이런 현상들은 나의 심득(心得)입니다. 어째서 병이라고 하십니까?
>
> 태상장인: 사람의 심신은 하늘로부터 온 것이어서 사물에 따라 감응하니, 원래 한 상태로만 있을 수가 없다. 그대는 자나 깨나 붙잡아 두는 힘이 너무 강하여 한순간의 경광(耿光)이 마침내 습성이 되었다. 낮에는 물론 헷갈리지 않겠지만 꿈속에서도 그대로 또렷하게 나타난다. 그대는 지금 병이 없다고 기뻐하고 있지만, 천체가 점차 상실되어 가는 것을 모르니 어찌 마음의 병에서 그치겠는가. 몸도 오래 버티지 못할 것이다.[26]

이 말을 들은 나여방은 놀라 일어나 머리를 조아리고 절을 하는데 땀이 비 오듯 하였으며 이후 잡념이 점차 사라지고 혈맥이 정상적으로 움직였다고 술회하였다. 때로는 황홀경의 상태에서 인생을 긍정하는 엑스터시(일상적인 의식 수준이 저하되면서 빠져드는 황홀 상태)를 체험할 수도 있다.[27] 이러한 형태의 엑스터시를 나여방은 '경광(耿光)', '광경(光景)' 등으로 묘사한다. 나여방은 이전의 강학에서 "누군들 부모가 없었고, 누군들 형제가 없었으며, 누군들 어린 시절 부모 형제와 서로 사랑하던 시절을 겪지 않았겠는가! 늙은이든 젊은이든 아직 어리는 지금 이 자리에 있는 사람들 모두 갓난아기를 벗어난 지 오랜 시간이 흘렀다. 그러나 한순간 그때의 광경과 교감하여 통하면 완연하게 양지양능이 깊은 잠에서 갑자기 깨어나 마음에서 반짝이면서 일시에 육체를 주재하기 시작한다. 비록 여전히 과거의 귀와 눈이지만 듣고 보는 것이 유달리 총명해진다."[28]고 하였다. 이 시기 나여방은 일순간의 광경을 통한 깨달음을 강조하였다는 것을 알 수 있다. 그러나 태상장인은 일상성에서 벗어난 이질적인 방법으로 일정 기간 효력을 볼 수는 있겠지만 근본적인 치유가 될 수 없음을 강조하였다. 순간적인 깨달음이 오히려 집착을 부를 수 있고 그런 방법으로 마음의 응어리가 완전하게 사라지지 않기 때문에, 다시 현실로 되돌아올 경우 언제든지 재발할 수 있고 오히려 고통을 증가시켜 육체적 고통까지도 불러오게 될 것이라고 경고하며, 일상 속에서 문제를 해결할 것을 주문하였다. 인간은 삶의 발전 단계에서 자기 스스로 파도와 곡절을 만들게 되는데, 이는 또한 자기 스스로 넘어서야 비로소 평탄한 삶을 영위할 수 있다. 나여방의 삶은 이러한 파도와 곡절의 연속이었고, 그의 일생은 이러한 문제를 직시하고 해결하는 과정이었다. 따라서 그의 강학 주제 역시 어떻게 하면 일시적인 광경을 타파하고 태연자약한 평상적인 태도로 삶을 영위할 수 있는가에 있었다고 할 수 있는데,[29] 핵심은 '적자지심(赤子之心)'의 회복이었다.

두유명은 유가에서 체현하려 하는 것은 '이 세계에 속하면서도 이 세계에 속하지 않는', '내재이면서 초월적인 정신적 가치'[30]라고 규정하였다. '누미노줌'이 어떤 외부적인 힘, 혹은 초월적인 힘으로써 신비스러운 경험을 하는 것을 의미한다면, 동양에서의 신비적 체험은 내적으로 전체를 경험하는 것이다. 융은 이를 '전일성(ganzmachung) 체험'이라 부른다. 융은 선문답과 서양의 신비주의적 깨달음 사이에 놓여 있는 심연의 차이를 연결할 수 있는 가능성은 고작 암시될 뿐 실제적 실행으로는 결코 옮겨질 수 없다고 하였다.[31] 선불교의 깨달음의 경지는 언어의 길마저 끊긴 체험이기 때문이다. 이는 어쩌면 형식의 문제일 수 있다. 그러나 더욱 중요한 것은 깨달음의 구체적 내용이다. 내용이 있어야 사회적 실천으로 연결된다. 유가에서 성인은 전인적 인격의 완성자이며, 세계의 질서를 세우는 창조의 주체이고, 나아가 세계 전체에 대한 궁극적 관심의 실천자로 표현된다. 그러므로 관계 안에서 자기를 실현하는 사람이라면 누구든 성인이 될 수 있다.

3. 자기실현

융의 심리학의 궁극적 목표는 자기실현에 있다. 융에게 자기(self)는
인격의 전일성을 이루는 조직 원리를 가리킨다. 융은 동양에서의 마
음(心, mind)이라는 개념이 자신의 무의식 개념에 상응한다고 여기고,
서양의 정신(Geist)이라는 개념은 다소 의식성과 동일시된다고 하였
다. 그러면서 "서양에서 의식성이란 자아 없이는 생각될 수 없다. 의
식성은 자아의 내용과 같은 것이다. 만일 자아가 없다면 거기에는 어
떠한 것을 의식할 수 있는 아무것도 없다. 그러나 동양인의 마음에서
는 자아 없는 의식을 생각하는 일이 그렇게 어렵지 않다. 누구나 의식
이 자아의 상태를 넘어설 수 있는 것으로 생각한다. 의식의 높은 단계
에서 자아는 도리어 완전히 사라진다."[32]라고 하였다. 융에게 의식이
란 개인이 직접 인식할 수 있는 정신의 부분을 의미하고, 자아(ego)는
개인의 의식이 분화되어 가는 과정에서 생겨나며 의식적인 지각 · 기
억 · 사고 · 감정 등으로 이루어져 있다. 이렇게 볼 때, 융에게 고통이
나 집착 등의 문제들이 발생하는 영역은 자아에 속해 있는 의식의 영
역이고, 치유 방법은 무의식 속에 들어 있는 영적 능력을 발견하고 확
대하는 것이다. 그는 의식의 배후에 있는 무의식은 동양 형태의 깨달

음을 통해 드러날 수 있다고 여겼다.

깨달음의 강조는 특히 선불교의 영향을 많이 받았는데, 융은 선불교의 가치를 높이 평가하며, "정신요법이란 근본적으로 의사와 환자 사이의 대화술의 변증법적 관계이다. 그것은 두 정신 전체 사이의 대좌이며, 그 속에서는 모든 앎이 단지 수단일 뿐이다. 그 목표는 변환이며, 더욱이 그 목표는 미리 규정되어 있지 않고 오히려 규정될 수 없는 어떤 변화이며 그것의 유일한 판단 표준은 아집(我執)의 제거이다."[33]라고 하였다. 그리고 정신치료에서 의식에 관계된 모든 집착으로부터 해탈하는 것이 궁극적 목표인 선불교적 이해를 받아들일 것을 강조하였다.

융은 『선불교 입문』 서문에서 '선종에서의 깨달음(悟)이 자기 본성의 통찰을 포괄하는 것이며, 자기를 착각적으로 파악함으로부터 의식을 해방시키는 것'이라는 한 학자의 말을 인용하면서, 자기의 본성과 관련된 착각이란 자아(ego)와 자기(self)와의 통속적인 혼동을 의미한다고 하였다.[34] 자아는 불교적으로 말하자면, 생사의 인과 속에서 벗어나지 못하고 욕망의 소용돌이 속에서 자신의 의식에서 영위되는 시비 판단과 호악의 감정이 참이라고 여기고 집착하는 대승기신론에서의 '생멸문(生滅門)'에 해당한다. 그리고 자기는 모든 인과의 속박에서 벗어나 깨달음을 얻은 상태인 '진여문(眞如門)'에 해당한다고 할 수 있다. 이 두 가지는 모두 일심(一心)에서 나가는 것인데, 이러한 일심에 대해 융은 태고 유형 혹은 집단 무의식으로 여긴 듯하다. 그러면서 동양인은 의식성의 세계를 과소평가하고 서양인은 일심(一心)의 세계를 과소평가한다고 하였다.

불교에서 일심의 이해는 지적 탐구가 아닌 직관적 깨달음을 통해 가능하다고 여기는데, 특히 선불교에서는 스승과 제자 사이의 언어 도단적 대화에서 일어나는 심인(心印)을 통한 깨달음이 가장 직선적이고 명확한 것이라고 강조한다. 융은 선불교의 대화를 통한 순간적인 깨달음이나 공안(公案)에 대한 이해를 무의식적 본성의 대답이라고 이해하고, 이 무의식적 본성이 '자연 그대로의 인간', 즉 '본래면목(本來面目)'을 드러낸다고 하면서 혜능(慧能)선사(638-713)의 "선이라고 생각지도 않고 악이라고도 생각지 않는다[不思善·不思惡]."는 말을 예로 든다.

"선이라고 생각지도 않고 악이라고도 생각지 않는다."는 말은 악한 것은 두말할 나위 없이 생각지 않아야 되지만, 또한 선한 것도 생각지 않아야 한다는 의미로, 도덕적으로 판단하기를 멈춘다는 의미를 넘어서 상대적인 인식을 더 이상 하지 않는 경지를 말한다. 왜냐하면 선과 악, 옳고 그름을 판단하는 인식은 모두 개개인의 의식에서 나오는 것으로 어느 한쪽을 절대적이라고 여기고 집착하게 되는 도그마에 빠져들 수 있기 때문이다. 융도 이러한 불교적 사유에 궤를 같이 한다. 융은 "우리가 악과 접촉하면 거기에 빠져들 심각한 위험이 있다. 그러니 우리는 악에 빠져들어서는 안 되며 선에도 빠져들면 안

된다. 사람들이 선에 빠져 버리면 그 선은 도덕적인 성질을 잃게 된다. 그 자체가 나빠지기 때문이 아니라 우리가 그것에 빠져 버렸으므로 그것이 나쁜 결과로 발전하기 때문이다. 어떠한 형태의 중독성도, 중독되는 대상이 알코올이든 아편이든 혹은 이상주의든 간에 악에서 나온 것이다. 우리는 선악이 대극에 더 이상 빠져들도록 해서는 안 된다."[35]라고 하였다. 이는 마치 왕수인이 "심체에 일념(一念)이라도 남겨서는 안 된다. 이것은 마치 눈에 먼지나 모래 알갱이가 있어서는 안 되는 것과 같다. 알갱이가 조금만 있어도 온 눈이 깜깜해진다. 이기적 마음에서 나온 것뿐 아니라 좋은 생각이라 할지라도 조금도 담아두어서는 안 된다. 이것은 눈에 금·옥 부스러기를 넣더라도 눈을 뜨지 못하는 것과 같다."[36]라고 한 말과 같은 듯하다. 선과 악 어느 쪽이라도 집착해서는 안 된다는 주장인데, 융은 선뿐만 아니라 악의 현실성도 인정할 때, 선과 악이 서로 대극에 서서 상대화되고, 두 대극이 합쳐져서 전체를 이룬다고 여긴다. 그리고 선과 악을 결정하는 도덕적 평가의 기준이 불확실한 상태에서 한 개인의 행동은 개개인의 무의식의 측면에서 나오는 자발적인 결단에 의해 실행된다. 결국 선과 악이 한 의식 속에 있다는 자기 인식을 바탕으로 인간 존재의 핵인 본능과 만날 수 있으며, 본능이란 선험적으로 존재하는 동적인 요소로서 우리의 의식의 윤리적 결단이 궁극적으로 존재한다고 강조한다.[37]

왕수인도 심체가 "선도 없고 악도 없다."고 주장하였는데, 이 주장에 대해 가장 많이 질의를 받는 부분이 바로 "선이라고 생각지도 않고 악이라고도 생각지 않는다."는 말과의 유사성이었다. 『전습록』에 왕수인과 제자인 설간(薛侃) 사이에 오간 대화가 다음과 같이 수록되어 있다.

설간: (화초들 사이의 풀을 뽑다가 일어서서) 이 세상에서 어찌하여 선은 북돋 아주기 어렵고 악은 제거해 버리기 어려운 것일까요?

왕수인: 그것은 북돋지도 않고 제거해 버리지도 않았기 때문이다. 이런 것을 선악이라고 보는 것은 모두 자기 신체로부터 생각이 일어나기 때문이며, 그래서 잘못을 저지르게 되는 것이다.

설간: 무슨 말씀인지 잘 모르겠습니다.

왕수인: 하늘과 땅이 만물을 자라게 하는 뜻은 화초에게나 풀에게나 같은 것이다. 어찌 그것들에게 선하고 악한 구분이 있겠느냐? 그대는 꽃을 보려고 하기 때문에 곧 화초는 선한 것이라 생각하고 풀은 악한 것이라 생각하는 것이다. 만약 풀을 쓰려고 할 적에는 다시 풀을 선한 것으로 생각하게 될 것이다. 이러한 선과 악은 모두 그대 마음이 좋아하고 싫어하는 것으로부터 생겨나는 것이다. 그러므로 그것이 잘못임을 알 수 있다.

설간: 그렇다면 선한 것도 없고 악한 것도 없는 것입니까?

왕수인: 선한 것도 없고 악한 것도 없다는 것은 리가 고요한 때이고,

선한 것이 있고 악한 것이 있다는 것은 기가 움직이는 때이다. 기에 의하여 움직여지지 않으면 곧 선한 것도 없고 악한 것도 없게 된다. 이것을 '지선'이라 말하는 것이다.

설간: 불교에서도 역시 선한 것도 없고 악한 것도 없다고 하는데 이것과 어떻게 다릅니까?

왕수인: 불교에서는 선한 것도 없고 악한 것도 없다는 입장에 들러붙어, 세상의 모든 일을 상관하지 않겠다는 것이니 천하를 다스릴 수 없는 것이다. 성인이 선한 것도 없고 악한 것도 없다는 것은 다만 '좋아하는 감정의 작용도 없고 싫어하는 작용도 없어서' 기에 의하여 움직여지지 않는 것이다. …

설간: 풀이 악하지 않다면 뽑지 않는 것이 마땅하지 않습니까?

왕수인: 그것이 바로 불가나 도가의 생각이다. 풀이 만약 방해가 된다면 곧 뽑아 버린들 무슨 상관이 있겠느냐?

설간: 그렇게 되면 또 좋아하는 작용과 싫어하는 작용이 있게 될 것입니다.

왕수인: 좋아하는 작용이나 싫어하는 작용을 드러내지 않는다는 것은 좋아하고 싫어하는 게 아예 없어서 지각이 없는 사람이라는 의미가 아니다. 작용을 드러내지 않는다고 하는 말은 오직 좋아하고 싫어하는 것을 한결같이 순리대로 하며 조금의 억지도 더하지 않는다는 의미다. 그렇게 되면 좋아하고 싫어한 일이 없었던 것과 같이 된다.[38]

꽃을 선으로 여기고 풀을 악으로 여기는 것은 감정의 영역에서 일어나는 현상이다. 선악이 자신의 마음이 좋아하고 싫어하는 감정에서 생기기 때문에 꽃을 감상할 때에는 꽃을 선으로 여기고 풀을 악으로 여기게 된다. 자신의 감정대로 행동할 때에는 항상 먼저 행위에 앞서 가치판단이 선행되는데, 이 가치판단의 표준이 감성적 즐거움에 있다면 꽃을 감상할 때 풀이 방해가 된다고 여겨 제거하게 되지만, 풀을 필요로 할 때는 다시 풀을 선한 것으로 여기게 된다. 융의 입장에서 보면 이는 자아(ego)의 영역에서 일어나는 의식으로, 자아의 필요에 따라 선과 악으로 나눈 다음 선을 취하려는 태도에서 나온다는 의미다. 융에게 자아는 좋다든가 나쁘다든가 등의 감정을 말하는데, 자신의 이러한 감정에서 출발한 선과 악의 구별은 집착을 낳고 한곳에 집착함으로써 고통을 야기한다는 것이 불교적 관점이다. 그러나 가치판단에서 벗어나 '생명'이라는 관점에서 볼 때 꽃과 풀의 가치는 같은 것이고, 이 점에서 '불사선·불사악(不思善·不思惡, 선함도 악함도 생각하지 않음)'을 주장한다면 가치중립적 관점에서 만물일여(萬物一如)를 말하는 불교의 사유 체계와 같다는 결론에 도달할 수 있다. 이렇게 보면 윤리적 결단이 선과 악의 대립이 없는 무의식의 영역에서 나오는 것이라는 융의 견해에 도달하는 듯하다. 그리고 '무선무악(無善無惡)'에서 '무' 자는 마음의 작용이라는 측면에서 이해할 수 있다. 도교에서의 '마음비움(虛)'이나 불교에서의 '무(無)'도 다 존재론 영역이 아닌 마음의 작용이라는 측면에서에서 무집착을 이야기한다. 도가와 불가 모두 자신의 감정이나 생각을 비움으로써 거기에 얽매이지 않고, 그렇게 함으로써 마음의 청정 상태를 유지하는 것이 목표이다. 유가 또한 마음의 무집착을 인정하므로 이점에서는 유·불·도가 하나로 될 수 있다. 하지만 왕수인은 불교나 도가를 통해서는 참된 무(無)의 경지에 이를 수 없다고 주장하였다.

> 노교에서는 허(虛)를 말하는데, 성인이 어찌 허에 무엇이든 덧댈 것인가? 불교에서는 무(無)를 말하는데, 성인이 어찌 무에 무엇이든 덧댈 것인가? 그러나 도교에서는 양생을 얻기 위해 허를 말하고, 불교는 생사의 고해로부터 벗어나기 위한 목적으로 무를 말한다. 마음의 본래 모습에 그러한 의도를 덧댔기 때문에 허와 무의 본모습이 아니고, 오히려 마음에 장애가 생긴다. 성인은 단지 양지의 본모습을 되돌리기만 할 뿐이지, 어떤 목적이나 의도도 덧대지 않는다.[39]

왕수인은 무집착으로서의 마음의 '허'나 '무'를 말하는 것은 아무 문제될 것이 없다고 여겼다. 하지만 도교나 불교는 각각 양생과 생사고해로부터의 벗어나려는 의도를 가지고 '허'나 '무'를 말하기 때문에 진정한 '허'와 '무'가 될 수 없고, 오히려 마음에 장애가 된다는 주장이다. 양지로서의 마음이 시키는 대로 자연스럽게 행동하는 것이 참된 '허'

와 '무'다.

융은 불교와 도교의 궁극적인 목적인 생사고해로부터의 해탈이나 불로장생을 받아들이지 않고 단지 의식의 단멸이라는 측면에서만 이해하고 자신의 무의식 이론을 확고히 하였다. 이와 마찬가지로 유가도 마음의 집착을 제거하여 도달하려 하는 궁극적인 목적에서 불교와 도교와는 근본적으로 다르다. 왕수인은 "'선한 것도 생각하지 않고 악한 것도 생각하지 않을 때 자기의 본래 모습을 인식하게 된다.'는 것은 바로 불교에서 본래의 모습이라는 것을 알지 못하기 때문에 마련한 방편이다. 본래의 모습이란 바로 우리 유가에서 말하는 양지다. 양지에 대하여 분명히 인식하고 있다면 이미 그런 말을 할 필요도 없을 것이다."[40]라고 하면서 불교에서 말하는 본래 모습은 양지가 결여되어 있기 때문에 '본래 모습'이라는 그 자체가 성립될 수 없다고 주장한다. 즉 무의식의 부분에서는 어떤 의미도 찾을 수 없고, 따라서 의식과 무의식의 일체를 통한 자기실현을 주장하는 융 심리학 역시 잘못된 견해라는 결론에 도달할 수 있으며, 동양인이 의식성의 세계를 과소평가한다는 견해는 영적 체험을 강조하는 도가나 불가적 사유형태에 국한된 이해라는 것을 알 수 있다.

왕수인은 '심체(心體)'가 무선무악하다는 표현을 쓴다. 유가에서 '심(心)' 자에 '체(體)' 자를 붙이는 순간부터 의식이나 무의식의 영역이 아니라 존재론적 영역으로 옮아간다. 유가에서 윤리적 결단은 무의식의 영역이나 혹은 신에 따를 때 나오는 것이 아니고, 확고하게 의식할 수 있는 도덕적 본심으로부터 나온다. 이렇게 확고하게 의식할 수 있는 도덕적 본심을 왕수인은 '양지'라고 부른다. 융은 도덕적 판단에서 지상명령을 부정한다. 왜냐하면 무의식을 본질로 삼는 인간의 마음에서는 절대선이라는 지상명령을 내릴 수 없기 때문이다. 그러나 이에 반해 옳고 그름을 자체적으로 명확하게 의식하고 판단할 수 있는 능력인 '양지'의 지상명령에 따라 행동할 때 비로소 자기가 실현된다는 것이 왕수인의 주장이다.

융은 만년에 "공동체는 오직 모든 개체가 자기의 고유성을 기억하고 다른 사람과 동일시하지 않는 곳에서만 꽃피울 수 있다."[41]고 하였다. 이 말이, 융이 자신의 심리학을 통해 추구한 자기실현의 귀결점이라 할 수 있다.

즉 융 심리학의 기획은 자기 자신이 자기 자신이면서, 나아가 사회의 일원임을 인식할 수 있는, 즉 개인의 개성화의 과정을 진행시키면서 자기 속에서 신성을 발견하고, 외적 권위를 내세우지 않고 내적 권위를 지니며, 나아가 사회성을 갖는 그러한 공동체를 구현하는 데 있었다고 표현할 수 있다.[42] 이는 각 개인의 성찰을 전제로 하는데, 자신의 내면을 성찰하여 궁극적으로는 무의식의 영역에 들어 있는 신성을 발견하고 자신이 우주 창조의 중심임을 자각하면 자기실현이 완성된다고 하였다.[43] 이러한 융의 주장에 대해, 무의식의 영역에 잠재해 있는 신성을 발견하고 그것에 바탕을 둔 인간 의식이 우주 질서와 조화의 중심이라고 여기는 태도만으로 공동체의 질서와 조화를 위한 실천을 담보할 수 있는가 하는 문제를 제기할 수 있다. 이는 불가나 도가에 대한 유가의 근본적인 물음인 동시에 해결해야만 할 본질적인 과제였다.

왕수인의 일생도 분석심리학적 관점에서 볼 때 자기를 찾고 실현하는 역정이었다고 볼 수 있다. 왕수인이 청년기에 불교와 도교를 넘나들며 깨달음을 구한 과정이 바로 자기실현의 과정이었다. 귀양시인 용장(龍場)에서의 실존적 위기 상황에서 불교나 도교적 수련법인 정좌를 통하여 삶과 죽음의 경계를 초월하여 마음의 평정을 유지할수 있었지만 그것만으로는 인격의 전일성을 찾을 수 없었다. 즉 의식속에 들어 있는 생사고해로부터의 해탈을 통해 정신적 자유를 누릴수는 있었지만 그것만으로는 자기를 실현할 수 없었던 것이다. 타자와의 관계 속에서 살아가는 인간은, 개인의 자기실현에 멈추어서는안 되고, 개체는 관계를 통하여 존재할 수 있음을 자각하고 사회 속에서 주체적으로 실천할 때 비로소 자기실현이 완성된다.

4. 어린아이다움

융은 1920년대 초 아프리카와 인도 등을 여행하였다. 그는 아프리카 여행 중 튀니지에서 아랍 문화와 관계된 꿈을 꾸었는데, 꿈속에서 만난 '정동적이고, 기분에 살며, 생에 한결 가까이 있는, 반성을 모르는 인간존재'에 강렬한 충격을 받았다고 회고하였다. 그는 이때 서양인들이 페르소나에 맞추다 보니 전체 인격상에서 떨어져 나간 인격적 부분에 해당하는 어린아이다움을 보았다고 하면서, 어린아이다움에 대해서 '그것이 지닌 순진성과 무의식성 덕분에 상당히 완벽한 자기(Selbst)의 상, 꾸밈없는 자기의 개성을 갖춘 전체 인간의 상'이라고 묘사하였다.[44] 이는 어린아이다움에서 사회화되기 이전의 인격의 전일성을 볼 수 있다는 의미다. '어린아이다움'이라는 말은 일찍이 니체가 표현하였다.

니체는 자신이 속한 시기인 근대를 속물 교양인, 천박한 욕망, 이기주의 등으로 가득 찬 타락의 온상[45]이라고 비판하였다. 그리고 그는 말년에 자기 나라 사람들이 대표하는 인간 유형, 곧 중간 계층의 인간, 사유와 도덕에서의 적당한 순응주의자, 그리고 비정신적인 인간을 가리키기 위해 '독일인'이라는 이름을 사용했다.[46] 니체가 가리키는 '독일인'은 자신의 국가에만 국한되는 것이 아니고 당시 유럽 전체를 지칭한다고 확대해석할 수 있다. 또한 과거에만 집착하고 외부의 평가에만 귀 기울이며 교양인 행세에 모든 것을 걸면서 새로운 가치 창조에는 냉담한 당시 인간들에 대한 조소이다. 그는 『반시대적 고찰』에서 오래된 기억에 병적으로 집착하는 역사적 성향을 비판한다.

그것은 이미 늙은 채로 태어나는 영혼들의 것이다. 낡은 잡동사니들을 지하실이나 창고에 소중히 모셔 놓고 과거 속에서만 행복해하는 노인처럼, 이런 영혼의 소유자들은 좀처럼 새로운 것, 낯선 것에 마음을 열지 않는다고 하였다.[47] 니체는 이와 같은 진단을 통하여 서양 근대가 여전히 이성 중심의 전통적인 형이상적 사유와, 모든 것을 하늘에 의존하고 하늘에서 오는 소리에 따르는 무비판적인 사고의 시대임을 비판한다. 바꾸어 말하자면 객관성과 보편성, 그리고 합리성을 추구하는 근대는 전통적인 형이상학과 기독교적 삶이 극한 발전한 결과이므로, '개인의 고유한 개별성을 부정하고, 문화나 교양이라는 미명하에 저열한 평균인의 삶을 강요하는'[48] 근대 허무주의의 근원인 전통적인 형이상학과 기독교적 삶은 이제 마감하고 새로운 형태의 학문과 삶을 개척해야 한다는 것이 니체의 주장이다. 자신이 도덕의 주인이 되고 자신이 삶의 주인이 되었을 때 비로소 관습에서 벗어나 자유롭고 창조적인 삶을 살 수 있다. 니체는 기존의 가치 규범으로부터 자유로운 삶을 영위하는 주체로 어린아이를 든다. 니체는 『차라투스트라는 이렇게 말했다』에서 정신이 낙타가 되고, 낙타가 사자가 되며, 사자가 어린아이가 되는 과정을 통하여 자기 극복을 말하였다. 낙타가 무릎을 꿇고 짐이 가득 실리기를 바라는 것처럼, 공경하고 두려워하는 마음을 지닌 억센 정신은 인습의 굴레에서 벗어날 줄 모른다. 그러다 어느 순간 자유를 쟁취하고 주인이 되고자 하는 깨달음을 얼어 사자가 된다. 사자는 "너는 마땅히 해야 한다."는 전통적 규범의 명령에 반기를 들고 "나는 하고자 한다."라고 외치며 자유와 권리를 쟁취하지만, 아직 새로운 가치 창조의 단계까지는 가지 못한다. 어린 아이여야만 가치를 창조할 수 있다고 하며, 다음과 같이 외친다.

> 어린아이는 순진무구요 망각이며, 새로운 시작, 놀이, 제 힘으로 돌아가는 바퀴이며 최초의 운동이자 거룩한 긍정이다. 그렇다. 형제들이여, 창조의 놀이를 위해서는 거룩한 긍정이 필요하다. 정신은 이제 자기 자신의 의지를 의욕하며, 세계를 상실한 자는 자신의 세계를 획득한다.[49]

명 대 심학자들도 '적자지심(赤子之心)', '동심(童心)' 등의 단어를 쓰며 '어린아이다움'을 강조하였다. "길거리에 넘쳐 나는 사람들 모두가 성인이다."[50]라는 양명학자들의 구호는 당시 대중들에게 신분이나 처한 환경을 떠나 누구나 성인이 될 수 있다는 믿음을 주었다. 융의 표현을 빌리자면 '모든 인격의 궁극적인 목표는 자기임(selfhood)과 자기실현의 상태를 달성하는 것'이고 '자기 자신의 인식'을 통하여 "무의식적인 것을 의식화함으로써 인간은 자기 자신의 본성과 보다 조화된 생활을 할 수 있다."[51]라는 가르침을 전파했다고 할 수 있다. 그리고 이를 이루기 위한 방법을 먼 곳에서 찾지 말고 일상생활의 경험, 특히 갓난아기[赤子] 때의 모습에서 찾을 것을 주문하였다. 인간은 자라면서 즐거움이 가득 찬 천진난만한 본모습을 잃어버리고 갈등과 고통을 겪게 된다. 갈등과 고통은 어디로부터 오는가? 고통의 근원에 대한 양명학적 해석은 나여방에 대한 비판에서 반추할 수 있다. 양시교(楊時喬, 1531-1609, 호 止庵)는 "불학(佛學)이 처음에는 유가를 어지럽히지 못하였다. 그러나 나여방이 성현·인의·심성에 가탁하여 견성성불(見性成佛)의 가르침을 외쳤다. 그러고는 우리의 학문이 직접적이어서 수양이 필요 없다고 하였다. 따라서 주해를 지리멸렬하다고 여기고, 경진을 찌꺼기라고 여기며, 궁행실천을 진부하다고 여기고, 기율과 법도를 질곡이라고 여겼다."[52]라고 하며 나여방의 학문 세계를 비판하였다. 유학의 궁극적 목적은 성인의 경지에 오르는 것이고, 성인의 마음 상태는 막힘 없이 평탄한 상태이다. 나여방은 경전이나 그에 대한 해석, 그리고 책에 있는 그대로 실천해서는 결코 마음의 평탄을 이룰 수 없다고 보았다. 이는 수동적 행동이기 때문이다. 호프만은 "사고의 주체인 인간은 크게 두 개의 영역으로 나뉜다. 하나는 능동적 영역이고, 다른 하나는 좀처럼 움직이려고 하지 않는 요지부동의 수동적 영역이다. 이와 같은 구분은 기존 지식에 안주하려는 관성과 습관의 힘에서 비롯된다."[53]고 하였다. 즉 '이건 아닌데' 하면서도 기존의 전통과 습관에 그대로 안주하면서 갈등을 안고 살다 보면 본래의 자신에서 더욱 멀어지고 결국 마음의 병이 생기게 되는 것이다. 따라서 무엇보다 먼저 자신의 본래 모습을 찾아야 한다는 것이다.

공자의 "도에 뜻을 두라."[54]에 대한 제자의 질문에 나여방은 다음과 같이 답하였다.

> 도의 도 됨은 하늘에서 떨어진 것도 아니고 땅에서 솟아 나온 것도 아니다. 아주 가까이에서 쉽사리 볼 수 있는데, 그것은 핏덩어리 아기가 태어나면서 외치는 '으앙' 하는 울음소리다. 얼마나 절박하게 들리는가! 그 울음소리에 얼마나 많은 의미가 담겨져 있는가! 그때의 골육의 정은 그리움에 조금이라도 분리될 수 없는 듯하고 한순간이라도 멈춤이 없는 듯하다. 진실로 '천도를 이어받는 것이 선이고 천도를 완성하는 것이 본성'임을 알 수 있고, 직접적으로 천지의 마음을 볼 수 있다.[55]

인간의 내면에서 일어나는 여러 가지 갈등에 대해 프로이트는 본능의 억제에서 답을 찾았다. 그러나 실존주의 심리치료는 인간의 근본적인 갈등에 대하여 다른 관점을 강조한다. 본능적인 것을 억압하는 데서 오는 갈등도 내재화된 중요한 어른에서 오는 갈등이 아니라, 인간존재에게 주어진 것과 개인이 직면하는 것 사이에서 흐르는 갈등이다. 인간존재에 주어진 것이란 어떤 궁극적인 관심(ultimate concern), 본질적인 고유성(intrinsic properties)이 한 부분이 되고, 인간이

벗어날 수 없는 이 세상에서의 존재를 의미한다.[56] 이는 인간이 관계
존재라는 점을 전제로 하고 있다. 유가에서 주장하는 본질적 고유성
이란 '인' 혹은 '사단'이라 할 수 있고, 궁극적 관심은 '인' 혹은 '사단'의
확충을 통한 만물 일체의 경지라고 할 수 있다. 이 목표를 위한 첫걸
음이 '입지(立志)'라고 할 수 있고, 유가가 가장 강조하는 점인데, 이는
자기 자신의 자각에서 출발한다. 이에 대해 나여방은 갓난아기의 마
음을 내세웠다. 갓난아기는 좋고 싫음을 울거나 웃거나 하는 등의 몸
짓으로 표현한다. 이 점에서 갓난아기의 의식은 몸과 구분되지 않는
다. 나여방에게 의식의 활동과 몸의 운동은 무한한 능력을 지닌 마음
의 표현이다. 갓난아기는 거리낌 없이 행동한다. 이 무의식적인 모든
행동은 그 마음의 완전한 표현이기 때문에 마음의 본질은 아무 맺힘
도 없는 상태이다. 나여방은 이를 '밝게 비침', '맑고 투명함', '자유롭
고 편안함' 등으로 표현한다.[57] 그러다가 자라면서 지각 혹은 의식이
마음에서 분리되기 시작하고, 의식에 단편적으로 떠올랐다 사라지는
광경들을 좇아 헤매게 되며, 시간이 갈수록 자신의 본모습에서 멀어
지게 된다. 융은 신체와의 동일성은 자아를 만드는 최초의 것들 중 하
나라고 생각하며, 이를 무의식의 영역에 둔다. 이 단계에서 갓난아기
는 부모의 정신의 일부가 되고, 따라서 원시인들과 마찬가지로 나와
남·주체와 객체·정신과 물질 등을 동일시하는 경향이 있다. 이러
한 나와 남·주체와 객체와의 구별이 불분명한 무의식 상태에서 자

아가 탄생하여, 이를 중심으로 차츰 세계에 대한 지식이 확대되고, 외부 사물에 대한 관찰과 분석을 통하여 고태적·신화적·집단적 요소의 투사상을 제거하고 이를 의식으로부터 분리하는 작업이 진행된다. 그러면서 남과 다른 나를 구축하게 되는데, 융은 이렇게 개인의 의식이 타인에게서 분화되거나 개성화되는 과정을 개성화라고 부르면서 개성화의 목표는 될 수 있는 대로 완전히 자기 자신을 아는 것, 즉 자기의식에 있다고 주장하면서, 현대적인 용어로 그것을 의식의 확대라고 하였다.[58]

어릴 적 부모 형제와의 감응에서 아무 거리낌 없이 즐거움이 넘치다가 자라면서 육체적 욕망이 이기심을 부르고, 욕망의 무한 확장은 결국 본래의 마음 상태를 질식하여 기쁨을 앗아가고 고통에 직면해 발버둥 치게 만든다. 나여방은 갓난아기 때의 마음을 가장 자연스런 상태로 본다. 지의 측면에서 '생각하지 않아도 알 수 있는 지'로 표현되고, 감정의 측면에서 희로애락의 자연스런 발로로 묘사되는데, 이를 하늘의 영역에 둔다. 자라면서 지각 활동이 활발해지기 시작하고 물질과 접하면서 욕망이 싹트기 시작하는데, 나여방은 이를 하늘과 분리된 상태로서의 인간으로 규정한다. 그러면서 점점 쾌락을 찾고 고통을 피하게 된다. 이렇게 고통이 적고 쾌락이 가득한 인생을 원하다가 뜻대로 되지 않으면 남의 것을 탐하고 성질내고 방자해져서 결국 인성을 완전히 상실하고 물성만 남게 되고 종국에는 괴이하고 불길한 재앙을 당하게 된다. 이렇기 때문에 나여방은 강학의 목적을 단지 도덕 질서의 회복에 두지 않고 생명을 구하는 것이라고 규정하였다.[59] 이지는 '동심설(童心說)'을 통해 이와 같은 관점을 표현하였다.

동심이란 진실한 마음이다. 만약 동심으로 돌아갈 수 없다면, 이는 진실한 마음을 지닐 수 없다는 말이 된다. 무릇 동심이란 거짓을 끊어 버린 순수함으로, 사람이 태어나서 가장 먼저 갖게 되는 본심을 말한다. 만일 동심을 잃어버린다면 반드시 진심도 잃어버리게 될 것이고, 진심이 없어지면 진실한 인간성도 잃어버리게 된다. 사람이 참되지 못하면 최초의 본심을 다시는 회복할 수 없다. 어린아이는 사람의 처음 모습이고, 동심은 마음의 처음 모습이다. 최초의 마음이 어찌하여 없어질 수 있는 것이랴! 그런데 동심은 어찌하여 느닷없이 사라지고 마는 것일까? 처음에는 견문이 눈과 귀를 통해 들어와 주인 노릇을 하게 되면서 동심을 잃어버린다. 자라면서 도리가 견문을 통해 들어와 나의 주인 노릇을 하게 되면서 동심을 잃어버린다. 살아가면서 견문과 도리는 더욱 많아지고 알아야 할 것도 더욱 많아진다. 나아가 미명(美名)이 좋은 줄을 알게 되어 이름을 알리는 데 힘씀으로써 동심을 잃어버리고, 평판이 나쁜 것을 추하게 여기고 그것을 감추려 애쓰면서 동심을 잃어버린다. … 그러므로 육경과 『논어』·『맹자』는 도학을 한다는 구실을 만드는 것이 될 뿐이고, 거짓된 무리들이 모이는 늪이 될 뿐이니, 그것이 결코 동심에서 나온 말이 아님은 너무나 자명하다. 아아! 나는 또 어찌해야 동심을 잃지 않은 진정 위대한 성인을 만나 그와 한 마디 말과 글이나마 나눠볼 수 있을 것인가![60]

아이들은 좋으면 웃고 싫으면 울면서 본능에 따라 움직인다. 일체의 세속적인 가치판단에서 자유롭다. 자신이 자신의 주인인 셈이다. 그러나 자라면서 외부에서 정해준 규범들을 자신의 것으로 여기고 그러한 규범에 따라 가치판단을 함으로써 본래의 순수한 마음을 상실하게 된다. 이런 상태가 지속되어 쌓이면 니체의 표현처럼 무거운 짐을 진 한 마리 낙타가, 혹은 이지의 표현처럼 한 마리 개가 되고 만다. 따라서 자신의 본모습을 되찾아 스스로 주인이 되어야 한다. 그리고 모두가 주인 됨은 서로 타인의 가치를 인정한다는 의미이다. 이지는 아래와 같이 말했다.

이 세상에 사람과 사물은 엄청나게 많다. 만약 그것들 모두 내가 정한 질서에 따라 움직이길 바란다면 천지신명이라도 그렇게 할 수 없을 것이다. 이런 까닭에 추위는 아교도 꺾을 수 있지만 저자로 향하는 장사치는 막을 수가 없고, 더위는 쇠도 녹일 수 있지만 부귀를 찾아 앞다퉈 달리는 풋내기를 굴복시키지 못한다. 어찌하여 그럴까? 부귀영달은 타고난 오관을 만족시켜 주는 까닭에 성인은 사람들의 욕망에 순응하여 천하를 다스리셨고, 그렇게 함으로써 천하를 편하게 만들 수 있었다. 이런 연유로 재물을 탐하는 자에게 봉록을 주고, 권세를 좇는 자에게는 작위를 주며, 강하고 힘 있는 자에게는 권력을 주고, 유능한 자에게는 그 능력에 걸맞는 벼슬을 주고, 나약한 자는 곁에 끼고 도와 가면서 부렸다. 덕 있는 자에게는 허울뿐인 직위를 맡기면서 모두들 그를 우러러 받들게 했고, 재주 있는 자에게는 중책을 맡기면서 출신과 경력을 묻지 않았다. 각자 좋아하는 바에 따르게 하고 제각기 장기를 발휘하게 하여 한 사람도 쓰임에 맞지 않은 사람이 없도록 하였다.[61]

이지는 도덕률이 정해지기 전 성인이 각각의 욕망에 따라 자리매김하여 주었듯, 이제 다시 관습적인 도덕률을 극복하고 각각의 욕망을 긍정하고 다양성을 인정해 주어야 한다고 주장한다. 이 점에서 '다양성은 자기 극복의 전제 조건이며, 자기 극복은 거꾸로 다양성의 표현'[62]이라고 할 수 있다. 니체는 '힘에의 의지' 개념으로 인간의 근본적인 욕구와 다양성을 설명한다. 니체의 '힘에의 의지' 개념은, 그것이 니체 사상에서 핵심 개념인지 여부에서 시작하여 정의·의미·범위 등 너무도 다양한 해석들이 있다. 그 다양한 해석들 가운데, '힘에의 의지'는 행위의 주체가 근본적으로 원하는 것이고, 창조 활동의 원천이며, 다양한 방법으로 표현된다는 점이 공통으로 들어 있다.

융은 니체의 『차라투스트라는 이렇게 말했다』를 평하면서, "차라투스트라는 더 이상 철학이 아니라, 지성을 완전히 삼켜 버린 극적인 변환의 과정이다. 그것은 더 이상 사고에 관심 갖지 않고 최고도의 이해 속에서 사고를 사고하는 자에 관심을 갖고 있다. 즉 그 책의 각 페이지마다에서 그렇다. 새로운 인간, 즉 전적으로 변환된 사람은 옛 껍데기를 부수고 새로운 하늘과 새로운 땅을 보고 취할 뿐만 아니라 그것을 창조하는 계획에도 역시 나아가야만 한다."라고 하였다. 이는 순진무구한 '어린아이다움'이 창조의 원천임을 천명하는 융의 표현이다. 이렇게 융과 양냉심학 모두 '어린아이다움'을 통하여 개인의 주체성과 창조성 및 역동성을 강조하였으며, 자유로운 주체의 창조적 활동과 역동적 삶에서 우러나는 희열을 최고의 가치로 삼았다고 할 수 있다.

05

심학과
인본주의
심리학

공자의 이 말에서 나온 '위기지학'이란 자기완성이나 자신의 인

격 수양을 목적으로 하는 학문을 뜻하는데, 단지 자기완성에서

그치지 않고 자신을 수양한 다음 그것을 남에게로, 사회로, 나

아가 우주 전체로 확장하게 된다. 반면 '위인지학'은 이해득실

의 이분법적 사고를 바탕에 두고, 타인의 요구와 평가에 귀 기

울이는 태도이다. 따라서 대인 관계에서 '위인지학'을 하는 사

람들은 나와 남을 구분하는 배타적 태도를 기반으로 타산적인

대인 관계를 맺게 되는 데 반해, '위기지학'을 하는 사람들은 자

신과 타인을 동등한 위치에 두고, 상대방을 있는 그대로 봐 주

는 사심 없는 대인 관계를 맺을 수 있다.

1. 지행합일과 인본주의 심리학

　행동주의 심리학자 왓슨(John Broadus Watson, 1878-1958)은 '심리학의 이론적 목적은 행동을 예견하고 통제하는 것'이라고 정의하였고,[1] 정신분석학자 프로이트는 '정신분석치료법의 주요 목적은 자아에게 잃어버린 정신적 삶의 영역에 대한 통제권을 되찾아 주는 것'이라고 주장하였다.[2] 이러한 주장을 펼치는 행동주의와 정신분석학은 조건화와 무의식적 과정에 너무 매료되어서 기본적인 관심의 대상이 되어야 할 '인간'에 대한 시각을 잃게 되었다고 비판을 가하면서 등장한 새로운 조류가 인본주의 심리학이다. 에릭 프롬 · 칼 로저스 · 매슬로 등 인본주의 심리학자들은 심리학이 인간의 삶을 다루는 것이어야 한다고 주장하면서, 결정론에 기초하여 인간 행동에 대한 통제를 강조한 행동주의와 정신분석학과는 달리 인간의 자유와 선택의 능력을 강조한다.[3]

　매슬로(Abraham H. Maslow, 1908-1970)는 '모든 것을(아주 극단적인 예로) 병

적으로 보는 경향이 있고, 건강한 쪽으로 나아갈 수 있는 인간의 가능성을 충분히 인식하지 못하며, 모든 것을 갈색 안경을 끼고 보는 '고전적 프로이트주의'[4]를 비판하였다. 또한 "필연적으로 반응하는 존재, 외적 자극에 의해 움직이도록 되어 있는 존재로서의 인간 개념은 자기실현하는 사람들에게는 순전히 터무니없고 설득력이 없는 개념이다. 자기실현하는 사람들의 행동은 근본적으로 반응적이기보다는 의도적이다."[5]라고 말하며 행동주의 심리학도 반대하였다.

갈 로저스(Carl R. Rogers, 1902-1987)는 행동주의 심리학자 스키너(B. F. Skinner, 1904-1990)와의 대화에서, 삶을 망치는 부적응적 패턴을 없애고 대체할 대안적 행동을 획득할 기회를 얻기 위해서, 우리 모두에게 분명히 조종되고 통제될 수 있는 외적인 힘과 조건들이 필요하다는 사실에 정면으로 맞서서, 개인의 내적 자원과 지혜를 발견하는 능력에 대한 믿음을 펼쳤다.[6] 로저스는 인간에게 단 하나의 기본적인 동기가 있다고 믿었는데, 이를 '실현경향성(The Actualizing Tendency)'이라고 이름 붙였다. 로저스가 이해한 바에 따르면, 다른 창조 질서와 마찬가지로 인간은 자신을 유지하고 잠재력을 건설적인 방향으로 성취하려는 기본적이면서 선천적인 성향이 있다. 마치 튤립이 본능적으로 자신을 완전하고 완벽하게 꽃피우려는 방향으로 나아가듯이, 인간도 성장과 완성을 향하여 그리고 최상의 '인간존재성(human-beingness)' 성취를 향하여 나아간다고 하였다.[7]

프롬(Erich Fromm, 1900-1980)은 프로이트 이론처럼 인간을 충동적인 존재로 보지 말고 관계함의 존재로 파악해야 한다고 하면서, "나 자신을 다루는 태도는 타인을 대하는 태도와 따로 떼어 놓고 생각할 수 없다. 더불어 사는 사람이 나와 다르다고 느끼는 한, 즉 그가 나에게 타인으로 남아 있는 한, 나는 나 자신에게도 타인이다. 하지만 내가 나 자신을 온전하게 체험한다면, 나는 곧 내가 바로 타인과 다를 바가 없는 사람이라는 것을 깨닫는다."[8]라고 하였다. 이렇듯, 인본주의 심리학자들은 동기·의지·자아·자아실현·관계맺음 등을 중시한다. 그러나 "자아실현이란 자신에게 부여된 천부적인 잠재력을 발휘하고 성취함으로써 갖게 되는 자기 충족감을 의미한다."[9]는 매슬로의 말과 같이, 서양 사상에서 자아는 일관되게 독립된 개체로서의 자아를 의미하고, 자아실현 또한 개체로서의 자아의 발견과 실현에 중점을 둔다. 따라서 심리치료의 목적도 호니(Horney)의 말처럼 사람들로 하여금 현실적 자아로 이상적 자아상을 극복하게 함으로써 자신이 겪고 있는 내부 갈등을 해결하도록 돕는 것이어야 하는데, 자아실현(self-actualization)의 과정이 갈등과 불안을 줄이고, 사람들로 하여금 진실·생산성·타인과의 조화를 추구하도록 한다.[10]

유가 사상에서는 인간을 개체적 존재로서는 그 존재 의의를 찾을 수 없는 '사회적 관계체', 모든 도덕의 근거를 스스로 갖추고 있는 '능동적 주체자', 그리고 자기 수련과 자기 개선을 통해 이상적 인간의 상태에 도달할 수 있는 '무한한 가능체'로 파악한다.[11] 두유명(杜維明)은 유가의 자아가 추구하는 것은 '집단행동(Communal Act)'으로서의 '궁극적 자기변환(Ultimate Self-transformation)'이라고 정의하였다.[12] 이러한 정의는 인간은 '관계존재(relational being)'이고, 자아는 관계 가운데 핵심이며 정신적 발전의 동태적 역정임을 전제로 사회에서의 충분한 실현을 목적으로 삼는다는 의미다.[13] 이는 "천지를 위하여 마음을 세우고, 백성을 위하여 도를 세우며, 지나간 성인을 위하여 끊어진 학문을 잇고, 만세를 위하여 태평한 세상을 연다."[14]는 장재(張載, 1020-1077, 호는 橫渠)의 말처럼 자아실현은 '수기안인(修己安人)'에서 완성된다. 이러한 목적을 달성하기 위해 유가에서는 무엇보다 먼저 '입지(立志)'를 강조한다. 왕수인이 34세 되던 무렵부터 제자들이 모여들기 시작하였는데, 그는 "사람은 우선 반드시 성인이 되고자 하는 뜻을 세워야 한다."는 말로 가르침을 시작하였다. 왕수인은 한 제자의 입지(立志)에 대한 물음에 다음과 같이 답하였다.

다만 한 생각 한 생각마다 천리를 보존하려고 하는 것이 바로 뜻을 세우는 것이다. 이를 잊지 않을 수 있어서 오래되면 자연스레 마음 가운데 모여 엉기는 것이 있게 된다. 이는 마치 도가에서 말하는 "성인의 태를 맺는다."는 말과 같다. 이 천리를 생각하는 마음을 늘 간직하면 아름답고 큰 성스럽고 신령한 경지에 도달할 수 있는데, 단지 이 한 생

각을 간직하고 길러 확충하면 된다.[15]

"성인의 태를 맺는다[結聖胎]."는 말은, 마치 누구든 자궁에서 잉태하여야만 인간으로 태어날 수 있듯, 도교가 추구하는 최고의 경지에 도달하기 위한 필수적인 경지 가운데 하나이다. 왕수인은 이러한 도가의 경지로 '입지'를 설명하였다. 이는 입지의 '지(志)'가 특정한 목적을 달성하기 위한 동기, 지향, 의지 이상의 뜻이 있음을 의미한다. 왕수인에게 '지'는 실존적 주체가 지니는 인격의 구현 능력을 의미하는데, 이는 사변적인 이해를 넘어서서 절실한 자기 성찰을 통해 비로소 깨달을 수 있고, 이를 통해 참된 자아를 실현할 수 있다.[16] 이렇게 볼 때, '입지'는 로저스가 말한, 인간에게 유일한 동기로서의 '실현경향성'의 의미를 넘어서서, 관계적 존재인 인간이 공동체에서 반드시 실현해야 하는 구체적인 실천 능력까지 포함하는 포괄적인 개념이다.

인본주의 심리학자들은 선불교와 도교로부터 많은 영향을 받았다. 예컨대 프롬은 "선이 윤리를 초월하면서 동시에 모든 휴머니즘적 가르침과 근본적으로는 같은 내용인 불교 윤리의 기본적 목표를 포함한다는 것을 잊어서는 안 된다."[17]라고 하면서 선불교 사상을 통하여 자아를 근본적으로 전환할 것을 촉구하였다. 매슬로는 도가의 모습이 인본주의 과학자들이 지니는 여러 모습을 대표한다고 하면서, 과학자 · 의사 · 교사 · 부모 등은 반드시 도가에서 추구하는 모습에 더

욱 부합할 수 있도록 전환해야 한다고 역설하기도 하였다.[18]

많은 실존주의 사상가들과 마찬가지로 로저스는 어떤 측면에서, 인간은 자신이 경험하는 모든 것과 잘 조화를 이루기 위하여 자기개념을 재구성, 재조직할 수 있는 자연스러운 성향과 능력이 있다는 믿음[19]을 기초로, 개인의 자율성에 대한 깊은 존중과 개인의 힘을 불러일으켜 주려는 명백한 의도를 가지고 인간-중심 치료 이론을 주창하였다.[20] 그러나 로저스의 내담자(인간)-중심 치료자들에 의해 만들어진 관계가 과연 내담자에게 사회적으로 반응하는 태도를 개발시키는데 효과가 있느냐에 대한 비평에 직면한다.[21] 이는 인본주의 심리학자들이 공통으로 직면하는 문제다. 즉 인본주의 심리학에서 주장하는 자기실현이 사회적 실천을 담보할 수 있는가에 대한 의문이다. 왕수인도 일찍이 불교 수행은 인간의 자연적인 정서에 어긋날 뿐만 아니라, 사회적 실천을 이끌어 낼 수 없음을 간파하였다.

왕수인은 15세부터 34세까지 20여 년간 의협·무술·문학·신선술·불교 등에 탐닉하며 속세를 떠나 입산하려는 마음을 먹었으나, 할머니와 아버지에 대한 생각 때문에 주저하다가, "은혜와 사랑의 마음은 어릴 때부터 생겨난다. 이 마음을 없애도 좋다면 인간성 자체를 부정하는 일이 된다."는 것을 깨달았다. 이듬해 한 절에 들렀다가 3년 동안 한마디도 않고 보지도 않은 채 좌선하는 선승과의 대화 끝에 그를 집으로 돌려보낸 일화가 있다. 왕수인은 좌선하는 승려를 보고 큰 소리로 외쳤다. "이보시오, 스님! 종일 중얼중얼 뭘 말하고, 종일 멀뚱멀뚱 뭘 보고 있소." 승려가 놀라 눈을 뜨고 대화를 하였다. 왕수인이 그의 가정사에 대해 묻자 승려는 "어머니가 계십니다."라고 대답했다. 그러자 왕수인은 "어머니를 그리워하지 않습니까?"라고 물었다. 이에 승려는 "어찌 그리워하는 마음이 생기지 않을 수 있겠소."라고 대답했다. 그러자 왕수인은 자식이 부모를 생각하고 부모가 자식을 생각하는 것은 자연스런 본성임을 지적하였다. 이에 승려는 울면서 감사의 뜻을 전했다. 다음 날 그 승려를 다시 만나 대화를 나누려 했지만 승려는 이미 떠나고 없었다.[22]

비록 차안을 넘어 피안을 향하는 것만으로는 참된 초월 · 해탈을 얻을 수 없고, 다시 차안에로 회귀해야만 절대 세계에 도달할 수 있다는 것이 불교의 궁극적인 가르침이지만, 어쨌든 모든 관계의 단절이 선행되어야만 하는데 이는 인간(인륜)을 부정하는 것이다. 즉 설사 인간 부정의 극치에 인간긍정이 있다고 해도, 그것은 큰 틀에서 보면 역시 인간 부정 위에 있다는 점에서는 변함이 없기 때문이다.[23] 이 일화를 통해 왕수인은 부모와 자식 사이에 일어나는 친밀한 감정은 자연스런 본성이고, 따라서 '기본적인 인간의 감정이 자기실현의 참된 기초'임을 밝혔다.[24] 따라서 그는 부모를 그리워하는 마음을 억누른다는 것은 자연스럽지 않을 뿐만 아니라, 오히려 끊으려는 그 마음 자체가 집착이라고 주장한다. 왕수인은 어떤 사람과의 대화에서 불교가 사회의 주축이 될 수 없는 까닭을 다음과 같이 피력한다.

질문자: 불교 또한 마음의 수양에 힘씁니다. 그런데도 천하를 다스릴
수 없다 함은 무슨 까닭입니까?

왕수인: 우리 유가에서의 마음 다스림은 세상사를 떠난 적이 없습니
다. 자연의 법칙을 따르는 것이 바로 수양입니다. 불교는 세상사와 완
전히 단절하여야 한다 하고, 마음을 환상이라고 보기 때문에 점차 허
적(虛寂)에 빠져들어 세간과 전혀 교섭이 없게 되고, 따라서 천하를 다
스릴 수 없게 됩니다.[25]

왕수인은 "도교와 불교 모두 심신 수련 방면에 성취가 있으므로 함
께 받아들이는 것이 타당하지 않은가?"라는 질문에 대해 다음과 같이
답하였다.

받아들인다고 말하면 옳지 않다. 성인의 "본성을 온전히 실현하여 명
에 이른다."는 말이 어떤 것인들 포함하지 않겠는가? 그러니 어찌 별
도로 받아들일 필요가 있겠는가? 도교와 불교가 쓰고 있는 것이 모두
내가 쓰고 있는 것이다. 바로 본성을 온전히 실현하여 명에 이르는 가
운데 이 몸을 온전하게 기르는 것을 '선(仙)'이라 하고, 본성을 온전히
실현하여 명에 이르는 가운데 세속의 얽매임에 물들지 않는 것을 '불

(佛)'이라 한다. 다만 후세 유학자들이 성학(聖學)이 온전하다는 것을 알지 못한 까닭에 도교·불교와 더불어 두 견해를 이룬 것일 뿐이다. 대청에 비유하자면, 세 칸이 함께 하나의 대청을 이루는데, 유학자들은 그것들 모두 자신이 쓰는 것임을 알지 못하고 불가를 보자 왼쪽 한 칸을 잘라 주고, 도가를 보자 오른쪽 한 칸을 잘라 주고는 자기들 스스로는 그 중간에 처하니, 모두 하나를 취하느라 백 가지를 버린 꼴이다. 성인은 천지 만물과 더불어 한 몸으로서, 유가와 불가에서 노자와 장자에 이르기까지 모두 자신의 쓰임새다. 이를 일러 대도(大道)라 한다. 불교와 도교는 자신의 몸을 사적인 것으로 여기니 이를 일러 소도(小道)라고 한다.[26]

왕수인은 불교는 세상사와의 단절을 주장하기 때문에, 불교적 자아는 사회적 실천의 주체가 될 수 없다는 점을 지적하였다. 프롬은 "선불교의 참된 깨달음의 경지인 실상에 완전히 눈을 뜨게 된다는 것은, 심리학적인 용어로 부연하면 완전하게 생산적 지향성을 갖게 된다는 뜻이다. 그 말은 자기 자신을 이 세계에 수동적으로·착취적으로·축적적으로 혹은 시장 매매식으로 관계시키려는 것이 아니라, 창조적으로·능동적으로(스피노자가 말한 의미에서) 관계시킨다는 것을 의미한다."[27]고 하였다. 또한 프롬의 마지막 제자인 풍크는 "소유에 집착하는 것의 대안이 무소유, 즉 가지지 않는 것이 될 수 없다. 중요한 것은 '나의 존재함'을 깨닫는 일이다. 다시 말해 자신 안에 있는 무엇, 평소 놓치고 있던 것을 밝게 깨닫고 거기에 관심과 애정을 쏟는 것이다."[28]라고 하였다. 참된 관심과 관계맺음은 실천을 통해 완성된다. 행동으로 드러나지 않는 앎은 참된 앎이 아니라고 왕수인은 역설한다.

참된 앎은 실천의 근거다. 실천하지 않으면 앎이라고 하기에 부족하다.[29]

왕수인에게 '앎'은 일차적으로 도덕적 지식으로 궁극적인 지혜를 가리키며, 이 지혜에 의해서 사람은 삶을 의미 있는 방식으로 살아가게 된다. 한편, '행(行)'이라는 단어는 무엇이든 어떤 움직임을 단순히 지칭하는 것은 아니지만, 오로지 이것에 의해서만 사람이 '선에 대한 지식'과 일치된 행동을 하게 된다.[30] 왕수인은 다음과 같이 말하였다.

앎은 행위의 주된 의지이며, 행위는 앎의 공부이다. 앎은 행위의 시작이고, 행위는 앎의 완성이다.[31]

실천을 이끌어 내는 의지로서의 '앎'에서 실천은 시작되고, 구체적인 상황에 따른 실천을 통하여 '앎'은 완성된다. 프롬은 다음과 같이 말하였다.

> 선은 자기 자신의 본능을 아는 것을 그 목표로 삼는다. 그것은 "너 자신을 알라."를 목표로 하고 있는 것이다. 그러나 여기서의 앎이란 현대 심리학자들의 과학적 지식, 즉 '자기 자신을 대상화하여 아는 지성적인 인식의 '앎이 아니다. 선에서 자기를 아는 것은 지성적으로 아는 것이 아니다. 그것은 소외되어 있지 않는, 즉 아는 사람과 알려지는 대상이 하나가 된 전체의 체험인 것이다.[32]

프롬은 선불교에서 추구하는 앎을 서양의 지식적인 지식과는 다른 체험적인 지식으로 규정하고, 이 체험적 지식을 통하여 주관과 객관이 하나가 됨을 알 수 있다고 하였다.[33] 그러나 유가에서 볼 때, 불교가 추구하는 체험적 지식에는 구체적 내용이 결여되어 있다. 내용이 없는 지식은 실천으로 구체화되지 못하기 때문에, 자기실현도 결국 개인의 마음이 '평안한 상태'에서 그칠 뿐이다. 선한 동기는 선을 완성시키는 출발점일 뿐이지 결코 선의 완성이 아니다. 자기실현이 선의 완성에 있다면, 참된 자기실현은 지식과 실천의 일치를 통해 이루어진다는 것이 왕수인의 주장이다. 그리고 관계 속에서 실존적 결단을 바탕으로, 자연스럽게 감정을 표현하여 '지선(至善)'에 도달하는 것이 자기실현을 완성하는 것이라는 점을 자각한다면 불교나 도교의 마음 다스림의 방법도 모두 포용할 수 있다.

2. 심학과 로고테라피

프로이트는 인간 행동의 많은 부분은 숨겨진 동기와 무의식적 소망이 지배한다고 말했다. 그는 인간 각자의 마음에는 결코 자라지 않는 어린이 - 본능 또는 원초적 자아(id) - 가 도사리고 있으며, 인간의 성인적 요소 - 자아(ego)와 초자아(superego) - 가 이 유아기적 힘을 통제하려고 하나 결코 완전히 통제하지는 못한다고 본다. 그리고 이렇게 소멸되지도 않고 충분히 억제되지도 않은 유아기적 욕망은 평상시에는 잘 나타나지 않으나, 무심결에 내뱉는 실언이나 꿈속에서 상징적으로 드러난다고 생각했다. 또한 인간의 많은 충동은 반도덕적이고 비이성적인 것이기 때문에 흔히 의식적으로 인정하거나 받아들이기 힘들다고 주장했다. 그래서 충동적인 욕망과 도덕적인 규범 간에 갈등이 생기기 쉬우며, 이 갈등은 막연한 불안이나 과장된 공포를 가져온다고 해석한다.

성인의 문제가 무의식적 욕망과 관련된 갈등과 어린 시절에 있었던 부모와의 부적응적인 경험에서 출발한다는 관점에서는 프로이트와 다른 정신분석학자들 사이에 큰 이견은 없다. 그러나 무의식적 감정이나 충동에는 항상 성적인 속성이 있다는 프로이트의 주장에는 많은 비판이 있었다. 예컨대, 어린 아들이 자기 어머니를 욕망의 대상으로 삼으며, 어머니의 남편인 아버지를 자기의 경쟁자로 적대시한다는 그의 충격적인 견해는 학자들에게 가장 큰 반발을 일으켰다. 이러한 반발에서 신정신분석학파(neo-Freudian psychoanalysis)가 탄생하였다. 그 주역인 융과 아들러 등은 무의식적 동기와 유아기 경험의 중요성은 인정하면서, 성적인 요소보다 대체로 사회적·문화적 요소를 강조했다.

아들러는 프로이트의 학설에 반대하는 새로운 개념으로 개인 심리학이란 용어를 사용한다. 아들러는 인간의 발달은 사실에 영향을 받기보다는 이 사실에 대해 갖게 되는 의견에 더 큰 영향을 받는다고 여겼다. 즉 한 개인의 우주관을 바탕으로 하는 생활관이 그 사람의 생각·감정·의지·행동을 좌우한다는 것이 아들러의 견해였다. 그는 특히 최초의 기억이 인간의 정신생활 속에 깊이 관여하여 그 이후의 발달에 결정적인 영향을 끼친다는 생각에서 출발하여 삶에 대한 태도를 강조하였다. 그에 의하면 기억은 하나의 기념품이다. 가장 초기의 기억은 다음 두 가지 이유로 상당히 주목할 가치가 있다. 첫째로 그 속에는 그 개인과 상황에 관한 근본적인 견해가 함축되어 있다. 그것은 모든 사정의 최초의 총결산이며, 자기 자신에 대해 그리고 그에게 향해졌던 모든 요소에 대한 그의 최초의 완전한 상징인 것이다. 두 번째로 그것은 그의 주관적인 출발점이며 그가 자기 자신을 위해 묘

사한 자서전의 시초이다. 이러한 최초의 기억에서 출발하여 직업·
친구·성 등 일상적인 사회생활에서 인생의 의미에 대하여 자기 내부
로부터 확신을 반드시 얻게 된다는 것이다. 그는 신경증 환자·정신
병자·범죄자·알코올 중독자·문제아·자살자·성도착자·매춘부
등 모든 실패자는 동류의식과 사회적 관심이 결여되어 있기 때문에
실패자가 되었다고 여겼다. 모든 실패한 사람에게서 공통적으로 가
장 흔히 볼 수 있는 것은 협동하는 능력의 정도가 지극히 낮다는 점이
다. 따라서 일보 전진한 심리학의 정의를 내릴 수 있다. 즉 그것은 협
동의 부족에 대한 이해이다. 심리란 하나의 통일체이며, 동일한 인생
스타일이 그 모든 표현을 일관하기 때문에, 한 개인의 여러 가지 정서
나 생각은 그의 인생 스타일과 일치할 것이다. 만약 확실히 곤란한 일
을 일으켜 그 사람 자신의 행복에 역행되는 정서가 보인다면, 이런 정
서를 변화하려는 일부터 시작하는 것은 무익하다. 그것은 그 사람의
인생 스타일의 올바른 표현이며, 그것이 근절될 수 있는 것은 단지 그
가 자기 인생의 스타일을 바꿀 때에만 가능하다고 주장한다. 이러한
관점을 근거로 하여 개인 심리학의 심리요법은 특별히 엄격한 원칙
을 내세우지 않는다. 다만 환자 각 개인의 사정에 따라 적용할 수 있
도록 심리요법 시술자에게 방향이나 조언을 제공할 뿐이다. 또한 상
담자에게 다음과 같은 태도를 요구한다. 첫째, 환자와의 접촉을 시도
해야 한다. 둘째, 환자의 인생 스타일의 잘못을 이해시켜야 한다. 셋

째, 환자를 격려해야 한다. 넷째, 환자의 사회적 관심을 발달시켜야 한다.[34] 아들러의 개인 심리학은 문제아·노이로제 환자·범죄자 등의 치료에서 많은 업적을 이루었으나, 프랑클(V. E. Frankl, 1905-1997)은 아들러가 인간을 '권력 의지(will to power)'를 지향하는 존재로 규정한 점을 비판했다. 그는 또한 프로이트의 정신분석학에서 중시하는 쾌락원칙을 '쾌락을 향유하려는 의지(will to pleasure)'로 표현한 다음, 자신의 심리학을 이들과 구분하여 '의미를 찾고자 하는 의지(will to meaning)'로 표현하였다.

심리치료학은 프로이트와 아들러를 사사한 프랑클에 이르러 실존분석적 방법을 사용하며 새로운 단계를 맞이한다. 그는 프로이트가 인간의 심신 활동의 본질을 규정하고 성적 충동의 만족 여부라는 극히 협소한 본능적 충동으로 쾌락의 득실 및 심리를 설명하는 점을 반대하고, 아들러의 개인 심리학이 사회 안에서의 좌절과 실패를 지나치게 강조하여 자기 비하 등의 심리적 이상 상태를 설명한다고 비판하였다. 또한 프랑클은 융이 무의식 내에 있는 종교적 요소를 발견한 공로는 인정하였지만, 이 무의식을 존재론적인 종교의 자리에 놓지 않고 충동과 본능의 자리에 놓은 점을 비판하였다.[35] 그리고 자신의 나치 집단수용소에서의 체험을 기초로 삶의 의의를 강조하는 '로고테라피(Logotherapy)'를 주창하게 된다. 프랑클은 '의미'를 뜻하는 그리스어 로고스(logos)를 심리치료에 적용하여 인간이라는 존재 의미를 묻고, 또 의미를 추구하는 인간의 모습에 초점을 맞추었다. 즉 심리치료학으로서의 로고테라피는, 환자의 어둡고 억눌린 과거에서 원인을 찾아 해결하는 것이 아니고, 앞으로 채워 나가야 할 의미에 초점을 맞춘다. 이 점에서 프랑클은 이 치료법에 대하여 '의미지향적 심리치료법'이라고 설명했는데, '의미치료', 혹은 '의의치료'로 번역할 수 있다. 그는 심리 분석의 결정론을 어느 정도는 받아들여서 유전적인 심신의 조건이 현재의 심리에 결정적인 힘을 발휘한다는 이론을 인정하고, 또 사회적 환경 등 외부적인 조건이 우리의 심신 상태를 결정하는 요인이 된다는 것도 인정한다. 그러나 심리적인 측면을 초월하는 실존적 의의의 정신적 자유가 있어서, 삶과 죽음을 넘나들거나 도덕적 행위의 결정적인 순간에 발휘된다고 주장한다. 내외의 갖가지 조건들의 제한을 극복하고 자유의지라는 정신적 역량을 발휘할 수 있다는 것이 로고테라피의 관점이다.

프랑클은 인간존재를 본질적으로 역사적 존재로 규정하고 인간의 삶의 역정을 위대한 창조적 업적으로 여겼다. 그는 약 4년간의 나치 집단 수용소에서의 체험을 바탕으로 수용소 수인들의 정신 상태에 대한 현상학적 관찰의 결과를 기술하면서 우리를 생각에 잠기게 하는 어떤 사실에 특별한 주의를 기울였다. 그것은 삶과 죽음을 오가는 극한상황 속에서 생존을 유지할 수 있는 참된 요소는 체력의 강약이 아니라 정신적 역량의 충족 여부라는 사실이다. 그는 강인한 체력의 소유자가 정신적인 피폐의 결과 죽음의 신의 도전을 견딜 힘을 잃어 버린 사실을 발견하였다. 그리고 오히려 평소 신체가 매우 허약한 수인이 고도의 정신적 역량을 발휘하여 죽음과 용감하게 맞서 살아남은 사실을 발견하고 견디기 힘든 역경을 이겨 내는 데 가장 큰 도움이 되는 것은 자기 삶의 의미에 대한 확신이라고 주장하였다.

그는 지금까지의 심리주의는 심리적 행동 과정의 정신적 내용의 가치를 깎아내리려는 경향이 있다고 비판하였다. 이 경향으로 인해 심리주의는 늘 정신적인 것의 가면을 벗기려 하고, 무리하게 폭로하려 하며, 항상 본질적이 아닌 신경증적인, 또는 문화병리학적인 동기를 찾아 헤맨다고 비판했다. 프랑클에게 실존 주체의 자유의지는 끊임없이 삶의 의미를 탐구하는 의지이다. 그것은 세속적인 측면과 정신적 혹은 종교적 측면 두 가지를 함축한다. 그는 20세기를 실존적 공허가 만연하는 시대라고 진단하고, 실존적 공허에 뒤따르는 상실감 및 권태감을 극복하기 위하여 자신의 삶의 의미를 찾아야 한다고 하였다. 그리고 삶의 의미의 구체적 내용으로 창조나 활동에서 현실화되는 창조적 가치(creative value)와 체험에서 현실화되는 체험적 가치(experiential value) 및 자신의 운명을 견디고 감당함으로서 현실화되는 태도에 관한 가치(attitudinal value) 등 세 가지 측면으로 나누어 설명하며, 사람들로 하여금 고통 · 가책 · 나아가 죽음을 극복할 수 있는 삶의 의의를 스스로 찾도록 도와주는 것이 가장 바람직한 심리치료의 길이라고 강조하였다. 프랑클은 인생이 일종의 임무라는 사실을 깨달아야 한다고 하면서, 제반 현실적인 의의를 초월하는 궁극적인 의의 위에서 자신의 임무를 세워야 한다고 주장한다. 그렇다고 해서 의의치료학 전문가가 특정 종교나 이론을 이용하여 궁극적인 의의의 구체적인 뜻을 해석해서는 안 된다. 오직 실존분석을 통해 환자로 하여금 생명을 경시할 수 없는 까닭은 자신에게 궁극적인 의의가 있기 때문이라는 점을 각인시켜야 한다. 궁극적 의의의 구체적 내용은 환자 자신의 실존적 체험에 맡길 뿐이다.

프랑클은 인간의 근본적인 갈등은 본능적인 것의 억압에서 오는 것이 아니라 인간에게 본질적으로 주어진 것과 개인이 직면하는 것에서 오는 것이라고 여겼는데, 본질적으로 주어진 것이란 인간이 역사적 존재이고 관계 존재라는 전제에서 출발하는 책임 의식이다. 프랑클은 "우리는 '능동적으로' 생에 반응하는 한편 '여기 그리고 지금'에서 응답하고 있다. 우리 응답에는 항상 사람의 현실과 그가 존재하는 상황의 현실이 포함되어 있고, 따라서 책임감을 느끼고 책임을 실천해야만 하는 존재이다."[36]라고 하였다. 주체성에 바탕을 둔 사회에 대한 책임과 실천의 강조는 유학의 본질과 궤를 같이 하는데, 특히 앎과 행동의 일치성 혹은 즉각적인 자각과 실천을 이끌어 내는 양명학과 소통할 수 있는 구조를 지닌다. 왕수인은 다음과 같이 말하였다.

사람들의 타락과 어려움을 생각할 때마다 가슴에 아픔을 느껴서 자신의 부족함도 잊고 그들을 구하려고 애쓰니 내 능력의 한계도 모르겠다. 그러나 사람들은 내가 이러한 일을 하려고 하는 것을 보면서 함께 배척하고 조롱하며 나를 미친놈으로 취급한다. 오호라, 무엇이 나를 마음 아프게 하는가? 내 온몸이 아픈데 사람들의 비난이나 조롱을 생각할 틈이 있겠는가? 사람들은 자신의 부모 자식이나 형제가 깊은 구렁에 빠져 허우적대면 울부짖으며 발가벗고 맨발로 달려가 벼랑 끝에 매달려 구하려 할 것이다. 이런 모습을 보고도 옆에서 격식을 차린 재 수수방관하며 의관을 갖추지 못했다고 미친놈이라고 비웃는 사람이 있다 치자. 이런 사람은 아무 골육의 정도 느끼지 못하는 사람으로, 타자의 아픔을 측은하게 여기지 않는 이런 사람은 인간이라 할 수 없다. 만약 위험에 빠진 사람이 자신의 부모 자식이나 형제라면 반드시 머리부터 가슴까지 아려 오는 아픔에 미친 듯이 달려가 온몸으로 구하려 할 것이다. 자신이 빠져 죽더라도 구하려 할진데 어찌 다른 사람의 조롱이 귀에 들어오겠는가? 하물며 어찌 다른 사람들의 믿음을 구하겠는가? 오호라, 사람들이 나를 미쳤다고 해도 문제될 것 없다. 그들 모두 나의 아픔이다. 세상에 미치지 않은 사람이 없는데, 내 어찌 미치지 않을 수 있겠는가?[37]

왕수인은 자신의 삶에 대한 실존적 결단을 먼저 내려야 한다고 주장한다. 모든 사람들이 자신을 미쳤다고 조롱한다 하더라도 타자의 아픔을 자신의 아픔으로 여기는 실존적 결단이 책임 의식을 이끈다. 그리고 이러한 책임 의식은 존재론적인 근거가 있어야 하고 그것에 대한 명확한 의식이 있어야만 필연성을 지닐 수 있다. 프랑클은 융과 같이 의식을 단지 인간의 정신을 구성하는 심리 속에 내재해 있는 사실로만 보고, 그 근저에 무의식적 본능을 두어서는 윤리적 행위의 필연성을 담보할 수 없다는 점을 깨달았기 때문에, 무의식적 본능을 윤리 본능으로 대체할 것을 주장하였다.

> 우리는 책임을 져야 하고 자기 인생의 드러나지 않은 의미를 깨달아야 한다고 내가 자꾸 되뇌는 이유는, 삶의 참다운 의미는 고립된 개인의 내면에서가 아니라 이 세상 안에서만 발견될 수 있다는 사실을 강조하기 위해서다. 이런 자세를 일컬어 나는 인간존재의 자기초월이라고 부른 적이 있다.[38]

프랑클의 이 말은 인간이 본질적으로 윤리적 존재이고 관계 속에서 책임 의식을 느끼고 실천할 때 비로소 자기실현이 완성된다는 의미이다. 모종삼도 "고대인들은 개인의 삶 전체에서 올바른 행위를 하지 못했을 때 느끼는 고통과 번뇌에 대해 명확한 관념을 지니고 있었다."[39]고 말하며 윤리 본능을 인간 심성의 근원에 두었다. 이러한 윤리 본능의 자각은 의식의 영역에서 일어나야만 하는 것이고, 구체적 상황에서 일어나기 때문에 의식은 필연적으로 직관적일 수밖에 없다고 프랑클은 강조한다. 그는 의식의 직관성은 "의식은 단순한 심리적 현상이 아니라 본질적으로 초월적인 현상으로 파악해야 한다."[40]고 하였듯 의식의 초월성을 전제하고, 의식의 초월성은 '초월해 존재하는 신'과의 관계에서 성립된다고 하였다. 그는 융이 자기 안에서 구원의 빛을 찾지 않고 초월자의 은총에만 매달려 있는 서양인들의 신앙을 비판하고 집단 무의식의 영역에 넣었던 기독교 하느님을 다시 불러내어 책임 의식의 존재론적 근거로 삼은 다음 도덕적인 의무감에서 의식의 초월적 본질을 밝혔다. 프랑클은 "충동과 본능이 자아를 억압할 수 없는 것처럼 자기(self)도 자신을 책임질 수 없다. 자신은 그 자신의 법을 만들 수 없다. 자신은 절대로 자율적인 '무조건 명령'을 내릴 수 없다. 오직 초월의식만이 무조건 명령을 다룰 수 있기 때문이다."[41]라고 하였다. 즉 프랑클은, 인간은 무조건적 도덕 명령의 주체가 될 수 없고, 따라서 행위에 대한 옳고 그름 등의 윤리적 판단도 전적으로 인간의 몫이 아닌 초월하여 존재하는 창조자의 몫이라고 여겼다.

그러나 "너의 양지는 너 자신의 준칙이다. 너의 의념이 드러날 때에 옳으면 양지는 그 옳음을 알고, 그르면 양지는 그 그름을 안다. 양지를 조금이라도 속일 수 없다."[42]라고 하였듯, 왕수인에게 양지는 근본적으로 다른 사람의 행위에 대한 도덕적인 평가도 아니고 다른 사람이 자신의 행위에 대하여 내린 평가를 바탕으로 자신의 내심을 돌아보는 것도 아니고, 자기 자신의 의지에 대한 자기비판이며, 이 양지를 바탕으로 인간은 자기초월이 가능하다. 따라서 왕수인에게 자기초월은, 프랑클과 같이 인간의 의식이 초월적으로 존재하는 하느님과의 만남을 통하여야만 비로소 가능한 것이 아니다. 이는 초월에 대한 서양과 유가의 해석의 차이에서 기인한다.

모종삼은 기독교 전통에서는 본체가 현실 세계와 격리되어 있어서 초월적인 것은 위에 있고 인간은 죄악으로 인하여 아래로 추락하였기 때문에 둘은 서로 섞일 수 없고, 따라서 초월적인 의의가 특히 도드라져서 비록 돌아보면 하느님이 계신다고 하더라도, 한순간 깨달으면 바로 본래의 모습을 되찾게 된다는 유가적 의미는 아니라고 하였다. 유가에서는 깨달음의 마음이 바로 본심이므로 본체가 저 위에 따로 떨어져 있는 것이 아니라고 하였다.[43] 유가에서의 초월은, 절대자가 현실을 떠나 실재한다는 믿음에서 이야기하는 것이 아니고 의미상 말한다고 할 수 있다. 유가에서도 도덕 행위의 존재론적 근거를 '천'이나 '리'에 두고 있지만 그것은 외재하는 신과 같은 존재가 아니라, 인간에 내재하는 심성으로서의 궁극적인 존재를 의미한다. 이런 관점에서 "마음이 곧 하늘이다." 혹은 "마음이 곧 천리다."라고 표현한다. 만약 스스로 도덕 명령의 주체가 될 수 없다면 인간의 자율성은 제한될 수밖에 없다. 스스로 도덕적 원리를 창조할 수 있을 때 비로소 완전히 자유로운 의식을 지녔다고 할 수 있다. 근원적이고 자유로운 의식은 양명학에서 말하는 마음의 '명각(明覺)'에 해당한다고 할 수 있다.[44] 우리는 완전히 자유로운 의식을 소유하고, 이 자유로운 의식을 바탕으로 자신과 타자 나아가 만물과 일체를 이룬 사람을 성인(聖人)이라고 부른다. 그리고 인간이면 누구나 성인이 될 수 있고, 따라서 누구나 만물과 일체를 이룰 수 있다고 유가는 주장하는데, 이는 칸트가 신의 영역에 놓은 '지적 직관(intellectual intuition)'이 인간에게서도 가능하다는 것이 전제되어야 성립된다. 모종삼은 유한한 존재인 인간이라 할지라도 마음의 명각 활동을 통하여 자기를 자각하고 스스로를 검증할 수 있고 나아가 타자의 아픔을 함께 느낄 수 있는데, 이는 마음의 구체적 내용이 인(仁)이기 때문이고, 자신의 내면에 대한 성찰을 통해 확인할 수 있다고 하였다.[45] 이렇게 인(仁)을 구체적인 내용으로 삼고 명각 능력을 지닌 마음은 스스로 존재론적 근거가 된다. 다시 말해서 마음이 존재론적 근거가 되는 까닭은 자각 능력 때문이다. 이러한 자각 능력 때문에 감정 등 자아(ego)의 영향을 받지 않고 자신의 행동을 결정할 수 있으며, 신의 부름에 따르는 것이 아니라 자기 스스로 자기에게 무조건적인 명령을 내릴 수 있는 것이고 자기실현도 완성할 수 있다.

3. 존재의 심리학과 현성양지

현재 미국정신의학협회(American Psychiatric Association)가 만든 '정신장애 진단과 통계 편람(DSM, Diagnostic and Statistical Manual of Mental Disorders)'은 1952년 최초 106종에서 출발하여 반세기가 지난 2000년에 정신장애의 종류를 365종으로 늘렸다. 그러나 매슬로는 DSM에 들어 있지 않지만 무엇보다도 인간성을 결정하는 중요한 특성의 상실·잠재력만큼 성장하지 못하는 것·무가치함 등과 같은 새로운 종류의 질병들이 가장 위험하며, 가치관의 결여로 생기는 쾌감 상실증·아노미·무감각·비도덕성·절망·냉소 등으로 다양하게 불러온 가치 병리는 신체적인 병리가 될 수도 있다고 주장하였다. 특히 가치관의 상실은 우리 시대의 최종적인 고질병으로서 현재의 상황은 역사상 그 어느 시대보다 더욱 위험하다고 진단한 뒤, 우리 인간 스스로의 노력으로 이 위험한 상황을 타개해야 한다고 강조하였다. 따라서 올바른 심리치료는 가치에 관한 탐색이어야 한다고 주장하면서 『존재의 심리학』에서 이를 다루었다.

매슬로는 『동기와 성격』에서 인간의 내재적 필요에 따라 욕구를 다음과 같이 5단계로 나누어 설명하였다. 첫째, 생리적 욕구로서 생명을 유지하기 위해 최소한으로 필요한 음식과 물, 수면과 공기 및 배설 등의 욕구를 말한다. 둘째, 안정과 안전의 욕구로서 신체의 안전과 동시에 심리적으로 협박당하거나 사회적으로 협박당하는 것을 피하여 일상생활 등에서 자신과 가족의 평온한 삶을 유지하려는 욕구를 말한다. 셋째, 사회적 욕구로서 좋아하고 사랑하고자 하는 욕구와 사랑 받고자 하는 욕구, 집단과 그 집단의 일원이 되고자 하는 욕구, 요컨대 다른 사람들과 따뜻한 인간관계를 맺고자 하는 욕구를 말한다. 넷째, 자기 존중의 욕구로서 사람들로부터 인정받고 존경받고자 하는 욕구 및 자기 자신을 존경하고자 하는 욕구를 말한다. 다섯째, 자기실현의 욕구로서 자신이 마음먹은 대로 자신을 실현하고자 하는 욕구, 즉 자신의 가치관을 충실히 실현시키려는 욕구를 말한다. 각 욕구는 위계적으로 구성되어 있어서 낮은 차원의 욕구가 만족되면, 다음 단계의 욕구를 추구하게 된다. 반대로 보다 낮은 차원의 욕구가 기본적으로 채워지지 않은 상태에서는 그것보다 높은 차원의 욕구는 행동의 동기로 되지 않는다. 이 가운데 자기실현의 욕구를 제외한 생존의 본능적 욕구로부터 사랑과 자기 존중감에 이르기까지 광범위하게 나타는 욕구의 공통점은 '모두 무엇인가를 추구하며, 결핍(deficiency)에 의해서 활성화되는 역동적 체계'[46]이다. 매슬로는 이를 'D-동기(결핍동기, D-motivation)'라 부르고, 이 결핍동기로 생기는 지각 및 여타 정신적 과정을 'D-인지(결핍인지, D-cognition)'라고 이름 지었다. 이러한 안전·소속·애정 관계 및 존경에 관한 욕구는 타인에 의해서만, 다시 말해 개인의 외부에서만 충족될 수 있고, 따라서 이해관계에 의존하기 때문에 타율적이고 배타적인 인식과 관계를 산출할 수 있다. 이와 달리 일반적으로 자기실현하는 사람들은 자신의 욕구를 충족시킬 수 있는 자질을 다른 사람에게서 끄집어낼 필요도 없고, 남들을 도구로 보지도 않는다. 그래서 이들은 타인의 가치를 따지지 않고, 판단하지 않으며, 간섭하지도 않고, 비난하지도 않는 태도를 가질 가능성이 높고, 바라는 것 없이 그들을 전체로서 인식할 가능성이 높다. 유가적 태도와 비교하자면, 결핍동기의 충족은 '위인지학(爲人之學)'에 해당하고, 자기실현한 사람들의 욕구는 '위기지학(爲己之學)'에 해당한다고 볼 수 있다. 공자는 "옛날에 배우는 자들은 자신을 위한 학문을 하였는데, 지금에 배우는 자들은 남을 위한 학문을 한다."[47]라고 한탄하였다. 공자의 이 말에서 나온 '위기지학'이란 자기완성이나 자신의 인격 수양을 목적으로 하는 학문을 뜻하는데, 단지 자기완성에서 그치지 않고 자신을 수양한 다음 그것을 남에게로, 사회로, 나아가 우주 전체로 확장하게 된다. 반면 '위인지학'은 이해득실의 이분법적 사고를 바탕에 두고, 타인의 요구와 평가에 귀 기울이는 태도이다. 따라서 대인 관계에서 '위인지학'을 하는 사람들은 나와 남을 구분하는 배타적 태도를 기반으로 타산적인 대인 관계를 맺게 되는 데 반해, '위기지학'을 하는 사람들은 자신과 타인을 동등한 위치에 두고, 상대방을 있는 그대로 봐 주는 사심 없는 대인 관계를 맺을 수 있다.

매슬로는 자기실현한 사람에 대해 '진정한 사람'이라는 표현을 쓴다.

실질적으로 '진정한 사람(authentic person)'에 대한 모든 설명이 함축하는 바에 따르면, 이러한 사람은 자기 자신이 되었을 때 그들이 속한 사회 및 현실과 새로운 관계를 형성한다. 이러한 사람은 자기 자신을 다양한 측면에서 초월하고 자신의 문화도 초월한다. 이러한 사람은 특정 문화에 국한에서 순응하고 동화하는 것에 저항한다. 이러한 사람은 자신의 문화와 사회에서 더욱 멀리 떨어져 나온다. 이러한 사람은 자신이 속한 지역의 집단 구성원이 아니라 자신이 속한 종 전체의 구성원이 된다.[48]

유가처럼 '대인'·'군자'·'성인' 등으로 표현하는 사회와의 관계, 나아가 우주와의 관계 속에서 자신을 실현하고 확장하는 주체로서의 '진정한 사람'이 됨을 궁극적인 목표로 삼는 학문을 매슬로는 '존재의 심리학(Being-psychology)'이라고 불렀다. 그는 '존재의 심리학'을 '발달 심리학(Becoming-psychology)'과 대비하였다. 발달 심리학은 정신분석학과 행동주의가 주축이 되는데, 정신분석학에서는 인간의 행위가 내재적이고 고정적인 요인에 의해서 결정된다고 보았고, 행동주의는 외재적이고 환경적인 요인에 의해서 결정된다고 보았다. 그리고 그는 인간 본성에 관한 깊이와 높이를 모두 포함한 포괄적이고, 체계적이며, 경험에 기초한 보편적인 심리학과 철학을 구축하려는 원대한 구상하에, '건강한 성장 심리학'을 정신병리학의 전체적인 역동을 다루는 정신분석과 통합, 즉 존재와 발달, 선한 것과 악한 것, 긍정적인 것과 부정적인 것을 통합하려는 최초의 시도가 '존재의 심리학'이라고 밝혔다. '존재의 심리학'에서 그는 친프로이트 학파와 안티프로이트 학파, 친과학 심리학과 안티과학 심리학 가운데 양자택일을 요구하는 심리학 풍토를 비판하고, 둘을 통합하여, 즉 일반저인 정신분석학의 토대와 실험 심리학의 과학적이고 실증적인 토대 위에서, 이 두 시스템이 결여한 초월적이고, 존재심리적이며, 상위동기적인 거대한 구조를 구축함으로써, 이 둘의 한계를 뛰어넘고자 시도하였다.[49] 그는 이분법적 사고를 뛰어넘어 통합에 이르는 길로 '절정경험'을 중시하였다.

절정경험은 특정한 계기에서 '최상의 행복감과 완성감을 느끼는 순간'으로서, 매슬로는 절정경험 속에서 지각할 때, 사람들은 비교적 자아를 초월하고, 망각하고, 제거하며, 지각자와 지각 대상자가 일치한다고 하였다. 즉 둘은 새로운 더 큰 전체, 상위의 하나로 통합된다. 그 결과 절정경험의 순간에 본질적인 실체를 더 분명하게 볼 수 있고, 그것의 핵심을 더 깊게 볼 수 있다. 그는 이러한 절정경험 상태를 '존재 상태'라고 부르는데, 존재의 상태란 일시적이고, 상위동기화된, 얻고자 노력하지 않고, 자기중심적이지 않은, 목적이 없는, 그 자체로 정당한 완벽함과 목표 달성의 궁극적 경험과 상태를 일컫는다. 그리고 이 존재의 상태에서 이루어지는 지각을 '존재의 인지(Cognition of Being)'라고 한다. 존재의 인지 상태에서 대상을 경험할 때, 사람들은 그 대상을 전체로 그리고 완전한 개체로 보고, 관계적 측면이나 가능한 유용성, 편의와 목적을 떠나 지각하는 경향이 있어서, 마치 그 대상을 우주에 존재하는 모든 것으로, 존재의 모든 것으로, 우주와 동일한 것으로 지각한다.[50]

그는 '존재의 심리학'을 구축하는 데에 서양의 실존주의와 동양의 도가의 영향을 받았다. 실존주의로부터는 개인적이고 주관적인 경험이 추상적 지식을 만드는 토대라는 경험적 지식에서 출발하여, 참된 자아 및 자아의 존재 방식에 대한 성찰을 통해 책임감·개인의 선택과 결단·자기 창조·자율성 등을 통해 정체성을 확립하려는 태도를 찾았다. 그리고 이분법적 사고를 버리고 절정경험을 바탕으로 자연스럽게 합일에 이르는 길을 도가에서 찾았다.

이 세상의 내적 본질을 자각하기 위한 가장 효율적인 방법 가운데 하나는 영향력을 행사하기보다는 수용적인 자세를 갖고, 지각 대상의 본질이 가능한 한 많은 영향력을 미치도록 하는 반면 지각자의 속성은 가능한 한 적은 영향력을 미치도록 하는 것이다. 구체적인 대상이 동시에 지니고 있는 모든 측면을 초연한 자세로, 도교적이며, 수동적이고, 간섭하지 않는 방식으로 인식하는 것은 심미적·신비적 경험과 수많은 공통점을 가지고 있다. 우리는 구체적인 실제 세계를 보고 있는가, 아니면 실제 세계에 투영한 우리 자신의 법규나 동기, 기대와 분리를 보고 있는가? 아니면 단도직입적으로 말해 우리는 보고 있는가? 아니면 보지 못하고 있는가?[51]

실제를 다른 것과 비교하지 않고 그대로 보아야 한다는 본질직관이라는 현상학적 방법은, 심리학에서 자신과 상대방의 요구나 의도 및 규범적 틀을 배제하고, 자신의 마음을 비우고 상대방을 있는 그대로 받아들이는 관조의 태도로서 도가의 무위자연의 태도와 일치한다. 매슬로는 '존재 인지'를 능동적이기보다는 수동적이고 수용적인 인지로 보고, 도가의 지각 대상을 있는 그대로 놓아 두는 이러한 무위자연의 태도에서 나오는 명상적 지각을 '수동적 인지'로 규정한다. 그는 "수동적 인지는 가치를 직접적으로 지각할 것을 요구하는데, 가치를 사실과 분리하지 않고 실제 '사실'을 가장 심오하게 지각할 때, '존재'와 '당위'가 통합되기 때문이다."[52]라고 하였다. 매슬로는 존재의 심리학을 통하여 궁극적으로 사실과 가치를 통합하고, 존재와 당위를 통합하고, 혹은 존재와 발달을 통합하여 과학적 윤리학, 당위적 가치 체계, 옳고 그름 및 선과 악의 판단을 위한 궁극적 판단 체계를 세우면 '규범적 사회 심리학'을 구축하는 것이 가능할 것이라고 믿었다.

절정경험 상태에 있는 사람들은 존재 지각을 통하여 정신적으로 더 순수해지고, 세상의 법칙에 덜 지배받는 존재가 되며, 자신의 행위나 지각과 관련해서 다른 때보다도 스스로를 더 책임 있고, 더 능동적이고, 더 창조적인 주체라고 생각한다. 매슬로는 절정경험 속에서 일어나는 존재 인식은 정신병리학적 심리학을 초월하여 수단보다는 목적, 즉 궁극적 경험, 궁극적 가치, 궁극적 인지 그리고 목적으로서의 인간에 대한 관심의 발현이기 때문에, 인본주의 전통에서 다루는 자기실현의 추구를 '존재의 심리학'[53]으로 부른다. 그러나 이미 도달한 경지로서의 인격의 전일성에만 관심을 기울인다면 인격의 성장, 혹은 발달(Becoming)에 장애가 될 것이라고 여겼다.

그는 "순전히 존재(Being)만을 다루는 심리학은 정적인 경향이 있기 때문에, 운동이나 방향 및 성장을 제대로 설명하지 못할 위험성을 안고 있다. 우리는 존재나 자기실현을 완전한 열반 상태에 도달한 것으로 기술하는 경향이 있다. 일단 당신이 그런 상태에 도달하게 되면, 당신은 계속해서 그곳에 존재하기 때문에, 당신이 할 수 있는 모든 것은 완전한 상태에서 만족하고 휴식하는 것이다."[54]라고 하였다. 나아가 존재 지각은 한순간 발생했다가 사라지는 현상이기 때문에 평범한 사람들에게 실천을 담보하기가 쉽지 않다.

매슬로는 1962년 미국의 한 대학에서 수행하는 '감수성 훈련 집단(sensitivity training group)'을 방문했을 때, 소그룹으로 나뉘어 특정한 목적이나 구성 및 지시 없이 각자의 경험과 체험을 토대로 자유로이 대화를 나누는 모습에서 깊은 인상을 받고, 특정 의도를 배제한 채 사물을 있는 그대로 대하는 도가의 '무위지치(無爲之治)' 사상과 결합한 다음, 브랜다이스 대학 심리학과에서 직접 실험해 본 결과를 다음과 같이 말하였다.

> 나는 도가 사상의 자유방임적 태도를 실천하던 브랜다이스 대학의 심리학과에서 자유방임과 무조직 상태는 인간의 마음의 역량을 발휘하고 자기실현을 고무하는 데 최적의 환경임을 이해할 수 있었다. 하지만 동시에 자유방임의 태도를 통하여 개인의 무능함, 재능의 결핍, 심리적 장애 등 일체의 약점이 남김없이 폭로될 수 있다는 사실도 볼 수 있었다. 다시 말해서 무조직 상태는 개인의 성취를 도울 수도 있고, 파멸시킬 수도 있다는 말이다.[55]

이는 도가의 수동적 자유방임의 태도는 현실에서 실천 동력이 약할 뿐만 아니라, 가치관 형성을 잘못된 길로 인도할 수도 있다는 위험성을 내포하고 있다는 의미로서 유가가 바라보는 도가의 부정적 영향과 일치한다고 할 수 있다. 유가에서는 인간을 능동적이고 주체적인 존재라고 규정하고 그 핵심을 마음에서 구한다.

육구연은 "우주 안에서 발생하는 일이 바로 나의 일이고, 나의 일이 바로 우주에서 발생하는 일이다. … 우주가 곧 내 마음이고, 마음이 바로 우주다."[56]라고 하였다. 고대부터 중국에서는 우주를 시간과 공간을 아우르는 복합체로 보고, "사방상하를 우(宇)라고 하고, 과거가 가고 현재가 오는 것을 주(宙)라고 한다."[57]라고 하였다. 육구연은 이 말에서 시·공을 초월하는 우주의 무궁함 및 인간의 무궁함을 깨닫고, 우주의 문제를 자기 안으로 끌어들였다. 또 "육경이 나를 주석하고, 내가 육경을 주석한다."[58]라고 하였다. '육경'은 『역경』·『시경』·『서경』·『춘추』·『악기』·『예기』를 가리키는데 춘추 시대에 기록된 이 경전들은 가족을 포함하여 우주 전체와의 관계 속에서 발생하는 규범과 일상을 포함하는 삶의 총체적 기록물이다. 나의 온 생명의 존재를 우주 내의 일에 투사할 때 대상들과 관계 맺음이 이루어지고 대상들이 있는 그대로 드러나며, 또한 드러난 대상들과의 소통은 나의 삶을 윤택하게 해 준다. 이는 '나-너의 만남(I-Thou encounter)'[59] 속에서 일체가 되는 존재론적 감응을 통한 만물 일체에 대한 깨달음[悟/覺]이자 체험으로, 이러한 체험은 '실존적 경험(existential experience)'이자 '본체론적/존재론적 경험(ontological experience)'이라고 할 수 있다.[60] 이는 매슬로의 절정경험과 동질적인 의미를 지닌다 할 수 있다.

왕수인은 "대인은 천지 만물을 한 몸으로 여기는 사람인지라, 천하를 한집안처럼 보고, 나라 전체를 한 사람처럼 본다. … 대인이 천지 만물을 한 몸으로 여길 수 있는 까닭은 의도적으로 일체화하려 해서가 아니다. 마음의 인(仁)이 본래 그렇기 때문에 천지 만물과 한 몸이 될 수 있는 것이다."[61]라고 하였다. '인(仁)'은 인간의 본심으로서, 본래 천지와 일체이다. 정호는 "모름지기 천지의 한결같음은 그 마음을 만물에 두루 미치면서도 사사로운 마음이 없는 것이다. 성인의 한결같음은 자신의 감정에 따라 만물에 따르면서도 사사로운 감정이 없는 것이다. 그러므로 군자의 학문에 확 트여 크게 공정하여 사물이 오면 순응하는 것만한 것이 없다."[62]라고 하였다. 이렇게 한 사람이 더욱 순수하고 완전하게 자기 자신이 될수록, 그 사람은 세상과 그리고 이전에는 자기가 아니었던 것들과 더 융화될 수 있다.[63] 왕수인은 이 일체감의 근거인 '인심(仁心)'의 지각 작용을 강조하여 '양지(良知)'로 치환하고, "소리도 없고 냄새도 없는데 홀로 알 때, 이는 우주의 기틀이다."[64]라고 하였다. 이는 현상적으로 드러나지 않는 자신의 온전한 내면이 바로 양지이며, 이 양지를 스스로 지각하는 순간 자신의 양지는 바로 우주의 존재 근거임을 깨달을 수 있다는 의미로, 양지를 통하여 인간은 '존재론적/본체론적 존재(ontological being)[65]가 되고, 이 순간 나와 남, 나아가 세계 내 모든 사물과의 경계가 사라진다.

매슬로는 "모든 절정경험은 (다른 특성들 가운데서도 특히) 인간 내부의 분열, 사람들 사이의 분열, 세계 내부의 분열, 사람과 세계 사이의 분열을 통합한다."[66]라고 하였다. 절정경험은 자신의 내부에서 일어나는 것이고, 이렇게 내부에서 출발하여 가치론적 통합이 가능한 까닭은, 가치가 오로지 '자신의 내부에만 존재'[67]하기 때문이다. 그는 또 "인간에게는 (거부할 수 없는) 내재적 양심이 있는데, 이러한 양심은 우리 자신의 본성·운명·능력·소명에 대한 무의식적이고 전의식적 (preconscious)인 지각에 기초하고 있다."[68]라고 하였다. 매슬로는 가치를 초자연적인 신 등 외부적 근원에서 찾지 않고 인간 내부의 본성에서 찾았지만, 한편 그것을 무의식의 영역에서 지각할 수 있다고 여겼다. 자기실현을 성취한 사람들에게 절정경험은 의식의 영역에서 일어나는 일상적인 경험일 수 있고, 존재 인식과 동일한 개념이 될 수 있다. 그러나 보통 사람들에게 절정경험은 우연한 기회에만 가끔 나타났다가 사라질 수밖에 없다. 따라서 매슬로는 양심 혹은 가치를 '본능적 경향성'으로 표현할 수밖에 없었다.

반면 양명 심학에서 양심/양지는 언제든 발현될 수 있다고 여긴다. 황종희는 "왕수인이 양지는 누구나 가지고 있고, 즉각 드러낼 수 있어서, 자신의 내면을 돌이켜보아 스스로 얻기만 하면 누구나 성인이 될 수 있는 길을 열었다. 그러므로 왕수인이 없었다면 예로부터 내려온 학맥이 끊겼을 것이다."[69]라고 하였다. 이는 양지는 언제든 드러날 수 있다는 주장이 심학의 가장 큰 특징이고, 동시에 공자와 맹자 이후 이어지는 유학의 본질이라는 뜻이다. 유가에서 '성인'은 인격의 성숙, 인격의 완성, 혹은 매슬로의 말로 하자면 자기실현의 표상이다. 매슬로는 "자기실현을 인생 전반을 통해 계속해서 역동적으로 진행하는 과정이 아니라 궁극적으로 최후에 도달하는 상태 혹은 멀리 떨어져 있는 목표로 인식하는 경향, 즉 발달(Becoming)이 아니라 존재(being)로 인식하는 경향이 있다."[70]고 하였다. 그는 사람들이 자기실현을 인격을 이미 완성한 상태로 여기고 있기 때문에 자신과 무관하다고 여기는 점을 경계하고, 능동적으로 자기실현을 위해 노력해야 한다는 점을 강조한다. 한편 매슬로에게 발달은 위계적인 진행 과정을 거쳐야 하고, 절정경험 또한 내 의지와 상관없이 오는 수동적인 것이고, 또한 한순간 왔다가 사라지기 때문에 자기실현은 극소수의 사람만이 이룰 수 있다는 한계를 노출할 수밖에 없다. 반면 심학에서 양지는 누구의 마음에나 현존하고 있어서, 언제든 드러내어 자기실현을 이룰 수 있다고 하였다. 물론 이 내재적인 양지는 인격 완성이 가능한 근거이고, 그것을 실현하기 위해서는 수양이 필요한데, 심학에서는 수양 방법을 '공부(工夫)'라는 말로 표현한다. 양지는 본체(존재 자체)이기 때문에 더하거나 덜 필요 없이 완전하게 갖추어져 있고, 은폐됨이 없이 언제나 드러난다. 따라서 외부의 어떤 법칙이나 권위의 도움도 필요 없이, 내 안에 양지가 있다는 점을 깨닫기만 하면 그것이 바로 공부이고, 바로 존재의 있는 그대로의 드러남이다. 심학에서는 최후에 '현성양지(現成良知)'로 존재와 나의 하나됨을 표현하였다. '현성(現成)'은 양지의 완전성과 현존성을 의미한다. 매슬로는 "세상의 본질적인 존재(Being)를 지각하는 사람은 동시에 자신의 존재(자신의 완전함, 자기 자신이 되는 것)

에 더 가까워질 수 있다."[71]고 하였는데, '현성양지'에서 양지는 본질적인 존재이자 자신의 본질이고, 이 점에서 자신의 존재의 지각이 바로 본질적인 존재의 지각이다. 존재의 지각을 '공부'라고 한다면, 존재/본체와 공부는 나누어지지 않고, 존재와 내가 완전하게 일치하게 된다. 나아가 양지는 '인심(仁心)'이 구체적 내용이고, 이 '인심'은 저절로 도덕적 실천을 요구하기 때문에 매슬로가 지적한 존재 인지가 갖는 실천성의 결여나 타인을 도와야 하는 책임감 상실 등의 위험성에서 벗어날 수 있다.

양지는 누구에게나 있기 때문에, 어떤 외적 조건에 의존함이 없이 자신의 양지를 지각하고, 언제 어디서건 하고 싶은 대로 행동하는 것이 자연스런 양지의 발로라는 주장에서 나오는 행동은 때로는 일탈로 이어진다. 따라서 "그 폐단이 방탕하여 윤리 규범을 멸시하는 데까지 이르러, 사람들이 방자하게 제멋대로 행동하여 다시 윤리 규범 안에서 안주하지 않으니 모든 병폐가 번갈아 일어난다."[72]라는 비판을 받게 된다. 외재하는 관습의 굴레 일체를 벗어던지고 본능에 충실하라는 주장은 주자학적 예법에 억눌린 인간 감정의 해방이라 할 수 있다. 양지는 감정을 통해 표출되기 때문에 양지와 감정은 본래 둘로 나눌 수 없다는 왕수인의 가르침의 극단적인 형태라 할 수 있는 '현성양지'에서, 존재로서의 자신의 양지의 지각이 참된 것일 수 있는가 하는 물음을 일단 접고, 매슬로가 자신의 연구 대상자들 가운데 '건강한 유치', '이차적 순진함' 등으로 명명한 자기실현하는 사람들은 매우 성숙하면서도 한편 매우 유치함을 확인했다[73]는 점에서 보면 '현성양지'에서 나타나는 폐단 역시 자연스런 심리적 특성으로 볼 수 있다. 매슬로는 "인간이 더 높은 수준으로 성숙될 때, 수많은 이분법·양극화·갈등을 하나로 융합하거나 초월하거나 해소할 수 있다. 자기실현하는 사람들은 이기적이면서도 이기적이지 않은, 제멋대로이면서도 조화로운, 개인적이면서도 사회적인, 이성적이면서도 비이성적인, 다른 사람들과 융합되어 있으면서도 그들에게 초연하다는 특성을 동시에 가지고 있다."[74]고 했다. 매슬로의 이 말을 통해 모든 것을 마음에서 찾을 때 야기되는 사회적 규범의 범위를 넘어서는 행동에 대해 긍정적으로 이해할 수 있다. 핵심은 '성인은 보통 사람이면서 마음이 편안할 수 있는 사람이고, 보통 사람들도 성인이지만 마음의 평안을 얻지 못한 사람'[75]이라는 나여방의 말처럼, 본성에 충실하게 행동했을 때의 심리 상태라고 할 수 있다.

06

심학과
트랜스퍼스널
심리학

트랜스퍼스널 심리학은 첫째, 인간의 성장은 자아의 확립ㆍ실

존의 자각ㆍ자기실현으로 지칭되는 인격[개성/퍼스낼리티]의

단계에서 끝나는 것이 아니라, 이웃ㆍ공동체ㆍ인류ㆍ생태계ㆍ

지구ㆍ우주와의 일체감과 동일성(identity)의 확립, 즉 자기초

월(self-transcendence)의 단계에까지 도달할 수 있고, 둘째, 인

간의 정신은 태어날 때부터 구조적으로 자기초월의 단계에까

지 성장할 수 있는 가능성을 잉태하고 있으며 셋째, 자기초월

의 단계에 이르는 성장은 적절한 방법의 실천으로 촉진될 수

있음을 주요 내용으로 한다.

1. 의식의 스펙트럼과 심학

서양 심리학의 역사는 인간 개체의 심성을 객관적으로 해부하고 이를 바탕으로 인간의 행동 양식을 과학적으로 분석하던 단계에서 자기 인식, 자기실현을 목표로 삼는 형태로 발전되어 왔다. 하지만 서양에서는 인간을 고립된 개인으로 보았고, 자기실현도 결국 개인의 자기실현에 머무르고 말았다. 그 결과 소외와 생태계 파괴 등 실존적 위기에 직면하게 되었다.

프로이트 이래 서양 심리학의 발전은 행동주의 심리학, 인본주의 심리학에서 트랜스퍼스널 심리학(transpersonal psychology)으로 이어진다. 제1세력으로 간주되는 프로이트의 정신분석 이론은 인간의 무의식적 욕구와 내부의 본능에 초점을 둔 무의식적 결정론에 근거하고, 제2세력으로 불리는 행동주의 이론은 심리학을 '순수하게 객관적·실험적인 자연과학의 영역'에 두고 환경결정론에 근거한다는 점에서 이후 심성이 결여된 심리학이라는 비판에 직면하여 새로운 인간 이해를 시도한다. 예를 들어 인본주의 심리학과 자아초월 심리학의 선구자로 자리매김한 매슬로는 의식을 무의식적인 현상으로 환원하려 하거나, 영적인 상태와 같은 의식적 경험의 특정 형태를 어린 시절의 미해결된 문제로 환원하려는 정신분석학의 심리학 이론을 비판하고, 인간의 본성에 본래부터 부여된 영적인 측면의 실현을 통한 자기 실현을 강조하였다. 매슬로는 자기실현한 사람들이 현실지향적이고, 자신과 타인을 수용하며, 고독을 즐기고, 자율적으로 활동하며 그리고 삶에 감사한다고 보고했다. 이러한 개인들은 다른 사람들과의 일체감과 동질감을 경험하는 '절정경험'을 갖고 있다고 하였다.[1] '절정경험'은 일종의 몸과 마음이 하나가 된 상태로 내면 깊은 곳의 감수성에서 우러나온다고 할 수 있고, 이러한 경험은 인간을 본래의 참자아로 되돌아가 창조력을 발휘하여 자기를 실현할 수 있게 한다. 매슬로는 인본주의 심리학을 제3세력 심리학이라 규정하고, 인본주의 심리학은 더 고차원적인 제4심리학을 준비하는 하나의 과도기적 단계라고 생각했다. 제4심리학은 개인을 초월하고, 인간을 초월하며, 인간에 국한된 욕구와 관심보다는 우주에 중심을 두는, 그리고 인간성, 정체성, 자기실현 등을 초월하는 심리학이라고 규정했다.[2] 이는 인간을 고립된 개인으로 볼 경우 자기실현도 결국 개인의 자기실현에 머무르게 되고 여전히 타자와의 소통에 어려움을 겪을 수밖에 없다는 점에 대한 자각에서 나온 주장이다. 서양 심리학계는 이러한 한계상황을 극복하기 위해 동양에 눈을 돌리며 새로운 길을 모색하기 시작하였으며, 그 결과 동양과 서양의 통합을 통해 새로운 이론들을 창출하게 된다. 예를 들어 융은 서양의 신비주의적 사유와 힌두교와 불교, 도교 및 주역 등 동양의 중요 사상들과의 상징에 대한 비교 연구를 통하여 '동과 서 사이에 심리학적인 이해의 다리'를 설치하려 시도하였다. 나아가 프롬은 정신분석은 '질병'을 '치료'하는 의학적 절차로 해석하지 말고 자기인식과 자기변모라는 더 큰 목적을 갖는 것으로 해석해야 한다고 하면서 선(禪)과의 유사성을 언급하였다.[3] 호니(Karen Horney, 1885-1952)도 말년에 선불교에 관심을 보였고, 선불교 사상을 정신분석에 관한 자신의 이론에 적용하려고 시도하였다.[4]

인간을 포함한 생태계 전체를 유기체로 보고 고립된 이웃, 개인의 의식을 초월한 존재들과의 일체감 회복을 주창하며 대두된 심리학이 '트랜스퍼스널 심리학'이다. 트랜스퍼스널 심리학은 첫째, 인간의 성장은 자아의 확립·실존의 자각·자기실현으로 지칭되는 인격[개성/퍼스낼리티]의 단계에서 끝나는 것이 아니라, 이웃·공동체·인류·생태계·지구·우주와의 일체감과 동일성(identity)의 확립, 즉 자기초월(self-transcendence)의 단계에까지 도달할 수 있고, 둘째, 인간의 정신은 태어날 때부터 구조적으로 자기초월의 단계에까지 성장할 수 있는 가능성을 잉태하고 있으며 셋째, 자기초월의 단계에 이르는 성장은 적절한 방법의 실천으로 촉진될 수 있음을 주요 내용으로 한다.[5] 이는 동양의 '만물 일체'를 강조하는 사상들을 신비주의적 관점에서 보고, 서양의 심리학과 동양 종교 전통의 신비적 체험과의 결합을 통하여 영성을 발견하는 것을 전제로 한다. 이를 바탕으로 타자와의 영적 교감을 통하여 일체감을 확립함으로써 현대적 문제들을 해결할 수 있다고 믿는다. 켄 윌버(Kenneth Earl Wilber, 1949-)는 서양 심리학 이론들 가운데 행동주의는 의식을 관찰 가능한 행동으로 축소시켰고, 정신분석은 의식을 자아 구조와 원본능의 영향으로 축소시켰으며, 실존주의는 의식을 의도성이라는 개인적 구조와 방식으로 축소시켰고, 자아초월 심리학의 수많은 학파는 의식구조의 발달에 관한 일관된 이론 없이 의식의 변성 상태에만 주로 초점을 두었다고 비판하였다. 그리고 동양 심리학은 개인 영역에서 초개인 영역에 이르는 의식 발달을 설명한 점에서는 뛰어나지만, 전개인 단계에서 개인 단계라는 초기 발달에 대한 이론에서는 매우 빈약한 편이라고 비판하였다.[6] 이러한 이해의 바탕하에 윌버는 서양의 심리학과 철학·동양의 불교·힌두교·기독교 신비주의를 통합하고, 인간 의식의 개별적 객관과 주관·집단적 객관과 주관을 통합하는 '통합 심리학(Integral Psychology)'[7]을 주창하였다.

윌버는 동·서양 심리학을 하나로 아울러 '의식의 스펙트럼'을 만들고, 아래 그림과 같은 '치료 기법과 스펙트럼의 수준'을 제안하였다.[8]

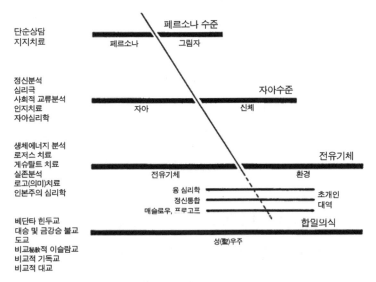

단순상담
지지치료

페르소나 수준

페르소나   그림자

정신분석
심리극
사회적 교류분석
인지치료
자아심리학

자아수준

자아   신체

생체에너지 분석
로저스 치료
게슈탈트 치료
실존분석
로고(의미)치료
인본주의 심리학

전유기체

전유기체   환경

융 심리학
정신통합
매슬로우, 프로고프

초개인
대역

베단타 힌두교
대승 및 금강승 불교
도교
비교秘敎적 이슬람교
비교적 기독교
비교적 대교

합일의식

성(聖)우주

치료기법과 스펙트럼의 수준

월버는 정신분석학과 인본주의 심리학, 실존주의 치료 등 심리학파의 이론들과 서양의 비교(秘敎) 전통 및 베단타 힌두교, 유식불교, 도교 등 제 사상들을 묶어 ① 에고 수준(퍼스널 수준 포함), ② 실존 수준(전유기체 수준), ③ 정신 수준(성(聖)우주 수준) 등 세 가지 대역으로 나눈 다음 심리학과 관계된 동서양의 제 이론들을 각각의 대역에 배치하고 각각에 맞는 치료법을 제시하였다.

에고 수준은 마음(mind)을 포함하고, 실존 수준은 마음과 몸 둘 다를 포함하고, 정신 수준은 마음과 몸과 우주의 그 나머지를 포함한다. 우주에서 '유기체'라는 우주의 일부로, 유기체에서 '자아'라고 하는 유기체의 일부로, 자아에서 '페르소나'라고 부르는 자아의 일부로 축소해 가면서 '자기' 밖에 존재하는 것처럼 보이는 우주의 측면들은 점점 더 증가하고 이에 따라 갈등의 양상들도 따라서 증가한다.[9] 그리고 심리 요법의 모델을 ① 병리를 정상적 수준으로 회복시키는 '전통적 요법', ② 존재의 의미에 답을 주는 '실존적 요법', ③ 깨달음과 해탈 등 실존적 차원에서 직면하는 문제의 초월을 돕는 '구제적 요법'으로 나눈다.[10]

월버는 또 에고 수준과 실존 수준은 함께 독립적인 존재이며 분리된 개개인이라는 일반적인 감정을 구성하는데 이는 대부분의 서양 접근 방식들이 다루는 수준인 반면에, 동양 연구자들은 대체로 정신의 수준에 더 많은 관심을 보이며 따라서 자아중심적인 수준을 완전히 무시한다고 여겼다. 요컨대 서양의 심리요법 의사들은 개인적 자아를 이어 맞추려는 목표를 세운 반면, 동양의 접근 방법은 그 자아를 초월하는 데 목표를 둔다[11]는 것이다. 융도 동양에서는 '정신이 우주적 원리이며 결국 존재의 정수'[12]라고 표현하였는데 여기에서 정신은 동양의 마음(Mind, 心)[13]과 같은 개념이라 할 수 있다. 월버는 이러한 우주적 원리로서의 마음에 대한 자각을 목표로 삼는 것이 동양의 선불교나 베단타 힌두교 전통 등이며, 이들은 전 유기체와 환경 간의 분리를 치료해서 전 우주와의 정체성, 즉 지고의 정체성을 드러내는 데 목표를 둔다고 하면서, 가장 높은 단계(그림에서의 가장 아랫부분)에 배치하였다. 이 수준의 각성을 '합일 의식'이라 부르는데, 합일 의식에서는 정체성이 완전히 모든 것·전체와 일체, 즉 '하나의 조화로운 전체'가 되어 자신이 우주와 일체이고 진정한 자기는 자신의 유기체뿐만 아니라 우주 전체라고 느낀다고 하였다.[14]

윌버는 또한 '영원의 철학(perennial philosophy)'의 개념을 차용하여 동·서양 고대 전통 사상을 아울러 실재는 물질·신체·마음·혼·영에 이르는 다양한 차원, 즉 존재 수준과 인식 수준으로 구성되었다는 주장을 받아들인다. 그리고 이렇게 구성된 실재를 '존재의 대사슬(Great Chain of Being)'이라 하고, 각 상위 차원이 하위 차원을 감싸고 포섭하는 '존재의 대둥지(Great Nest of Being)'라고 표현한다. 또한 인식 수준에서 물질·신체·마음·혼·영에 이르는 대둥지에서 각각의 상위 차원은 하위 차원을 초월하는 동시에 포함한다고 하며, 이를 '의식의 확장'이라 부른다.[15] 그리고 의식의 경이로운 확장은 자기 정체성과 도덕에서 가장 선명하게 드러나며, 에고 중심성에서 민족 중심, 세계 중심, 신 중심(또는 초개인 영역과 신화적 유신론을 혼동하지 않기 위해, 더 정확하게 말하면 '영 중심적' 혹은 영혼 중심적)으로 진행하면서 도덕적 깊이가 증가하며, '나'에서 '우리'로, 우리에서 '우리 모두'로, 우리 모두에서 '살아 있는 모든 존재'로 도덕적 넓이가 확장된다고 주장한다.[16] 왕수인도 의식의 확장과 유사한 주장을 펼쳤다.

대인은 천지 만물을 한 몸으로 여기는 사람인지라, 천하를 한집안처럼 보고, 나라 전체를 한 사람처럼 본다. … 그러므로 어린아이가 우물에 빠지려는 장면을 목격하면 반드시 두려워하고 근심하며 측은해 하는 마음이 일어나는데, 이는 그의 인(仁)이 어린아이와 더불어 한 몸이 되었기 때문이다. 어린아이는 인류이다. 새가 슬피 울고 짐승이 사지에 끌려가면서 벌벌 떠는 모습을 보면 반드시 마음이 아파 견디지 못하는 마음이 일어나는데, 이는 그의 인(仁)이 새나 짐승과 더불어 한 몸이 되었기 때문이다. 새나 짐승은 지각이 있다. 풀과 나무가 잘려 나간 것을 보면 반드시 가여워서 구해 주고 싶은 마음이 일어나는데, 이는 그의 인(仁)이 풀과 나무와 더불어 한 몸이 되었기 때문이다. 풀과 나무는 살고자 하는 의지[生意]가 있다. 기왓장이 무너지고 돌이 깨진 것을 보면 반드시 애석하게 여기는 마음이 생기는데, 이는 그의 인(仁)이 기왓장이나 돌과 한 몸이 되었기 때문이다. 이렇게 한 몸으로 여기는 마음은 소인의 마음이라고 해도 다를 바 없다. 이것은 하늘이 부여한 본성에 뿌리를 두고 있으며, 자연히 영명하고 밝아서 어둡지 않은 것이다. 그런 까닭에 '명덕(明德)'이라 부른다. … 나의 아버지를 친애함을 미루어 타인의 아버지에게 미치도록 하고 나아가 이 세상 모든 사람들의 아버지에게 미치도록 한 후에 나의 인(仁)이 나의 아버지, 타인의 아버지, 이 세상 모든 사람들의 아버지와 더불어 한 몸이 되는 것이다. 실제로 모두와 일체가 된 후에 효(孝)라는 명덕(明德)이 비로소 실현된다. … 임금과 신하, 남편과 아내, 친구 사이로부터 산과 시내, 귀신으로부터 새와 짐승과 풀과 나무에 이르기까지, 실제로 이들을 사랑하여 나의 사랑의 마음이 모두에게 도달한 후에야 나의 명덕이 비로소 완전하게 실현되어, 진실로 천지 만물을 내 몸으로 삼게 된다.[17]

왕수인에게 개인의 마음은 단지 그만의 마음이 아니라 '원초적으로 전 우주적인 마음'[18]이다. 이렇게 무한히 확장되는 마음은 '창조의 영(靈)'[19]이며 '영적인 빛'[20]이다. 이 창조적이고 영적인 빛으로서의 마음은 하늘로부터 부여받은 본성인 '명덕'인데, 명덕에 대한 분명한 의식은 '나'·'우리'·'우리 모두'·'살아있는 모든 존재'를 넘어서서 무생물의 영역까지 확장하여 우주 안의 모든 존재자들이 진실로 하나가 되는 원초적 통일을 구체화하도록 요구한다. 이는 의식과 실천의 일치를 의미한다. 이는 동양식 표현인 만물 일체의 경지에 대한 깨달음이라고 할 수 있다.

2. 만물 일체와 무경계 각성

젊은 시절 왕수인을 괴롭혔던 주자학의 '격물치지' 공부법은 마음과 몸, 나와 자연의 분리를 전제로 하고 있기 때문에 원천적으로 실패할 수밖에 없었다. 윌버의 '의식의 스펙트럼'과 비유하면, 자아(ego)/신체의 경계 지움이며 나아가 전 유기체/환경의 경계 지움이다. 이 경계를 허물어야 주체와 객체가 하나 될 수 있는, 아니 주체와 객체가 본래 하나임을 자각할 수 있다. 따라서 왕수인은 몸과 마음이 하나임을 강조한다.

> 눈과 귀와 입과 코와 팔다리는 비록 몸이지만, 마음이 아니라면 어떻게 보고 듣고 말하고 움직일 수 있겠는가? 마음이 보고 듣고 말하고 움직이고자 하더라도 눈과 귀와 입과 코와 팔다리가 없다면 역시 불가능하다. 그러므로 마음이 없다면 몸도 없고, 몸이 없다면 마음도 없다. 다만 그 꽉 찬 곳을 가리켜 말한다면 몸이라 하고, 그 주재하는 곳을 가리켜 말한다면 마음이라 하고, 마음이 발동하는 곳을 가리켜 의념이라 하고, 의념이 영명한 곳을 가리켜 말하면 지라 하며, 의념이 미치는 곳을 가리켜 사물이라 하니, 다만 한가지일 뿐이다.[21]

우리는 일상적으로 "마음 가는 곳에 몸이 있다.", 혹은 "몸이 있는 곳에 마음이 있다."라는 말을 즐겨 쓴다. 이는 우리가 자각하든 않든 이미 몸과 마음이 본래 하나임을 전제로 하고 있음을 보여준다. 윌버는 생물학적으로 몸과 마음·정신과 육체·자아와 육신 사이의 분리나 근본적인 분열에는 아무런 근거도 없지만, 심리적으로 이러한 분리가 유행하고 있으며, 실제로 심신의 분열과 그에 수반된 이원론이 서구 문명의 기본적인 사고방식이라고 말한다.[22] 이러한 경계 지움은 심신의 분열 및 나와 자연과의 분열을 초래한다. 분열된 경계에서 경계 밖의 것을 추구하는 가운데 삶은 고통으로 다가온다. 윌버는 다음과 같이 말한다.

> 단순한 사실은 우리 모두가 경계의 세계 속에 살기 때문에 갈등과 대립의 세계에서 산다는 것이다. 모든 경계선은 또한 전선이기 때문에, 경계를 확고하게 다질수록 전쟁터 역시 점점 더 확고하게 된다는 사실이야말로 인간이 처해 있는 곤경이다. 쾌락에 집착하면 할수록 어쩔 수 없이 고통은 더 두려운 것이 된다. 선을 추구하면 할수록 악에 대한 강박관념은 더욱더 강해진다. 성공을 추구하면 할수록 실패를 더욱 걱정할 수밖에 없게 된다. 삶에 단단히 매일수록 죽음은 더 두려운 것이 된다. 무언가에 가치를 두면 둘수록 그것의 상실이 두려워진다. 다시 말해, 우리가 안고 있는 대부분의 문제는 경계의 문제이며, 경계가 만들어 낸 대립의 문제라는 것이다.[23]

왕수인이 귀양지 용장에서 깨달은 것도 결국 모든 이해득실과 죽음에 대한 두려움은 경계 지움에서 나온다는 사실의 자각이었다. 따라서 몸과 마음의 경계를 해체하여 자아의 분열을 극복하였다. 심리학 발전에서 매슬로의 공헌은 종래 동서를 막론하고 종교 수행에서 흔히 볼 수 있었던 것처럼, 자기초월을 자기부정이나 욕망의 부정으로부터 자기초월로 나아가는 소수의 사람에게만 가능한 길이 아니라, 자기긍정·욕구 충족에서부터 자기치유(self-healing) - 자기실현(self-actualization) - 자기초월(self-transcendence)에 이르는 길이 모든 사람에게 열려 있고 자연스러운 길이라는 것을 제시했다는 점이라고 볼 수 있다.[24] 윌버의 의식의 스펙트럼에서 자기치유는 에고 수준에 해당하고, 자기실현은 전 유기체 수준에 해당하고, 자기초월은 성(聖)우주 수준에 해당한다. 최고의 단계인 성우주 단계는 우주와의 합일 의식을 의미하는데, 이 합일 의식을 '무경계 각성'으로 표현한다.[25]

우주의 단계는 몸과 마음, 삶과 죽음, 인간과 자연과의 경계가 없는 상태를 의미한다. 윌버는 실존주의 단계는 '나의 존재가 세상 속의 존재'임을 자각하는 단계이고 이 단계에서는 '나의 존재가 세계'가 되는데, 실존주의 단계에서는 '나의 존재가 세계'라는 사실을 깨닫지 못한다고 하였다.[26] 이는 자기실현과 자기초월을 서로 다른 수준에 놓았기 때문에 나오는 주장이다. 그는 이 단계는 현실을 초월한 영적 수행 혹은 명상 체험의 형태라야만 가능하다고 여긴다. '나의 존재가 세계'라는 의식에 대해 유가에서는 '만물 일체'로 표현하는데, 유가에서의 만물 일체의 경지는 현실을 초월한 일종의 명상체험으로 깨닫는 것이 아니라 도덕적 주체로서의 자각과 실천을 통해서 이루어진다.

윌버는 실존 수준(전 유기체 수준)을 그리스 신화에 나오는 상반신은 사람의 모습이고 하반신은 말의 모습의 종족을 일컫는 켄타우로스 수준이라고도 부른다. 윌버는 켄타우로스로 신체와 자아가 통일된 실재를 비유하였다. 즉 몸과 마음의 분리라는 종래의 기계론적 세계관에서 벗어난 단계를 의미한다. 그는 실존 수준을 사회에서 삶의 의미를 찾는 단계로 설정하고, "켄타우로스적인 삶의 의미, 즉 근본적인 삶의 의미를 발견한다는 것은 바로 삶 자체의 과정이 기쁨을 만들어 낸다는 사실을 발견하는 것이다. 의미는 외적인 행위나 소유에서가 아니라 존재의 빛을 발하는 자신의 내적인 흐름에서 발견된다. 또한 삶의 의미는 세계로, 친구에게로, 인류 전체로, 그리고 무한 그 자체에 이르기까지 이런 흐름을 발산시키고 관계 맺는 가운데 발견된다."[27]고 강조하였다.

왕수인의 생애는 고통에 몸부림친 체험의 연속이란 말로 표현해도 지나치지 않다. 여섯 살 때까지 말을 못했고, 어린 시절을 불안정한 가운데 보냈으며, 20대 후반기에 두 번이나 과거에 실패하였다. 동년배의 정치 및 문인 집단과 공감할 기회가 없었을 뿐만 아니라, 30대 초반 스스로에게 부과한 은둔 기간 동안 의미 있는 삶을 찾고자 시도한 도가의 양생 의식과 선의 정신적 초연함의 실행도 실패로 끝나고 말았다. 또 30대 후반 환관 유근(劉瑾)을 비판했다는 이유로 많은 고위 관리들이 자리한 가운데 조정에서 40대의 장형(杖刑)을 당한 공개적인 모욕은 그에게 큰 상처를 남겼다. 그리고 유형당한 관리로서 그는 멀리 귀주(貴州)에서 외롭고 불안정한 생존을 영위했다. 유배의 시련에서 살아남은 후에도, 왕수인은 계속해서 여러 가지 어려움에 직면했다. 강서(江西), 복건(福建), 광동(廣東) 변경 지방에서 수만 명의 도적 떼와 농민 반란군을 네 번에 걸쳐 소탕해야 하는 끔찍한 딜레마를 겪었을 때는 그의 나이 40대였다. 그는 반역을 일으킨 영왕(寧王) 신호(宸濠)를 무찔러 사로잡음으로써 명 왕조의 존망에 가장 심각한 위협 중의 하나를 제거하는 공훈을 세우자마자, 곧 모반을 도모했다는 모함을 받는 위태로운 곤경에 빠졌다. 그리고 끝으로 광서(廣西)의 토착민들을 평정하는 힘든 임무를 성공리에 수행하고 난 뒤, 고향으로 돌아오는 길에 지병인 폐병이 악화되어 "이 마음이 광명하구나. 다시 더 무슨 말이 있겠는가?"라는 유언을 남기고 숨을 거둔다. 이때 그의 나이는 57세였다.[28]

스스로 '백사천난(百死千難)'이라고 표현한 수많은 고비를 넘나들며 행한 구도의 과정이 바로 자기실현의 과정이라 할 수 있다. 용장오도를 통하여 삶과 죽음의 경계를 허물고 난 다음 강학을 시작한 것은 사회와 역사에 대한 책임 의식의 발로였다. 타자와의 관계 속에서 살아가는 인간은 개인의 자기실현에 멈추어서는 안 되고, 개체는 관계를 통하여 존재할 수 있음을 자각하고 사회 속에서 주체적으로 실천할 때 비로소 자기실현이 완성된다. 왕수인은 "무릇 사람이란 천지의 마음이다. 천지 만물은 본래 나와 한 몸이다. 백성들의 곤궁과 고통이 어느 것인들 내 몸의 고통처럼 절실하지 않은 것이 있겠는가?"[29]라는 말을 통하여 책임 의식을 표현하였다. 마음의 병은 이러한 책임의식을 자각하지 못하는 데에서 온다. 일상적인 상태에서는 자기와 타자의 경계를 나누기 마련이고 그 결과 서로를 배척하고 욕망을 좇아 자신만의 이익을 추구하게 되는데, 욕망은 영원히 충족될 수 없고, 결국 마음의 병을 얻게 된다. 왕수인은 자신과 타자와의 경계를 허물 수 있는 근거를 양지(良知)에서 찾았다. 왕수인은 다음과 같이 말하였다.

> 서로 능멸하고 서로 해쳐서 골육을 나눈 일가친척조차도 이미 너와 나 사이에 승부를 가르려는 생각과 피차에 울타리 치는 모습이 없을 수 없는데, 하물며 광대한 천하의 수많은 백성과 사물에 대해 또 어찌 한 몸으로 여길 수 있겠는가?[30]

일상의 모든 다툼과 고통은 자신과 타자와의 경계 지움에서 온다. 경계를 설정하고 나면 각각 욕망의 주체가 되어 서로 욕망을 추구하는 가운데 서로 부딪치며 그 속에서 고통을 느끼게 된다. 왕수인은 지행합일을 강조하였다. 고통을 느끼면 즉시 해결해야 한다. 자신의 고통을 해결하기 위해서는 먼저 경계를 허물고 타자의 고통을 느껴야 한다. 왕수인에게 고통은 타자의 비난에서 오는 것이 아니라 타자의 아픔을 느끼는 자신의 내면에서 오는 것이다. 따라서 타자의 아픔을 해결해야만 자신의 아픔도 치유할 수 있다. 이는 멈추려 해도 멈출 수 없는 강렬한 책임 의식의 자각이다. '내성외왕(內聖外王)', '성기성물(成己成物)' 등으로 표현되는 유학의 지향점은 인격의 완성, 즉 자아실현에 있고, 자아실현은 사회적 실천을 통하여 이루어진다. 책임 의식에 근거한 삶의 의의는 타자의 아픔을 자신의 아픔으로 여기는 자각에서 출발하는데, 왕수인은 그 출발점을 '양지'라고 선언하였다.

왕수인에게 '양지'는 '허(虛)'와 '령(靈)' 두 가지 특성을 지닌다. '영'의 측면에서 '선악을 판별하는(知善知惡)' 도덕적 주체가 되고 '허(虛)'의 측면에서 '선악의 구분으로부터 자유로운(無善無惡)' 아무 경계도 없는 우주적 마음이 된다. 양지는 우주의 단계에서 본체론적 존재인데, 심신일여의 개인 유기체를 통해 흐르며 의식을 통해 드러난다. 이 양지가 의식의 투사를 통하여 자신과 세계를 구성하기 때문에 '심외무물(心外無物)'이라고 한다. 왕수인은 '바위틈의 꽃'의 비유에서 다음과 같이 표현하였다.

선생께서 남진 지방을 유람할 때 한 친구가 바위틈의 꽃나무를 가리키면서 다음과 같이 물었다. "이 세상에 심을 떠나 존재하는 것은 아무것도 없다고 하였습니다. 이 꽃나무와 같은 것은 깊은 산속에서 저절로 피고 지는데, 나의 마음과 무슨 상관이 있다는 말입니까?" 선생께서 다음과 같이 답하였다. "당신이 이 꽃을 보지 않았을 때는 이 꽃과 당신

마음은 함께 적막 속으로 돌아갑니다. 그리고 당신이 이 꽃을 보았을 때 이 꽃의 색깔이 일시에 밝게 드러나니 이 꽃은 당신의 마음을 떠나 존재하지 않는 것임을 알 수 있습니다."[31]

주체와 객체 사이에 경계를 설정하면 내 마음의 존재와 꽃나무의 실재는 아무 관련이 없다. 그러나 경계를 허물고 바라보면 꽃은 내 마음속에서 피고 꽃과 나는 하나가 된다. 꽃과 내가 하나가 될 수 있는 것은 내가 의식을 투사하는 현상학적 접근 때문에 가능하나. 실존주의 심리치료학파 가운데 한 사람인 얄롬(Irvin D. Yalom, 1931-)은 "자신과 자신의 세계를 구성하는 것(책임감이 있는 것)은 놀라운 통찰력이다. 이것의 의미를 고려해 보라. 세상의 어떤 것도 자신이 창조한 것을 제외하곤 중요성을 가지지 않는다. 이것을 제외하면 법칙도, 윤리적 조직도, 가치도 없다."[32]라고 하였다. 즉 객관적 대상에게 의미를 부여할 때 비로소 대상이 주체에게 다가오고 둘 사이의 경계가 허물어지며 하나가 된다. 그러나 내가 의미를 부여한 세계는 여전히 삶과 죽음으로 나뉘고 가치판단이 상존하기 때문에 여전히 옳고 그름, 좋아하고 미워함의 경계가 설정될 수밖에 없고, 책임감의 강조는 개인의 심리 상태를 옥죄는 결과를 초래하기도 한다. 이 점 때문에 왕수인은 "심체에 조금의 사념이라도 남겨서는 안 된다. 이것은 마치 눈에 먼지나 모래 알갱이가 있어서는 안 되는 것과 같다. 알갱이가 조금만 있어도 온 눈이 깜깜해진다. 이기적 마음에서 나온 것뿐 아니라, 좋은 생각이라 할지라도 조금도 담아 두어서는 안 된다. 이것은 눈에 금·옥 부스러기를 넣더라도 눈을 뜨지 못하는 것과 같다."[33]라고 강조하였다. 모래 알갱이와 금·옥 부스러기는 우리가 설정한 좋고 싫음의 경계 안에서 가치가 결정된다. 결국 경계를 나누고, 한쪽에 집착하고, 대립되는 한쪽을 근절시키기 위한 노력은 고통만을 안겨 준다. 따라서 집착에서 벗어날 때 비로소 고통이 완전하게 치유되는데, 왕수인은 양지의 '허(虛)'의 측면에서 해결하였다.

육체적 욕망과 필요에 따라 경계를 나눌 때 꽃과 풀에 대한 좋고 싫음이 교차한다. 좋다든가 싫다든가 등의 감정에서 출발한 선과 악의 구별은 대립과 집착을 낳고 고통을 낳는다. 그러나 가치판단의 경계를 허물고 '생명'이라는 관점에서 볼 때 꽃과 풀은 동등한 생명체이기 때문에 어떤 것이 좋고 어떤 것이 나쁘다고 구별할 필요가 없다. 이 점에서 불교에서 말하는 '무(無)'나 '공(空)'과 같다고 할 수 있다. 불교에서 실재는 공(空)이라고 말하는 것은 경계 없음을 의미한다.[34] 집착에서 벗어나 마음의 평화를 얻는다는 점에서 유·불·도는 다를 바가 없다. 하지만 왕수인은 현실 세계에서의 실천을 떠난 마음의 평화는 아무 의미가 없다고 보았다. 이 세계는 내가 창조한 의미로 가득 찬 세계이기 때문이다. 따라서 이 의미가 실현되도록 최선을 다해야 한다. 왕수인에게 양지는 실천의 주체인 동시에 존재의 근원이다. 따라서 양지의 '영(靈)'의 측면과 '허(虛)'의 측면을 함께 고려하여 사회적 실천과 마음의 평화를 동시에 달성하는 것이 심리적 문제를 극복하고 존재와 하나가 될 수 있는 참다운 길이다.

윌버는 『의식의 스펙트럼』과 『무경계』에서 어떻게 하면 심리적 문제를 극복하고 다시 존재의 근원과 하나가 될 수 있는가 하는 실천적이고 치료적인 문제에 관심을 기울였다.[35] 윌버 등 자아초월 심리학을 전개하는 학자들은 동양 신비 전통의 직관에 의한 깨달음을 받아들여 우주와의 일체감을 설명한다. 그러면서도 한편으로는 자아가 결여된 불완전한 것이라고 비판한다. 그리고 건전한 자아는 서양의 이성에 의해 확립하고, 우주적 자아는 동양의 신비주의에 기댄다. 그 결과 윌버는 『의식의 스펙트럼』에서 인본주의나 실존주의 등 자아실현을 목표로 삼는 학파를 신비 전통의 아래 단계에 놓고 그들을 설득하려 한다. 윌버 자신은 부정하지만 신비주의는 '역사의 책임에서 도망치고 영원 속으로의 너무 이른 탐험을 시작하려는 경향'이 있다는 비난에 직면한다.[36] 서양 심리학의 관점에서 볼 때, 유학을 윌버의 '의식의 스펙트럼'에 넣는다면, 자아실현을 강조한다는 측면에서 인본주의 심리학과 같은 수준에 둘 수 있다. 하지만 직각적 체험을 통한 만물 일체의 경지에 이른다는 측면에서 본다면 신비주의 전통에 배치시킬 수도 있다.

왕수인은 또 "대인은 천지 만물을 한 몸으로 여기는 사람인지라,

천하를 한집안처럼 보고, 나라 전체를 한 사람처럼 본다. 만약 형체의 간극 때문에 너와 나로 나누는 자는 소인배다.[37]라고 하였다. 한 발 더 나아가 책임 의식의 자각과 실천 및 타자와의 감응을 본질로 삼는 양지를 전개한다는 측면에서 보면 두 수준을 아우를 수 있는 설명 방식이 될 수 있다. 왕수인은 다음과 같은 제자와의 문답을 통해 만물 일체관을 펼친다.

제자: 선생께서는 사람의 마음은 만물과 동체라고 했습니다. 분명 내 몸은 원래 혈기가 서로 유통되고 있어서 동체라고 말할 수 있습니다. 그러나 다른 사람이라면 곧 내 마음과는 이체이고, 금수나 초목은 말할 필요도 없이 더더욱 내 마음과는 거리가 먼데, 무슨 이유로 이것들과 내 마음이 서로 동체라고 하십니까?

왕수인: 너는 반드시 감응하는 기미에서 보아야 한다. 어찌 다만 금수와 초목뿐이겠는가? 천지라고 하더라도 또한 나와 동체이며, 귀신 또한 나와 동체이다.

제자: 무슨 말씀인지 이해가 가지 않습니다.

왕수인: 네가 보기에 하늘과 땅 사이에 무엇이 천지의 마음이겠느냐?

제자: 사람이 천지의 마음이라 들었습니다.

왕수인: 사람은 무엇을 일러 마음이라 부르는가?

제자: 오로지 하나의 영명일 뿐입니다.

왕수인: 사람은 단지 그 육체적인 형체로 말미암아 격리되어 있을 뿐이다. 나의 영명은 바로 천지와 귀신의 주재자다. 나의 영명이 없다면 누가 하늘을 높다고 우러러보겠는가? 나의 영명이 없다면 누가 땅을 깊다고 굽어보겠는가? 귀신도 나의 영명이 없다면 누가 길흉화복을 판별하겠는가? 천지와 귀신과 만물도 나의 영명을 떠나서는 존재하지 않는 것과 다름없다. 나의 영명도 천지와 귀신 및 만물을 떠나서 존재할 수 없다. 이렇게 일기로 서로 유통되는데 어떻게 그것과 격리될 수 있겠는가?

제자: 천지와 귀신과 만물은 아득한 옛날부터 있어 온 것인데 어찌 나의 영명이 없다고 곧 그것이 함께 없다고 하십니까?'

왕수인: 지금 죽은 사람을 보아라. 그의 정령이 모두 흩어져 버렸는데 그의 천지 만물은 어디에 존재하는가?[38]

이 세계는 각 개체가 각각 자신의 본성을 실현하는 장소다. 각 개체들은 서로의 존재 여부와 관계없이 독립적으로 존재하는 듯 보이지만 서로 간의 관계맺음을 통하여 존재한다. 이 유기적 관련성을 자각할 수 있는 것은 오직 인간뿐이고 교감 능력인 마음의 영명성을 통해 자신과 만물이 하나라는 사실을 자각할 수 있다. 나아가 "그대가 이 꽃을 보지 않았을 때는 이 꽃과 그대 마음은 함께 적막 속으로 돌아간다. 그리고 그대가 이 꽃을 보았을 때 이 꽃의 색깔이 일시에 밝게 드러나니 이 꽃은 그대의 마음을 떠나 존재하지 않는 것임을 알 수 있다."는 말처럼 객관적 대상은 자신의 의식이 투사될 때 비로소 참된 존재로 드러난다고 주장한다. 여기에서 존재가 드러난다는 말은 존재가 의미로 다가옴을 뜻하는데, 객관적 대상이 의미를 가지고 주체에게 다가오게 하기 위해서는 주체 스스로 객관적 사물에게 의미를 부여해야 한다. 따라서 이 세계에 대한 의미 부여가 바로 인간 자신의 창조 활동이다. 내가 창조하고 내가 의미를 부여한 세계여야만 "천지만물을 한 몸으로 하는 어진 마음의 아픔이 절박하여 그만두고자 해도 저절로 그만둘 수 없는 것이 있다."[39]고 하였듯 비로소 타자의 아픔을 자신의 아픔으로 여기고 치유하려 하는 책임 의식을 수반한다. 왕수인은 자기를 자각하고 반성하며 검증할 수 있으며 동시에 타자의 아픔을 자신의 아픔으로 느끼게 되는 양지의 영명성으로 자기를 구성하고 세계를 구성한다고 보았다. 자신이 세상을 구성할 때 비로소 세상이 자신에게 의미가 있게 된다. 그리고 자신이 세계를 구성한다는 것은 다름 아닌 책임감을 가지는 것이다. 이렇게 명확한 책임 의식이 있어야만 실천이 필연성을 띠고 우주와 더불어 자기실현이 완성될 수 있을 것이다. 왕간은 「락학가(樂學歌)」에서 "사람의 마음은 저절로 즐거운데 사욕 때문에 속박된다. 사욕이 싹트기 시작하면 양지가 바로 자각할 수 있다. 자각하기만 하면 그 사욕을 없애니, 마음이 이전의 즐거움에 의거한다. 즐거움이란 이러한 배움의 즐거움이고, 배

───
심학과 심리학
272

움이란 이러한 즐거움의 배움이다. 즐거움이 아니면 배움이 아니고, 배움이 아니면 즐거움이 아니다. 즐거워야 배우고 배워야 즐겁다. 즐거움이 배움이고 배움이 즐거움이다. 오호! 천하의 어떤 즐거움이 이 배움에 비길 것이며, 천하의 어떤 배움이 이 즐거움에 비길 것인가?"[40] 라고 노래하였다. 이처럼 자신의 도덕 주체의 자각을 통한 만물 일체의 완성은 어떤 것도 비길 수 없는 즐거움을 수반한다. 이렇게 볼 때 심학적 사유는, 신비적 체험에 기대고 영성 차원으로 접근할 때 나타날 수 있는 실천적 동력의 부족을 해소하여, '트랜스퍼스널' 심리학의 방향 설정에 계시가 될 수 있다.

주석

1. 심, 심학, 심리학, 심리치료

1 『金丹大要』, 권7, 『藏外道書』, 제9冊. "天下無二道也. 昔者孔子曰, 參乎, 吾道一以貫之. 老子曰, 萬物得一以生. 佛祖云, 萬法歸一. 是以謂三敎之道一者也. 聖人無兩心. 佛則云'明心見性', 儒則云'正心誠意', 道則云'澄其心而神自淸', 語殊而心同. 是三敎之道, 惟一心而已. 然所言心卻非肉團之心也. 當知此心乃天地正中之心也, 當知此心乃性命之原也. 是『中庸』云, '天命之謂性'. 『大道歌』云, '神是性兮氣是命'. 達摩西來, 直指明心見性成佛'. 是三敎之道, 皆當明性與命也.

2 許愼, 『說文解字』, "心, 人心. 土藏也. 在身之中, 象形, 博士說以爲火藏." 허신은 『설문해자』에서 '심'을 '화'와 배합하기도 하고 혹은 '토'와 배합하기도 하는 이유에 대해서는 밝히지 않았다. 역대 주석가들의 연구결과『금문상서』와『고문상서』의 견해 차이 때문이라고 밝혔다. 『고문상서』에서는 오장과 오행을 배합하면서, 비장은 목, 폐장은 화, 심장은 토, 간장은 금, 신장은 수에 배합하였으며, 『금문상서』에서는 간장은 목, 심장은 화, 비장은 토, 폐장은 금, 신장은 수에 각각 배합하였다. 이후 학자에 따라서 혹은『고문상서』의 견해를 따르기도 하고 혹은『금문상서』의 견해를 따르기도 하였다. 예컨대『회남자』에서는 『고문상서』의 해석을 좇아 '심'을 '토'와 배합하였고, 『황제내경』에서는『금문상서』의 해석을 좇아 '심'을 '화'에 배합하였다.

3 汪鳳炎, 『中國心理思想史』, 상해교육출판사, 2008, 87쪽.

4 『皇帝內徑, 靈樞・邪客』, "心者, 五髒六腑之大主也."

5 『皇帝內徑, 靈樞・邪客』, "心爲君主之官. 主明則下安. 主不明則十二官危."

6 『荀子・天論』, "萬物各得其和以生, 各得其養以成, 不見其事而見其功, 夫是之謂神."

7 『皇帝內徑, 素問・靈蘭秘典論』, "心者, 君主之官也, 神明出焉."

8 『皇帝內徑, 靈樞・五色』, "積神於心, 以知往今."

9 『法言・問神』, "或問神, 曰心."

10 『荀子』, "心居中虛, 以治五官."

11 汪鳳炎, 『中國心理思想史』, 90쪽.

12 『皇帝內徑, 素問, 脈要精微論』, "頭者, 精明之府."

13 張仲景, 『金匱玉函經』, "頭者, 身之元首, 人神所注."

14 李時珍, 『本草綱目』, "腦爲元神之府."

15 『皇帝內徑, 素問, 靈蘭秘典論』, "心者, 君主之官也, 神明出焉."

16 『皇帝內徑, 素問, 脈要精微論』, "頭者, 精明之府."

17 郝志等, 『中醫心理治療學』, 人民衛生出版社, 2009, 33-34쪽.

18 E. G. Boring, 高覺敷 譯, 『實驗心理學史』, 北京商務印書館, 1981, 57-58쪽.

19 Robert H. Wonnizk 저, 진영선·한일조 공역, 『마음·뇌·심리』, 학지사, 2011, 52-56쪽.

20 인지과학에 대한 논의는 이정모, 「뇌-몸-환경의 상호작용으로서의 마음」, 『마음, 어떻게 움직이는가』, 운주사, 2009, 290-344쪽 참조.

21 『王陽明全書』, 「大學問」, "何謂身? 心之形體運用之謂也. 何謂心? 身之靈明主宰之謂也."

22 『傳習錄』, 권下, "耳·目·口·鼻·四肢, 身也. 非心安能視·聽·言·動? 心欲視·聽·言·動, 無耳·目·口·鼻·四肢亦不能. 故無心則無身, 無身則無心."

23 김세정, 『왕수인의 생명철학』, 청계출판사, 2006, 413쪽.

24 『傳習錄』, 권上, "身之主宰便是心, 心之所發便是意, 意之本體便是知, 意之所在便是物."

25 『傳習錄』, 권中, "心者身之主也, 而虛靈明覺所卽所謂本然之良知也."

26 陳來 지음, 전병욱 옮김, 『양명철학』, 예문서원, 2003, 100쪽.

27 『傳習錄』, 권中, "夫物理不外乎吾心, 外吾心而求物理, 無物理矣. 遺物理而求吾心, 吾心又何物邪? 心之體, 性也. 性卽理也. 故有孝親之心, 卽有孝親之理. 無孝親之心, 卽無孝親之理矣. 理豈外乎吾心邪?"

28 勞思光, 『中國哲學史』, 권3上, 臺灣三民書局, 1990, 63쪽.

29 Tu, W. M. (1994). Embodying the universe: A note on Confucian self-actualization. In R. T. Ames, W. Dissanayake, & T. P. Kasulis(Eds.), *Self as person in Asian theory and practice*(pp. 177-186). Albany, NY: State University of New York Press, 1994. 184쪽.

30 馮友蘭, 『三松堂學述文集』, 北京大學出版社, 1984, 39-40쪽.

31 『大正藏』, 권32, 『解脫論道』권1. "當學三學. 謂增上戒學, 增上心學, 增上慧學."

32 『六祖壇經・付屬品』, "心生種種法生, 心滅種種法滅."

33 『莊子・養生主』, "吾生也有涯, 而知也无涯. 以有涯隨无涯, 殆已! 已而爲知者, 殆而已矣."

34 『老子道德經』, "不尙賢, 使民不爭. 不貴難得之貨, 使民不爲盜. 不見可欲, 使民心不亂. … 常使民無知無欲."

35 『老子道德經』, "常使民無知無欲."

36 『老子道德經』, "道常無名樸"

37 『老子道德經』, "樸散則爲器"

38 『莊子・人間世』, "若一志, 無聽之以耳而聽之以心. 無聽之以心而聽之以氣. 聽止於耳, 心止於符. 氣也者, 虛而待物者也. 唯道集虛. 虛者, 心齋也."

39 『莊子・大宗師』, "墮肢體, 黜聰明, 離形去知, 同於大通, 此謂坐忘."

40 불교와 도가의 '심'에 대한 부분은 전병술, 「마음과 치유」, 『철학의 시대』, 해냄출판사, 2013, 313-318쪽에서 발췌하였음.

41 韓愈, 「納涼聯句」, "…誰言擯朋老? 猶將心學…"

42 『皇極經世』 권8下, 「心學」 제12, "心爲太極, 人心當如止水則定, 定則靜, 靜則明."

43 『象山文集・序』, "聖人之學, 心學也. 堯・舜・禹之相授受曰, 人心惟危, 道心惟微, 惟精惟一, 允執厥中. 此心學之源也. 中也者, 道心之謂也. 道心精一之謂仁, 所謂中也."

44 陳建, 『學蔀通辨』, "聖賢之學, 心學也. 禪學陸學, 亦皆自謂心學也. 殊不知心之名同而所以言心則異也. … 孔孟以義理言心, 至禪學則以知覺言心. 王陽明曰 "心之良知是謂聖", 皆是以精神知覺言心也. … 近世不知此而曉曉曰 "彼心學也, 此亦心學也. 陸王之學, 是卽孔孟之學也." "嗚呼, 惑也久矣."

45 『六祖壇經・付囑品』, "我心自有佛, 自佛是眞佛. 自若無佛心, 向何處求佛?"

46 汪鳳炎, 『中國心理思想史』, 5-6쪽.

47 Robert H. Wonnizk, 『마음・뇌・심리』, 143쪽.

48 汪鳳炎, 『中國心理思想史』, 3쪽.

49 陶潛, 『雜詩』, 12, "嫋嫋松標崖, 婉孌柔童子. 年始三五間, 喬柯何可倚. 養色含精氣, 粲然有心理."

50 J. J. 클라크, 장세룡 옮김, 『동양은 어떻게 서양을 계몽했는가』, 우물이 있는 집, 2004. 225쪽.

51 한덕웅, 『한국유학심리학』, 시그마프레스, 2003, 168쪽.

52 越士林, 『心靈學問』, 雲南人民出版社, 1997, 4쪽.

53 미국 정신분석학회 편, 이재훈 외 옮김, 『정신분석 용어사전』, 한국심리치료연구소, 2002, 263쪽.

54 철학 치료는 1982년 독일 철학자 게르트 아헨바흐가 개념을 세운 철학 상담을 효시로 꼽는다. 아헨바흐의 활동을 시작으로 철학치료에 대한 연구는 전 유럽에 확산된 뒤 북미 지역으로 전파됐으며 1982년에는 국제철학상담학회가 설립됐다. 아헨바흐는 1994년 철학 상담에 대한 자신의 첫 번째 저서를 출간해 철학 상담을 학문 분야로 정립하는 데 기여했다. 미국철학상담사학회는 2003년부터 철학상담사 자격증 제도를 운영하고 있다.

55 『皇帝內徑·素問·寶命全形論』, "做針有懸布天下者五, 黔首共餘食, 莫知之也. 一日治神, 二日知養身, 三日知毒藥爲眞, 四日制砭石小大, 五日知府藏血氣之診."

56 『靑囊秘箓』, "善醫者, 先醫其心, 而後醫其身."

57 『周易』, 「設卦傳」, "坎, 爲水, 爲溝瀆, 爲隱伏, 爲矯輮, 爲弓輪. 其於人也, 爲加憂, 爲心病, 爲耳痛, 爲血卦, 爲赤."

58 『弘明集·難神滅論』, "問曰慮思无方, 何以知是心器所主? 答曰心病則思乖, 是以知心爲慮本."

59 釋道原, 『景德傳燈錄』, "若與空王爲弟子, 莫敎心病最難醫"

60 『左傳·昭公元年』, "天有六氣 … 淫生六疾. 六氣曰陰·陽·風·雨·晦·明也. 分爲四時, 序爲五節, 過則爲災. 陰淫寒疾, 陽淫熱疾, 風淫末疾, 雨淫腹疾, 晦淫惑疾, 明淫心疾."

61 『韓非子·十過』"令人召司馬子反, 司馬子反辭以心疾."

62 李肇, 『唐國史補』, "初, 劉辟有心疾, 人自外至, 輒如呑噬之狀."

63 『黃帝內經·靈樞·通天篇』, "見人有榮, 乃反慍怒, 心疾而無恩, 此少陽之人也."

64 汪鳳炎, 『中國心理思想史』, 424쪽.

65 『黃帝內經·素問·四時調神大論』, "是故聖人不治已病治未病, 治已亂治未亂, 之謂也. 病已成而後藥之, 已成而後治之, 如渴而穿井, 如鬪而鑄錐, 不亦晚乎?"

66 許浚, 『東醫寶鑑·以道療病』, "瞿仙曰古之神聖之醫, 能療人之心, 預使不致於有疾. 今之醫者, 惟知療人之疾, 而不知療人之心. 是猶捨本逐末, 不窮其源而攻其流, 欲求疾愈, 不亦愚乎! 雖一時僥倖而安之, 此則世俗之庸醫, 不足取也. 太白眞人曰欲治其疾, 先治其心. 必正其心, 乃資於道, 使病者盡去心中疑慮思想, 一切妄念, 一切不平, 一切人我悔悟, 平生所爲過惡, 便當放下身心, 以我之天, 而合所事之天. 久之, 遂凝於神, 則自然心君泰寧, 性地和平. 知世間萬事, 皆是空虛, 終日營爲, 皆是妄想. 知我身, 皆是虛幻, 禍福皆是無有, 生死皆是一夢. 慨然領悟, 頓然解釋, 則心地自然清淨, 疾病自然安. 能如是, 則藥未到口, 病已忘矣. 此眞人以道治心, 療病之大法也. 又ають至人治於未病之先, 醫家治於已病之後. 治於未病之先者, 曰治心曰修養. 治於已病之後者, 曰藥餌曰砭火芮. 雖治之法有二, 而病之源則一, 未必不由因心而生也."

67 유권종,「동양 고전에서 사용되는 '心病'의 용례와 의미」,『철학탐구』제24집, 중앙대학교, 2008, 22쪽.

68 范浚,『香溪集』, 권1,「心箴」, "茫茫堪輿, 俯仰無垠, 人於其間, 眇然有身. 是身之微, 太倉稊米, 參爲三才, 曰惟心耳. 往古來今, 孰無此心? 心爲形役, 乃禽乃獸, 惟口耳目, 手足動靜, 投閒抵隙, 爲厥心病. 一心之微, 眾欲攻之, 其與存者, 嗚呼幾希. 君子存誠, 克念克敬, 天君泰然, 百體從令."

69 李顒,『悔過自新說』, "孔・顔・思・孟及宋之濂・洛・關・閩, 明之河・會・姚・涇, 俱是醫人的名醫. 五經・四書及諸儒語錄, 俱是醫人的良方. 乃吾人自少至長, 終日讀其方, 祇藉以爲富貴利達之資, 實未嘗以之按方服劑. 自療其病, 豈不辜負明醫立方之初心."

2. 선진 유학의 심리학적 함의

1 『주역』은『역경』,『역전』등의 용어로 불린다. '주역'은 주나라의 역을 의미한다. 현재 문장은 소실되어 나타나지 않지만, 주나라 이전의 하나라와 은나라에도 각각 점서로서의 '역'이 있었다는 기록이 있다. '주역'은 '경'과 '전'으로 이루어졌다. '경'은 괘와 효라 불리는 부호와 각 괘와 효가 상징하는 의미를 적은 괘사와 효사로 이루어졌고, 괘사와 효사의 의미를 확대 해석한 내용이 '전(傳)'이라는 명칭과 함께 담긴 것을 '역전'이라고 한다. 이 책에서는 '주역'으로 통칭하겠다. 빌헬름이『역경』을 번역하면서 붙인『The I Ching』이라는 제목을 따라서『역경』이라고 썼다.

2 Wilhelm R, Bayness. The I Ching. New Jersey: Princeton University Press,

1967, xvi-xvii.

3 『태을금화종지』는 당나라 때 여조(呂祖, 呂洞賓)가 지었다고 전해지는데 노자·역경·대승불교·선종 및 도교 사상 등을 융합하여 선정(禪定)의 방식으로 직관을 통하여 하늘과 교감하고 장생을 추구하는 '금단(金丹)'법을 내용으로 삼고 있다. 빌헤름이 '황금꽃의 비밀(The Secret of Golden Flower)'이라는 제목으로 번역 출간하면서 융에게 서문을 부탁하였는데 융은 자신의 사유와의 놀라운 일치성을 발견하였고, 후에 공시성(共時性, synchronicity) 원리로 묘사하였다.

4 Jung C G, Wilhelm R. *The Secret of the Golden Flower*. New York: Causeway Books, 1975. 141,144

5 D. Breet King 등 편저, 임성택 등 역,『심리학사』, 교육과학사, 2009, 92쪽.

6 『周易』,「繫辭傳下」, "易之興也, 其於中古乎? 作易者, 其有憂患乎?"

7 정병석,「주역의 치료적 함의」,『정신치료의 철학적 지평』, 철학과 현실사, 2008, 302-303쪽.

8 徐儀明,『易學心理學』, 北京中國書店, 2007, 2-7쪽.

9 『周易』,「井卦·九三」, "井渫不食, 爲我心惻. 可用汲, 王明, 幷受其福."

10 『周易』,「艮卦·六二」, "艮其腓. 不拯其隨, 其心不快."

11 『周易』,「旅卦·九四」, "旅于處, 得其資斧, 我心不快."

12 『周易』,「旅卦」, "習坎, 有孚, 維心亨, 行有尚."

13 『周易』,「益卦·九五」, "有孚惠心, 勿問元吉. 有孚惠我德."

14 『周易』,「艮卦·九三」, "艮其限. 列其夤, 厲薰心."

15 『周易』,「益卦·上九」, "莫益之, 或擊之. 立心勿恒, 凶."

16 『周易』,「明夷卦·六四」, "入于左腹, 獲明夷之心, 出于門庭."

17 이부영,『분석심리학』, 일조각, 2011, 211쪽.

18 『周易』,「繫辭傳下」, "易者, 象也."

19 『周易』,「繫辭傳上」, "聖人有以見天下之賾, 而擬諸其形容, 象其物宜, 是故謂之象."

20 王弼,『周易略例』,「明象」, "夫象者, 出意者也. 言者, 明象者也. 盡意莫若象, 盡象莫若言. 言生於象, 故可尋言以觀象. 象生於意, 故可尋象以觀意. 意以象盡, 象以言著. 故言者所以明象, 得象而忘言. 象者, 所以存意, 得意而忘象. … 然則, 忘象者, 乃得意者也. 忘言者, 乃得象者也. 得意在忘象, 得象在忘言. 故立象以盡意, 而象可忘也. 重畫以盡情, 而畫可忘也."

21 『周易』, 「繫辭傳上」, "子曰, 書不盡言, 言不盡意. 然則聖人之意, 其不可見乎? 子曰, 聖人立象以盡意, 設卦以盡情僞, 繫辭焉以盡其言, 變而通之以盡利, 鼓之舞之以盡神."

22 申荷永, 「心理分析與中國文化」, http://www.psyheart.org.

23 Ritsema R. I Ching The Classic Chinese Oracle of Change. London: Element Books LTd, 1994. 8-15쪽.

24 『周易』, 「繫辭傳上」, "是故蓍之德, 圓而神, 卦之德, 方以知. 六爻之義, 易以貢. 聖人以此洗心, 退藏於密, 吉凶與民同患."

25 『周易』, 「咸卦·彖傳」, "聖人感人心而天下和平. 觀其所感, 而天地萬物之情可見矣!"

26 『周易』, 「咸卦·象傳」, "山上有澤, 咸. 君子以虛受人."

27 『帝王世紀』, "日出而作, 日入而息. 鑿井而飮, 耕田而食. 帝力於我何有哉?"

28 『春秋公羊傳』, 宣公15년조 참조.

29 牟宗三, 『中國哲學的特質』, 臺灣學生書局, 1988. 5-12쪽 참조.

30 『論語·微子』, "長沮桀溺耦而耕, 孔子過之, 使子路問津焉. 長沮曰夫執輿者爲誰? 子路曰爲孔丘. 曰是魯孔丘與? 曰是也. 曰是知津矣. 問於桀溺. 桀溺曰子爲誰? 曰爲仲由. 曰是魯孔丘之徒與? 對曰然. 曰滔滔者天下皆是也, 而誰以易之? 且而與其從辟人之士也, 豈若從辟世之士哉? 耰而不輟. 子路行以告. 夫子憮然曰：鳥獸不可與同羣, 吾非斯人之徒與而誰與? 天下有道, 丘不與易也."

31 『論語·顔淵』, "問知, 子曰, 知人."

32 『論語·述而』, "仁遠乎哉? 我欲仁, 斯仁至矣."

33 『論語·述而』, "爲仁由己, 而由人乎哉!"

34 『論語·里人』, "惟仁者, 能好人, 能惡人."

35 『論語·陽貨』, "宰我問, "三年之喪, 期已久矣. 君子三年不爲禮, 禮必壞, 三年不爲樂, 樂必崩. 舊穀旣沒, 新穀旣升, 鑽燧改火, 期可已矣." 子曰, "食夫稻, 衣夫錦, 於女安乎?" 曰, "安." "女安則爲之. 夫君子之居喪, 食旨不甘, 聞樂不樂, 居處不安, 故不爲也. 今女安則爲之" 宰我出. 子曰, "予之不仁也! 子生三年, 然後免於父母之懷. 夫三年之喪, 天下之通喪也, 予也有三年之愛於其父母乎!"

36 『묵자』에 당시 삼년상의 폐해에 대해 다음과 같이 묘사되어 있다. "임금이 죽어 3년 상, 부모가 죽어 3년 상, 처와 맏아들이 죽을 경우 3년 상, 다섯 번 모두

삼년상이다. 그리고 백부·숙부·형제 및 자신의 기타 아들들이 죽었을 때 각
각 1년, 그 밖의 친족은 각 5개월, 고모·누이·조카·외삼촌 등은 각각 수개
월의 상을 치러야 하니 뼈만 남게 할 제도임에 틀림없다. 얼굴은 마르고, 눈은
쑥 들어가고, 안색은 거무튀튀하고, 눈멀고 귀먹고 손발은 기운이 없어 제대
로 움직이지도 못할 것이다. 또 말하길 일등 선비의 치상(治喪)은 부축을 받아
야만 일어설 수 있고 지팡이를 짚어야만 걸음을 옮길 수 있을 상태로 3년을 계
속한다." 『墨子·節葬下』, "君死, 喪之三年, 父母死, 喪之三年, 妻與後子死者,
五皆喪之三年. 然後伯父叔父兄弟孽子, 其族人五月. 姑姉甥舅皆有月數, 則毀
瘠必有制矣. 使面目陷陬, 顔色黧黑, 耳目不聰明, 足不勁强, 不可用也. 又曰上
士操喪也. 必扶而能起杖而能行, 以此共三年."

37 쇠얀 키르케고르 지음, 임춘갑 옮김, 『죽음에 이르는 병』, 다산글방, 2007, 155
쪽.

38 이광래 등 지음, 『마음, 철학으로 치료한다』, 지와 사랑, 2011. 213-217쪽.

39 『二程遺書』, 권2上, "醫家以不認痛癢, 謂之不仁. 人以不知覺, 不認義理, 爲不
仁. 譬最近."

40 『二程遺書』, 권3, "切脈最可體仁."

41 『二程遺書』, 권3, "觀雞雛, 此可觀仁."

42 『二程遺書』, 권2上, "醫書言手足痿痺爲不仁, 此言最善名狀. 仁者, 以天地萬物
爲一體, 莫非己也. 認得爲己, 何所不至? 若不有諸己, 自不與己相干. 如手足
不仁, 氣已不貫, 皆不屬己. 故博施濟衆', 乃聖之功用. 仁至難言, 故止曰己欲立
而立人, 己欲達而達人, 能近取譬, 可謂仁之方也已.' 欲令如是觀仁, 可以得仁
之體."

43 『二程遺書』, 권2上, "仁者, 渾然與物同體."

44 『論語·八佾』, "人而不仁, 如禮何? 人而不仁, 如樂何?"

45 여기에서 언급한 공자의 온·량·공·검·양 등 다섯 가지 덕목은 제자인 자
공이 스승의 인격을 묘사한 것이다. "자금이 자공에게 물었다. 선생님이 가는
곳마다 임금들을 만나서 정치에 대해서 이야기를 하는데, 이는 선생님이 원해
서 만나는 것인가, 아니면 임금들이 원해서 만나는 것인가? 자공이 대답한다.
선생님은 온화하고, 어질며, 공경하고, 검소하며, 겸양의 인격을 가지고 계시
므로 임금들이 스스로 찾아와 지혜를 구하는 것이다." 『論語·學而』. "子禽
問於子貢曰, 夫子至於是邦也, 必聞其政, 求之與? 抑與之與? 子貢曰, 夫子溫·

주석

281

良・恭・儉・讓以得之."

46 『論語・子路』, "子曰, 不得中行而與之, 必也狂狷乎. 狂者進取, 狷者有所不爲也."

47 『中庸』, "君子中庸, 小人反中庸. 君子之中庸也, 君子而時中. 小人之中庸也, 小人而無忌憚也."

48 『孟子・公孫丑上』, "可以仕則仕, 可以止則止. 可以久則久, 可以速則速, 孔子也."

49 『中庸章句』, "中者, 不偏不倚無過不及之名."

50 『中庸章句・序』, "人心惟危, 道心惟微, 惟精惟一, 允執厥中."

51 『中庸』 제6장, "執其兩端, 用其中於民."

52 이수원, 「중용의 심리학적 탐구」, 최상진 등, 『동양심리학』, 지식산업사, 1999, 290-291쪽.

53 陳淳, 『北溪字義・經權』, "權, 只是時措之宜. '君子而時中', 時中便是權. 天地之常經是經, 古今之通義是權. 問權與中何別? 曰, 知中然後能權, 由權然後能中. 中者, 理所當然而無過不及者也. 權者, 所以度事理而取其當然, 無過不及者也."

54 『孟子・盡心上』, "執中無權, 猶執一也."

55 이죽내 지음, 『융심리학과 동양사상』, 하나의학사, 2005, 277-278쪽.

56 『中庸』 제1장, "喜怒哀樂之未發, 謂之中. 發而皆中節, 謂之和. 中也者, 天下之大本也. 和也者, 天下之達道也."

57 『禮記』, 권19, 「樂記」, "人生而靜, 天之性也. 感於物而動, 性之欲也. 感於物而動, 性之欲也. 物至知知, 然後好惡形焉. 好惡無節於內, 知誘於外, 不能反躬, 天理滅矣. 夫物之感人無窮, 而人之好惡無節, 則是物至而人化物也. 人化物也者, 滅天理而窮人欲者也. 於是有悖逆詐僞之心, 有淫佚作亂之事. 是故, 強者脅弱, 眾者暴寡, 知者詐愚, 勇者苦怯, 疾病不養, 老幼孤獨不得其, 此大亂之道也."

58 朱熹編, 『延平先生問答』, "危坐終日, 以驗夫喜怒哀樂未發之前氣象爲如何, 而求所謂中."

59 『中庸』 제3장, "中庸, 其至矣乎. 民鮮能, 久矣."

60 『論語・陽貨』, "鄉原, 德之賊也"

61 『論語・先進』, "點, 爾何如?' 鼓瑟希, 鏗爾, 舍瑟而作. 對曰'異乎三子者之撰.'"

子曰 "何傷乎? 亦各言其志也." 曰 "莫春者, 春服既成, 冠者五六人, 童子六七人, 浴乎沂, 風乎舞雩, 詠而歸." 夫子喟然嘆曰 "吾與點也."

62 朱熹, 『論語集註』, "曾點之學, 蓋有以見夫人欲盡處, 天理流行, 隨處充滿, 無少欠闕. ⋯ 而其胸次悠然, 直與天地萬物上下同流, 各得其所之妙, 隱然自見於言外."

63 『王陽明全集』, 권35, 『年譜』, "吾自南京已前, 尚有鄕愿意思. 在今只信良知真是真非處, 更無掩藏回護, 才做得狂者, 使天下盡說我行不掩言, 吾亦只依良知行."

64 『王陽明全集』, 권35, 『年譜』, "狂者志存古人, 一切紛囂俗染, 擧不足以累其心, 真有鳳凰翔於千仞之意."

65 『王畿集』, 「與沈伯南」, "但此學須發憤, 篤實光輝, 以求自新, 方是出世偉男子. 聖門不取狷而取狂, 以其見超而志大也."

66 唐君毅, 『人生之體驗續編』, 臺灣學生書局, 1996, 35-47쪽 참조. 그는 원래 '개발(開發)'과 '응취(凝聚)'로 표현하였는데, 말뜻을 좇아 친숙한 용어인 '발산'과 '수렴'으로 바꾸었다.

67 『論語 · 陽貨』, "鄕原, 德之賊也."

68 『孟子 · 盡心下』, "非之無擧也, 刺之無刺也. 同乎流俗, 合乎汙世. 居之似忠信, 行之似廉潔. 衆皆悅之, 自以爲是, 而不可與入堯舜之道. 故曰, 德之賊也."

69 『國語 · 魯語上』, "君子務治, 小人務力."

70 汪鳳炎, 『中國心理思想史』, 547쪽.

71 맹자는 "측은지심을 사람마다 다 가지고 있고, 수오지심을 사람마다 다 가지고 있으며, 공경지심을 사람마다 다 가지고 있고, 시비지심을 사람마다 다 가지고 있다. 측은지심은 인이고, 공경지심은 의이며, 공경지심은 예이고, 시비지심은 지이다. 인 · 의 · 예 · 지는 밖으로부터 녹아들어오는 것이 아니라, 나에게 본래 있는 것이지만 사람들이 생각하지 못할 뿐이다. 그러므로 말하기를 구하면 얻고, 버리면 잃는다고 한 것이다."라고 말하였다. 『孟子 · 告子上』, "惻隱之心, 人皆有之. 羞惡之心, 人皆有之. 恭敬之心, 人皆有之. 是非之心, 人皆有之. 惻隱之心, 仁也. 羞惡之心, 義也. 恭敬之心, 禮也. 是非之心, 智也. 仁 · 義 · 禮 · 智, 非由外鑠我也, 我固有之也, 弗思耳矣. 故曰, 求則得之, 舍則失之."

72 『論語 · 先進』, "季路問事鬼神, 子曰 : 未能事人, 焉能鬼? 曰 : 敢問死? 子曰 : 未知生, 焉知死?"

73 『論語·雍也』, "伯牛有疾, 子問之, 自牖執其手, 曰：亡之, 命矣夫! 斯人也而有
斯疾也! 斯人也而有斯疾也!"

74 『論語·憲問』, "道之將行也與, 命也. 道之將廢也與, 命也. 公伯寮其如命何?"

75 『論語·述而』, "天生德於予, 桓魋其如予何?"

76 『論語·堯曰』, "不知命, 無以爲君子也."

77 『論語·憲問』, "是知其不可而爲之者與?"

78 『論語·微子』, "君子之仕也, 行其義也. 道之不行, 其知之矣!"

79 『論語·季氏』, "君子有三畏, 畏天命, 畏大人, 畏聖人之言"

80 『論語·憲問』, "不怨天, 不尤人, 下學而上達. 知我者其天乎!"

81 王邦雄等, 『中國哲學史』, 臺灣國立空中大學, 1995, 73쪽.

82 『論語·述而』. "德之不修, 學之不講, 聞義不能徙, 不善不能改, 是吾憂也"

83 『孟子·盡心上』, "盡其心者, 知其性也, 知其性則知天矣. 存其心, 養其性, 所以
事天也. 夭壽不貳, 修身以俟之, 所以立命也."

84 『陸象山全集』, 권34, "夫子以仁發明斯道, 其言渾無罅縫. 孟子十字打開, 更無
隱遁"

85 『論語·公冶長』, "子貢曰, 夫子之文章, 可得而聞也. 夫子之言性與天道, 不可
得而聞也."

86 『論語·陽貨』, "性相近, 習相遠."

87 『論語·爲政』, "思而不學則罔, 學而不思則殆."

88 『論語·衛靈公』, "知及之, 仁不能守之, 雖得之, 必失之."

89 『孟子·梁惠王上』, "若寡人者, 可以保民乎哉? 曰, 可. 曰, 何由知吾可也? 曰,
臣聞之胡齕曰, 王坐於堂上, 有牽牛而過堂下者, 王見之, 曰, 牛何之 ? 對曰, 將
以釁鍾. 王曰, 舍之. 吾不忍其觳觫, 若無罪而就死地. 對曰, 然則廢釁鍾與?
曰, 何可廢也? 以羊易之. 不識有諸 ? 曰, 有之. 曰, 是心足以王矣. 百姓皆以王
爲愛也, 臣固知王之不忍也."

90 『孟子·公孫丑上』, "人皆有不忍人之心 … 所以謂人皆有不忍人之心者, 今人乍
見孺子將入於井, 皆有怵惕惻隱之心. 非所以內交於孺子之父母也, 非所以要
譽於鄉黨朋友也, 非惡其聲而然也. 由是觀之, 無惻隱之心, 非人也. 無羞惡之
心, 非人也. 無辭讓之心, 非人也. 無是非之心, 非人也. 惻隱之心, 仁之端也. 羞
惡之心, 義之端也. 辭讓之心, 禮之端也. 是非之心, 知之端也. 人之有是四端也,

猶其有四體也. 有是四端而自謂不能者, 自賊者也. … 凡有四端於我者, 知皆擴而充之矣, 若火之始然, 泉之始達. 苟能充之, 足以保四海. 苟不充之, 不足以事父母."

91 『二程遺書』, 권3, "滿腔子是惻隱之心."

92 『孟子・告子上』, "惻隱之心, 仁也. 羞惡之心, 義也. 恭敬之心, 禮也. 是非之心, 智也."

93 『孟子・告子上』, "仁, 人心也."

94 『孟子・盡心上』, "君子所性, 仁・義・禮・智根於心."

95 『孟子・告子上』, "仁・義・禮・智, 非由外鑠我也, 我固有之也, 弗思耳矣. 故曰, 求則得之, 舍則失之."

96 조긍호, 『유학심리학』, 53쪽.

97 조긍호, 『유학심리학』, 97-105쪽.

98 『孟子・告子上』, "告子曰, 生之謂性. 孟子曰, 生之謂性也, 猶白之謂白與? 曰, 然. 曰, 白羽之白也, 猶白雪之白, 白雪之白, 猶白玉之白與? 曰, 然. 然則犬之性, 猶牛之性, 牛之性, 猶人之性與?"

99 『孟子・告子上』, "仁, 人心也. 義, 人路也. 舍其路而不由, 放其心而不知求, 哀哉! 人有鷄犬放, 則知求之, 有放心而不知求. 學問之道無他, 求其放心而已矣."

100 『孟子・盡心上』, "萬物皆備於我矣, 反身而誠, 樂莫大焉."

101 『二程遺書』, 권2, "只心便是天, 盡之便知性, 知性便知天, 當下便認取, 更不可外求."

102 『孟子・告子上』, "牛山之木嘗美矣. 以其郊於大國也, 斧斤伐之, 可以爲美乎? 是其日夜之所息, 雨露之所潤, 非無萌蘖之生焉. 牛羊又從而牧之, 是以若彼濯濯也. 人見其濯濯也, 以爲未嘗有材焉. 此豈山之性也哉"

103 『孟子・盡心上』, "其聞一善言, 見一善行, 若決江河, 沛然莫之能禦也."

104 『孟子・告子上』, "魚, 我所欲也. 熊掌, 亦我所欲也. 二者不可得兼, 舍魚而取熊掌者也. 生, 亦我所欲也. 義, 亦我所欲也. 二者不可得兼, 舍生而取義者也."

105 『荀子・性惡』, "人之性惡, 其善者僞也. 今人之性, 生而有好利焉, 順是, 故爭奪生而辭讓亡焉, 生而有疾惡焉, 順是, 故殘賊生而忠信亡焉. 生而有耳目之欲, 有好聲色焉, 順是, 故淫亂生而禮義文理亡焉. 然則從人之性, 順人之情, 必出於爭奪, 合於犯分亂理而歸於暴. 故必將有師法之化・禮義之道, 然後 出於辭讓, 合於文理而歸於治. 用此觀之, 然則人之性惡明矣. 其善者僞也."

106 『荀子・性惡』, "飢而欲飽今人之性, 飢而欲飽, 寒而欲煖, 勞而欲休, 此人之情性也."

107 『荀子・性惡』, "今人之性, 目好色, 耳好聽, 口好味, 心好利, 骨體膚理好愉佚, 是皆生於人之情性者也, 感而自然, 不待事而後生之者也."

108 『荀子・正名』, "性者, 天之就也. 情者, 性之質也. 欲者, 情之應也."

119 『荀子・天論』, "形具而神生, 好惡喜怒哀樂藏焉. 夫是之謂天情."

110 『荀子・正名』, "性之好惡喜怒哀樂, 謂之情"

111 조긍호, 『선진유학의 심리학적 함의』, 서강대학교출판부, 2008, 145-146쪽.

112 『孟子・離婁下』, "人之所以異於禽獸者幾希, 庶民去之, 君子存之. 舜明於庶物, 察於人倫, 由仁義行, 非行仁義也."

113 『荀子・王制』, "水火有氣而無生, 草木有生而無知, 禽獸有知而無義. 人有氣有生有知亦且有義, 故最爲天下貴也. 力不若牛, 走不若馬, 而牛馬爲用, 何也? 曰, 人能羣, 彼不能羣也. 人何以能羣? 曰, 分. 分何以能行? 曰, 義. 故義以分則和, 和則一, 一則多力, 多力則强, 强則勝物. 故宮室可得而居也. 故序四時, 裁萬物, 兼利天下, 無它故焉, 得之分義也. 故人生不能無羣, 羣而無分則爭, 爭則亂, 亂則離, 離則弱, 弱則不能勝物."

114 조긍호, 『선진유학의 심리학적 함의』, 150-151쪽.

115 『荀子・解蔽』, "人何以知道? 曰, 心. 心何以知? 曰, 虛壹而靜. 心未嘗不藏也, 然而有所謂虛. 心未嘗不滿也, 然而有所謂一. 心未嘗不動也, 然而有所謂靜. 人生而有知, 知而有志. 志也者, 藏也. 然而有所謂虛, 不以所已藏害所將受謂之虛. 心生而有知, 知而有異. 異也者, 同時兼知之. 同時兼知之, 兩也. 然而有所謂一, 不以夫一害此一謂之壹. 心, 臥則夢, 偸則自行, 使之則謀. 故心未嘗不動也, 然而有所謂靜, 不以夢劇亂知謂之靜."

3. 리학에서 심학으로

1 『中庸』, 제 1장. "天命之謂性."

2 『周易』, 「乾卦・象傳」, "乾道變化, 各正性命."

3 『大學』, 「經」, "大學之道, 在明明德."

4 『大學』, 「經」, "致知在格物."

5 모종삼 저, 김기주 옮김,『심체와 성체』1 총론, 소명출판사, 2012, 53-56쪽.

6 『二程遺書』, 권2, "所以謂萬物一體者, 皆有此理."

7 『二程遺書』, 권2, "萬物皆備於我. 不獨人爾, 物皆然."

8 『孟子·盡心上』, "萬物皆備於我矣. 反身而誠. 樂莫大焉. 强恕而行, 求仁莫近焉."

9 『二程遺書』, 권2, "只是物不能推, 人則能推之."

10 『二程遺書』, 권2, "物質氣昏, 推不得."

11 『太極圖說』, "二氣交感, 化生萬物. 萬物生生, 而變化無窮焉. 惟人也, 得其秀而最靈."

12 『中庸』, 제20장, "誠者, 天之道. 誠之者, 人之道也."

13 『中庸』, 제22장, "惟天下至誠, 爲能盡其性. 能盡其性, 則能盡人之性. 能盡人之性, 則能盡物之性. 能盡物之性, 則可以贊天地之化育. 可以贊天地之化育, 則可以與天地參矣."

14 로저 에임스 지음, 장원석 옮김,『동양철학, 그 삶과 창조성』, 유교문화연구소, 2005, 21쪽.

15 『朱子語類』, 권5, "心者, 一身之主宰"

16 陳淳,『北溪字義·心』, "心者一身之主宰也. 人之四肢運動, 手持足履, 與夫饑思食, 渴思飮, 夏思葛, 冬思裘, 皆是此心爲之主宰."

17 『朱子語類』, 권5, "問, 人心形而上下如何? 曰, 如肺肝五臟之心, 卻是實有一物. 若今學者所論操舍存亡之心, 則自是神明不測. 故五臟之心受病, 則可用藥補之. 這箇心, 則非菖蒲·茯苓所可補也. 問, 如此, 則心之理乃是形而上否? 曰, 心比性, 則微有跡. 比氣, 則自然又靈."

18 陳淳,『北溪字義·心』, "理與氣合, 方成箇心. 有箇虛靈知覺, 便是心之所以爲主宰處."

19 『朱子語類』, 권58, "蓋知是知此一事, 覺是忽然自理會得."

20 『朱子語類』, 권58, "先知者, 因事而知. 先覺者, 因理而覺. 知者, 因事因物皆可以知. 覺, 則是自心中有所覺悟."

21 『朱子語類』, 권58, "今人知得此事, 講解得這箇道理, 皆知之之事. 及其自悟, 則又自有箇見解處."

22 『朱子語類』, 권5, "所覺者, 心之理也. 能覺者, 氣之靈也."

23 『朱子語類』, 권5, "性·情·心, 惟孟子橫渠說得好. 仁是性, 惻隱是情, 須從心

上發出來. 心, 統性情者也."

24 『朱文公文集』, 권67, "仁・義・禮・智, 性也. 惻隱・羞惡・辭讓・是非, 情也.
以仁愛, 以義惡, 以禮義, 以智知者, 心也. 性者, 心之理也. 情者, 心之用也. 心
者, 性情之主也."

25 『中庸章句』, 제1장, "喜怒哀樂, 情也. 其未發則性也."

26 陳來, 『宋明理學』, 臺灣洪葉出版社, 1993. 156-157.

27 『朱子語類』, 권9, "學者功夫唯在居敬窮理二事. 此二事互相發. 能窮理, 則居敬
工夫日益進. 能居敬, 則窮理工夫日益密."

28 『孟子・盡心章句』, "心者, 人之神明, 所以具衆理而應萬事者也. 性則心之所具
之理, 而天又理之所從以出者也. 人有是心, 莫非全體, 然不窮理, 則有所蔽而無
以盡乎此心之量. 故能極其心之全體而無不盡者, 必其能窮夫理而無不知者也."

29 『朱文公文集』, 권67, "爲學之道, 莫先於窮理. 窮理之要, 必在於讀書."

30 『陸象山全集』, 권35, "伯民云, 如何是盡心? 性・才・心・情如何分別? 先生云,
如吾友此言, 又是支葉. 雖然, 此非吾友之過, 蓋擧世之弊. 今之學者讀書, 只是
解字, 更不求血脈. 且如情性心才只是一般物事, 言偶不同耳."

31 『陸象山全集』, 권1, "此心此理. 實不容有二."

32 이러한 관점에서 徐復觀 씨는 학술사상의 연원으로부터 象山의 사상을 이해
하는 것보다 시대의 과제로부터 象山의 사상을 이해하는 것이 더욱 타당하다
고 여긴다. 徐復觀 『中國思想史論集』臺北, 學生書局, 1959, 14쪽.

33 蔡仁厚, 『宋明理學』(南宋篇), 臺北, 學生書局, 1989, 228쪽.

34 『陸象山全集』 권34, "宇宙不曾限隔人, 人自限隔宇宙."

35 『陸象山全集』 권34, "學苟知本, 六經皆我注脚."

36 『傳習錄』, 권下, "先儒解格物爲格天下之物, 如何格得? 且謂一草一木亦皆有理,
今如何去格? 縱格得草木來, 如何反來誠得自家意?"

37 '정장'이란 형벌은 궁전의 계단 아래(廷)에서 관리를 몽둥이(杖)로 내려치는 대
단히 가혹한 형벌이었다.

38 『王陽明全集』, 권33, "始知聖人之道, 吾性自足, 向之求理於事物者, 誤也."

39 『朱子語類』, 권12, "敬字工夫, 乃聖門第一義. 徹頭徹尾, 不可頃刻間斷."

40 『朱子語類』, 권12, "敬有甚物? 只如畏'字相似. 不是塊然兀坐, 耳無聞, 目無見,
全不省事之謂. 只收斂身心, 整齊純一, 不恁地放縱, 便是敬."

41 『朱子語類』, 권62, "敬只是常惺惺法, 所謂靜中有個覺處."

42 주희는 "불경하지 않으면 상제와도 마주할 수 있다."라고 하였다. 『近思錄』, "毋不敬, 可以對越上帝."

43 『朱子語類』, 권17, "若是敬時, 自然主一無適, 自然整齊嚴肅, 自然常惺惺, 其心收斂, 不容一物."

44 『聖學十圖 · 敬齋箴』, "敬者聖學始終之要."

45 『聖學十圖 · 大學經』, "敬者一心之主宰而萬事之本根也."

46 한덕웅, 『한국유학심리학』, 210쪽.

47 『二程遺書』, 권2上, "昔受學於周茂叔, 每令尋顔子仲尼樂處, 所樂何事."

48 예를 들어 주희의 재전 제자인 董夢程(동몽정), 황정(黃鼎), 호방평(胡方平)등은 폭넓게 관찰하고 살피라는 주자의 방법론에서 급기야 훈고의 학문으로 빠져들었으며, 주자의 후손인 주소회(朱小晦)는 경전의 편찬과 고증 해석에 몰두하기도 하였다. 楊國榮, 김형찬 등 옮김, 『양명학』, 예문서원, 1994, 39쪽.

49 『陸象山全集』, 권34, "學苟知本, 六經皆我注脚."

50 『陳獻章集』, 권2, "僕在不逮人, 年二十七始發憤從吳聘君學. 其於古聖賢垂訓之書, 蓋無所不講, 然未知入處. 比歸白沙, 杜門不出, 專求所以用力之方. 既無師友指ма, 惟日靠書册尋之, 忘寢忘食, 如是者亦累年, 而卒未得焉. 所謂未得, 謂吾此心與此理未有湊泊脗合處也. 於是舍彼之繁, 求吾之約, 惟在靜坐. 久之, 然後見吾此心之體隱然呈露, 有水之有源委也." 於是渙然自信曰 "作聖之功, 其在玆乎!"

51 『陳獻章集』, 권2, "然在學者須自量度何如, 若不至爲禪所誘, 仍多靜方有入處. 若平生忙者, 此尤爲對症藥也."

52 『陳獻章集』, 권4, "聖人與天本無作, 六經之言天注脚. 百氏區區贅疣若, 汗牛充棟故可削. 世人聞見多尙博, 恨不堆書等山岳. … 讀書不爲章句縛, 千卷萬卷皆糟粕."

53 『王陽明全集』, 권7, "世之學者不知求六經之實於吾心, 而徒考索於影響之間, 牽制於文意之末, 硜硜然以爲是六經矣. … 六經, 吾心之記籍也. 而六經之實則求於吾心."

54 曾春海, 『陸象山』, 東大圖書公司, 臺北, 1988, 83쪽.

55 『陳獻章集』, 권4, "雖謂匹夫微, 而能動天地."

56 『王龍溪語錄』, 권1, 「天泉證道紀」, "先生謂學須自證自悟, 不從人脚跟轉, 若執着師門權法以爲定本, 未免滯於言詮, 亦非善學也."

57 『焚書』, 권3,「童心說」, "夫六經 · 『語』 · 『孟』, 非其史官過爲褒崇之詞, 則其臣子極爲贊美之語. 又不然, 則其迂闊門徒, 懵懂弟子, 記憶師說, 有頭無尾, 得後遺前, 隨其所見, 筆之於書. 後學不察, 便謂出自聖人之口也, 決定目之爲經矣, 孰知其大半非聖人之言乎?"

58 『朱子語類』, 권52. "告子外義, 蓋外之而不求, 非欲求之於外也. 曰, 告子直是將義屛除去, 只就心上理會. 因說陸子靜云讀書講求義理, 正是告子義外工夫. 某以爲不然. 如子靜不讀書, 不求義理, 只靜坐澄心, 却似告子義外義."

59 『傳習錄』, 권上, "問靜時亦覺意思好, 才遇事, 便不同, 如何? 先生曰, 是徒知養靜, 而不用克己工夫也. 如此, 臨事便要顚倒. 人須在事上磨, 方立得住, 方能靜亦定, 動亦定."

60 『傳習錄』, 권下. "爾那一点良知, 是爾自家底準則. 爾意念著處, 他是便知是, 非便知非, 更瞞他一些不得. 而只要不欺他, 實實落落依着他做去. 善便存, 惡便去."

61 『傳習錄』, 권下. "良知明白, 隨你去靜處體悟也好, 隨你去事上磨鍊也好, 良知本體原是無動無靜的, 此便是學問頭腦. 我這話頭, 自滁州到今, 亦較過幾番, 只是致良知三字無病. 醫經折肱, 方能察人病理."

62 『傳習錄』, 권下. "只要良知眞切, 雖做擧業的良知, 不爲心累, 亦易覺, 克之而已. 且如讀書時, 良知知得强記之心不是, 卽克去之. 有欲速之心不是, 卽克去之. 有誇多鬪靡之心不是, 卽克去之. 如此, 亦只是終日與聖賢印對, 是箇純乎天理之心. 任他讀書, 亦只是調攝此心而已. 何累之有?"

63 서양의 욕망 이론에 관해서는 자크 라캉, 권택영 엮음, 『욕망이론』, 문예출판사, 1994를 참조하였음.

64 「연보」는 『旴壇直詮』, 台灣廣文書局, 1991의 것을 기본으로 하였음.

65 A.아들러, H.오글러, 설영환 옮김, 『아들러 심리학해설』, 선영사, 1999, 53쪽.

66 『旴壇直詮』, 권下, "萬起萬滅之私亂吾心久矣, 今當一切決去, 以全吾澄然湛然之體"

67 『旴壇直詮』, 권下, "乃閉戶臨田寺, 獨居密室, 幾上置水一盂, 鏡一面, 對坐逾時, 俟此中與水鏡無異, 方展書讀之. 頃或念慮不專, 好掩卷複坐, 習以爲常, 遂成重病."

68 『聖學輯要 · 修己上』, "惟平居, 莊敬自持, 察一念之所從起, 知其爲聲色臭味而發, 則用力克治, 不使之滋長. 知其爲仁義禮智而發, 則一意持守, 不使之變遷."

69 강박사고(obsession)는 개인의 사고, 감정, 행동이 생각, 상상, 소망, 유혹, 금지, 명령에 의해 지배되는 상태를 일컫는 용어로, 자아-이조적(ego-dystonic)이고 자신의 의지에 반하는 사고이다. 똑같은 생각에 반복적으로 잠기는 반추는 강박사고의 변형이다. 반추는 명상, 숙고, 묵상, 골똘히 생각하기 등을 포함하므로 강박적인 사람은 반복적으로 철학적인 문제에 관한 사고에 몰두할 수 있다. 따라서 어떤 문제에 대해 지속적으로 조용히 그리고 불안하게 생각하는 것을 가리킨다. 이러한 모든 현상은 생각에 의해 정서적 갈등을 해결하려는 노력이지만 결론이나 해결은 회피되며, 따라서 개인은 다시 같은 과정을 반복한다. 미국 정신분석학회 편, 이재훈 외 옮김, 『정신분석 용어사전』, 한국심리치료연구소, 2002.

70 『肝壇直詮』, 권下, "兒病出內非由外也. 惟得方寸快暢於道不逆, 則不藥可愈."

71 태조 주원장이 죽고 황태손 혜제(惠帝)가 두번째 황제로 즉위한다. 즉위 후 번왕들을 제거하는 과정 중 즉위한 4년 후인 1402년, 주원장의 네째 아들인 연왕(燕王 : 뒤의 永樂帝) 주체(朱棣)가 황위(皇位)를 찬탈한 뒤, 방효유에게 즉위의 조(詔)를 기초하도록 명하게 되는데, 이때 방효유는 붓을 땅에 내던지며 죽음을 각오하고 명을 거부하였다. 연왕은 노하여 방효유를 극형에 처하였고, 일족과 친우, 제자 등 847명이 연좌되어 죽었다.

72 李夢陽, 『空同先生集』, 권27, 「去婦詞」 "妾悲妾怨凭誰省, 君舞君歌空自憐. 郎君豈是會稽守, 賤妾寧同會稽婦. 郎乎幸愛千金軀, 但願新人故不知."

73 李夢陽, 『空同先生集』, 권6, 「猛虎行」, "我欲擊之刃不在手. 欲往告泰山之軍, 陸無車, 水無舟."

74 프랭클은 강박신경증에 대한 치료에서 그러한 환자의 강박관념에 대한 부자연스러운 무리한 싸움은 오히려 강박증을 높이게 되므로 그들에게 제일 필요한 것은 '평정'과 '유머'라고 했다. 유형철 역, 『프랭클의 심리분석과 정신치료』, 한글, 1993. 218쪽.

75 左東嶺, 『王學與中晚明士人心態』, 人民文學出版社, 2000. 180-181쪽.

76 『肝壇直詮』, 권下, "已昨觀危疾, 而生死毫不動心, 今失科擧, 而得失絶弗攖念. 山農俱不見取曰, 是制欲, 非體仁也. 先生曰, 克去己私, 複還天理, 非制欲, 安能體仁? 山農曰, 子不觀孟子之論四端乎? 知皆擴而充之, 若火之始然, 泉之始達. 如此體仁, 何等直截! 故子患當下日用而不知, 勿妄疑天性生生之或息也."

77 『論語 · 述而』, "我欲仁, 斯仁至矣."

78 『孟子·公孫丑上』, "凡有四端於我者, 知皆擴而充之矣, 若火之始然, 泉之始達. 苟能充之, 足以保四海"

79 모리오카 마사히로 지음, 이창익·조성윤 옮김, 『無痛文明』, 모멘토, 2005, 26쪽.

80 『肝壇直詮』, 권中, "問, 掃浮雲而見天日, 與吾儒宗旨同否? 曰, 後儒亦有錯認以爲治心工夫者. 然與孔·孟宗旨, 則迥然冰炭也. 『論』·『孟』之書具在. 如曰, '苟志於仁矣, 無惡也.' 曰, '我欲仁, 斯仁至矣', 曰, '凡有四端於我者'云云. 看他受用, 渾是青天白日, 何等簡易方便也! 曰, 習染聞見, 難說不是天日的浮雲. 故學者工夫要如磨鏡, 塵垢決去, 光明方顯. 曰, 吾心覺悟的光明, 與鏡面光明卻有不同. 鏡面光明與塵垢原是兩個, 吾心先迷後覺, 卻是一個. 當其覺時, 即迷心爲覺, 則當其迷時, 亦即覺心爲迷也. 夫除覺之外, 更無所謂迷, 而除迷之外, 亦更無所謂覺也. 故浮雲天日, 塵埃鏡光, 俱不足爲喻. 若必欲尋個譬喻, 莫如冰之與水, 猶爲相近. 吾人閑居, 放肆一切利欲愁苦, 即是心迷, 譬則水之遇寒, 凍而凝結成冰, 固滯蒙昧, 勢所必至. 有時師友講論, 胸次瀟灑, 是心開朗, 譬則冰之暖氣消融, 解釋成水, 清瑩活動, 亦勢所必至也. 冰雖凝而水體無殊, 覺雖迷而心體具在, 方見良知宗旨. 貫古今, 徹聖愚, 通天地萬物而無二·無息者也."

81 『周易』, 「復卦·象傳」, "復, 其見天地之心."

82 『周易』, 「繫辭傳下」, "復以自知"

83 『肝壇直詮』, 권上, "復以自知云者, 知得自家原日的心."

84 『肝壇直詮』, 권下, "學問原有兩路. 以用功爲先者, 意念有個存主, 言動有個執持, 不惟其可自考, 亦且衆共見聞. 若性地爲先, 則言動即是現在, 且須更加平淡, 意念亦尙安閒."

85 牛建康, 『明代中後期社會變遷研究』, 台灣 文津出版社, 1997, 175-190쪽 참조.

86 『顏鈞集』, 권3, "會及一月, 士農工商皆日出而作業, 晚皆聚宿會堂, 聯榻究竟. 會及兩月, 老者八九十歲, 牧童十二三歲, 各透心性靈巧, 信口自吟哦, 爲詩爲歌, 爲頌爲贊. 學所得, 雖皆芻蕘俚句, 實發精神活機."

87 楊起元, 『證學編』, "先生之學之教, 不立宗旨, 不執一方, 導迷化執而已矣."

88 『肝壇直詮』, 권下, "善求者, 一切放下. 放下胸中更有何物可有耶?"

4. 심학과 분석심리학

1 아니엘라 야훼 술, 이부영 옮김, 『회상, 꿈 그리고 사상』 집문당, 1996, 17쪽.

2 아니엘라 야훼 술, 『회상, 꿈 그리고 사상』, 220쪽.

3 아니엘라 야훼 술, 『회상, 꿈 그리고 사상』, 224-225쪽.

4 아니엘라 야훼 술, 『회상, 꿈 그리고 사상』, 425-429쪽.

5 『태을금화종지』는 당나라 때 여조(呂祖, 呂洞賓)가 지었다고 전해지는데 노자 · 역경 · 대승불교 · 선종 및 도교 사상 등을 융합하여 선정(禪定)의 방식으로 직관을 통하여 하늘과 교감하고 장생을 추구하는 '금단(金丹)'법을 내용으로 삼고 있다. 빌헬름이 '황금꽃의 비밀(The Secret of Golden Flower)'이라는 제목으로 번역 출간하면서 융에게 서문을 부탁하였는데 융은 자신의 사유와의 놀라운 일치성을 발견하였고, 후에 '동시성(synchronicity)' 원리로 묘사하였다.

6 J.J. 클라크, 『동양은 어떻게 서양을 계몽했는가』, 229-230쪽.

7 융, 김성관 역, 「大解脫」의 序言, 『융 심리학과 동양종교』, 일조각, 2002, 91쪽.

8 아니엘라 야훼 술, 『회상, 꿈 그리고 사상』, 405쪽.

9 이부영, 『분석심리학』, 일조각, 2011, 343쪽.

10 융, 『융 심리학과 동양종교』, 90쪽.

11 융, 『융 심리학과 동양종교』, 100쪽.

12 馮友蘭, 『中國哲學史』, 上冊, 上海商務印書館, 1934, 150쪽.

13 陳來, 『有無之境』, 北京人民出版社, 1991, 394쪽.

14 黃綰, 「陽明先生行狀」, "公於一切得失榮辱皆能超脫, 惟生死一念尙不能遣于心, 乃爲石槨, 自誓曰, 吾今惟俟死而已, 他復何計! 日夜端居黙坐, 澄心精慮, 以求諸精一之中, 一夕忽大悟, 踊躍若狂者."

15 『王心齋全集』, "一夕夢天墜壓身, 萬人奔號求救. 先生獨奮臂托天而起, 見日月列宿失序, 又手自整布如故. 萬人歡呼拜謝. 醒則汗溢如雨, 頓覺心體同徹, 萬物一體宇宙在我之念益切."

16 『明儒學案』, 권17, "先生之學, 獄中閑久靜極, 忽見此心眞體, 光明瑩徹, 萬物皆備."

17 『念庵文集』, "當極靜時, 覺此心中虛無物, 旁通無窮, 如長空雲氣流行, 無所止極, 如大海魚龍變化, 無有間隔. 無內外可指, 無動靜可分, 所謂無在無不在. 吾之一身乃其發竅, 固非形質所能限也."

18 陳來,『有無之境』, 419쪽.

19 陳來,『有無之境』, 390-395쪽.

20 모종삼은 '역각체증'을 '초월적 역각체증'과 '내재적 역각체증'으로 나누어 설명한다. '초월적 역각체증'이란 주자의 스승 이연평(李延平)의 '정좌하는 가운데 희로애락의 감정이 발생하기 이전의 기상을 살핀다.'라는 말처럼 먼저 잠시 일상생활에서 벗어나 일체의 사려를 중단하고 초월적인 천리를 증험한 뒤 그 것이 자신의 마음과 일치함을 체득하는 방법을 일컫는다. 나아가 모종삼은 양명후학의 분화 양상을 이 두 가지 형태로 설명한다. 牟宗三,『從陸象山到劉蕺山』, 臺灣 學生書局, 1990, 230쪽 참조.

21 강영계,『기독교 신비주의 철학』, 삼문, 1986, 171쪽.

22 월터 캡스, 김종서 등 옮김,『현대종교학담론』, 까치, 1999, 399쪽.

23 Mircea Eliade, 이은봉 옮김,『성과 속』, 한길사, 2001, 56쪽.

24 Mircea Eliade,『성과 속』, 62쪽.

25 태산장인이 실종인물인가 혹은 나여방 자신의 신비적 체험을 형상화한 것인가에 대해서 여러 의견이 있는데 牟宗三은 태산장인이 반드시 실존인물일 필요는 없다는 견해를 내놓았다. 牟宗三,『心體與性體(二)』, 125쪽 참조.

26 『羅明德公文集』, "一日倚榻而坐, 恍若一翁而來言曰, 君身病稍康矣, 心病則復何? 先生默不應. 翁曰, 君自有生以來, 遇觸而氣每不動, 當倦而目輒不瞑, 擾攘而意自不分, 夢寐而境悉不忘. 此皆君心錮疾, 乃仍昔也, 可不亟圖瘳耶? 先生愕然, 是則予之心得, 曷言病? 翁曰, 人之身心, 體出天常, 隨物感通, 原無定執. 君以宿生操持, 强力太甚, 一念耿光, 遂成結習. 日中固無紛擾, 夢裡亦自昭然. 君今謾喜無病, 不悟天體漸失, 豈惟心病, 而身亦不能久延矣."

27 철학 치료 이론을 연구하는 호프만은 "철학적 인생 모델을 찾는 과정에서, 황홀경의 상태에서 인생을 긍정하는 엑스터시스의 철학적 태도와 체험한 것들을 성찰하고 분석하는 이성의 철학적 태도를 조화시킬 필요가 있다."고 하였다. 카이 호프만, 박규호 역,『철학이라는 이름의 약국』, 더불어책, 2004, 24쪽.

28 『盱江羅近溪先生全集』,「鄉約全書・里仁鄉約訓語」, "誰無父母, 誰無兄弟, 雖不曾經過孩提愛敬境界. 今雖年紀或有老的, 或有壯的, 或尙幼的, 固皆相去赤子已久. 然一時感通光景, 宛然良知良能如沉睡忽醒, 則中心耿耿, 便於血肉形軀頓爾作得主起. 雖是舊時耳目, 而視聽却分外聰明."

29 牟宗三,『心體與性體(二)』, 125쪽 참조.

30 杜維明,『現代精神與儒家傳統』, 北京, 三聯書店, 1997, 393쪽.

31 융,『융 심리학과 동양종교』, 90쪽.

32 융,『융 심리학과 동양종교』, 14-15쪽.

33 융,『융 심리학과 동양종교』, 109쪽.

34 융,『융 심리학과 동양종교』, 92쪽.

35 아니엘라 야훼 술,『회상, 꿈 그리고 사상』, 373쪽.

36 『傳習錄』下. 先生嘗語學者曰：心體上著不得一念留滯, 就如眼著不得些子塵沙. 些子能得幾多, 滿眼使昏天黑地了. 這一念不但私念, 便好的念頭亦著不得些子. 如眼中放些金玉屑, 眼亦開不得了.

37 아니엘라 야훼 술,『회상, 꿈 그리고 사상』, 373-375쪽.

38 『傳習錄』, 권上. "侃去花間草. 因曰, 天地間何善難培, 惡難去？ 先生曰, 未培未去耳. 少間曰, 此等看善惡, 皆從軀殼起念. 便會錯. 侃未達曰, 天地生意, 花草一般. 何曾有善惡之分？ 子欲觀花, 則以花爲善, 以草爲惡. 如欲用草時, 復以草爲善矣. 此等善惡, 皆由汝心好惡所生. 故知是錯. 曰, "然則無善無惡乎？曰, 無善無惡者理之靜. 有善有惡者氣之動. 不動於氣, 卽無善無惡. 是謂至善. 曰, 佛氏亦無善無惡. 何以異？ 曰, 佛氏著在無善無惡上, 便一切都不管, 不可以治天下. 聖人無善無惡, 只是無有作好, 無有作惡. 不動於氣. … 曰, 草旣非惡, 卽草不宜去矣？ 曰, 如此卻是佛老意見. 草若是礙, 何妨汝去？ 曰, 如此又是作好作惡. 曰, 不作好惡, 非是全無好惡. 卻是無知覺的人. 謂之不作者, 只是好惡一循於理. 不去又著一分意思. 如此卽是不曾好惡一般."

39 『傳習錄』, 권下, "先生曰, 仙家說到虛, 聖人豈能虛上加得一毫？佛氏說到無, 聖人豈能無上加得一毫有？但仙家說虛從養生上來, 佛氏說無從出離生死苦海上來, 卻於本體上加卻這些子意思在, 便不是他虛無的本色了. 便於本體有障礙, 聖人只是還他良知的本色更不著些子意在."

40 『傳習錄』, 권中, "不思善不思惡時, 認本來面目.' 此佛氏爲未識本來面目者, 設此方便. 本來面目, 則吾聖門所謂良知"

41 아니엘라 야훼 술,『회상, 꿈 그리고 사상』, 401쪽.

42 오가와 가츠유키 등, 신민형 옮김,『융심리학 국제 심포지움』, 선영사, 1999, 133쪽.

43 융은 이러한 자기실현은 지난하다고 여기며 완전한 실현자 가운데 하나로 부

처를 예로 들며 부처에게 자기는 모든 신을 넘어선 존재이며 인간의식의 우주 생성론적 위엄을 인식하고 이해한 인물로 묘사하였다. 아니엘라 야훼 술, 이부영 옮김,『회상, 꿈 그리고 사상』, 319쪽.

44 아니엘라 야훼 술,『회상, 꿈 그리고 사상』, 280쪽.

45 니체, 최문규 옮김,『바이로이트의 리하르트 바그너』, 책세상, 2005.

46 레지날드 J. 홀링데이 지음, 김기복 · 이원진 옮김.『니체, 그의 삶과 철학』, 이제이북스, 2004, 100쪽.

47 진은영.『니체, 영원회귀와 차이의 철학』, 그린비, 2007, 31-32쪽.

48 진은영.『니체, 영원회귀와 차이의 철학』, 42쪽.

49 니체, 정동호 옮김,『차라투스트라는 이렇게 말했다』, 책세상, 2010, 38-41쪽.

50 『傳習錄』, 권下, "你看滿街人是聖人, 滿街人倒看你是聖人在"

51 C. S. 홀(외), 최현 옮김,『융 심리학 입문』, 범우사, 1999, 68-69쪽.

52 『明史』, 권224,「列傳」, 제112目錄,「隱藏」, 上一篇, "佛氏之學, 初不溺於儒. 乃汝芳假聖賢仁義心性之言, 倡爲見性成佛之敎, 謂吾學直捷, 不假修爲. 於是, 以傳注爲支離, 以經書爲糟粕, 以躬行實踐爲迂腐, 以綱紀法度爲桎梏."

53 카이 호프만,『철학이라는 이름의 약국』, 11쪽.

54 『論語 · 述而』, "志於道."

55 『旴壇直詮』, 권上, "道之爲道, 不從天降, 亦不從地出. 切近易見, 則赤子下胎之初, 啞啼一聲是也. 聽著此一聲啞啼, 何等迫切! 想著此一聲啞啼, 多少意味. 其時骨肉之情, 依依戀戀, 乾發也似分離不開, 頃刻也似安歇不過. 眞是繼之者善, 成之者性, 而直見乎天地之心."

56 어빙 옐롬, 임경수 옮김,『실존주의 심리치료』, 학지사, 2007, 16쪽.

57 『旴壇直詮』, 권上, "吾心實有如是本體, 實有如是朗照, 實有如是澄湛, 實有如是自在寬舒."

58 이부영,『자기와 자기실현』, 한길사, 2002. 31-40쪽 및 C. S. 홀(외),『융 심리학 입문』, 42-43쪽 참조.

59 『旴壇直詮』, 권下, "講學一節, 眞是人生救性命大事, 非尋常等倫也."

60 『焚書』,「童心說」, "夫童心者, 眞心也. 若以童心爲不可, 是以眞心爲不可也. 夫童心者, 絕假純眞, 最初一念之本心也. 若夫失卻童心, 便失卻眞心. 失卻眞心, 便失卻眞人. 人而非眞, 全不複有初矣. 童子者, 人之初也. 童心者, 心之初也. 夫心之初, 曷可失也! 然童心胡然而遽失也? 蓋方其始也, 有聞見從耳目而入, 而以爲主於其內而童心失. 其長也, 有道理從聞見而入, 而以爲主於其內而童心失. 其久也, 道理聞見日以益多, 則所知所覺日以益廣. 於是焉又知美名之可好也, 而務欲以揚之而童心失, 知不美之名之可醜也, 而務欲以掩之而童心失 … 然則六經『語』『孟』乃道學之口實, 假人之淵藪也, 斷斷乎其不可以語於童心之言明矣. 嗚呼! 吾又安得眞正大聖人之童心未曾失者, 而與之一言文哉!"

61 『焚書』, 「答耿中丞」, "夫天下之民物衆矣, 若必欲其皆如吾之條理, 則天地亦且不能. 是故寒能折膠, 而不能折朝市之人. 熱能伏金, 而不能伏競奔之子. 何也? 富貴利達所以厚吾天生之五官, 其勢然也. 是故聖人順之, 順之則安之矣. 是故貪財者與之以祿, 趨勢者與之以爵, 强有力者與之以權, 能者稱事而官, 懦者夾持而使. 有德者隆之虛位, 但取具瞻, 高才者處以重任, 不問出入. 各從所好, 各騁所長, 無一人之不中用."

62 이진우, 『니체, 실험적 사유와 극단의 사상』, 책세상, 2009, 142쪽.

5. 심학과 인본주의 심리학

1 Watson, J, B. Psychology as the behaviorist views it, *Psychological Review*, 20, 158.

2 Brett King 등 편저, 『심리학사』, 764-765쪽.

3 Brett King 등 편저, 『심리학사』, 764-765쪽.

4 아브라함 H. 매슬로 지음, 정태현, 노현정 옮김, 『존재의 심리학』, 문예출판사, 2012. 151쪽.

5 아브라함 H. 매슬로 지음, 『존재의 심리학』, 129쪽.

6 Brian Thorne, 이영희 등 옮김, 『칼 로저스』, 학지사, 2007, 167쪽.

7 Brian Thorne, 『칼 로저스』, 79쪽.

8 라이너 풍크, 김희상 옮김, 『내가 에리히 프롬에게 배운 것들』, 갤리온, 2008, 36쪽.

9 Brett King 등 편저, 『심리학사』, 779쪽.

10 Brett King 등 편저, 『심리학사』, 749쪽.

11 조긍호, 『선진유학사상의 심리학적 함의』, 500쪽.

12 Tu, W. M. Ultimate Self-transformation as a Communal Act. *Journal of Chinese Philosophy* 6. 1979. 237쪽.

13 Tu, W. M. Selfhood and otherness in Confucian thought. In A. J. Marsella, G. DeVos, & F. L. K. Hsu (Eds.), *Culture and self: Asian and Western perspectives.* New York: Tavistock. 231-233쪽.

14 朱熹, 『近思錄』, "爲天地立心, 爲生民立命, 爲往聖繼絶學, 爲萬世開太平."

15 『傳習錄』, 권上, "只念念要存天理, 卽是立志. 能不忘乎此, 久則自然心中凝聚. 猶道家所謂結聖胎也. 此天理之念常存, 馴至於美大聖神, 亦只從此一念存養擴充去耳."

16 唐君毅, 『人生之體驗續編』, 76쪽.

17 E. 프롬 등, 『선과 정신분석』, 정음사, 1981, 112쪽.

18 매슬로, 林方譯, 『人性能達的境界』, 雲南人民出版社, 20쪽.

19 Brian Thorne, 『칼 로저스』, 96쪽.

20 Brian Thorne, 『칼 로저스』, 226쪽.

21 Brian Thorne, 『칼 로저스』, 187쪽.

22 『王陽明全集』, 「年譜」, 31세조, "往來南屛, 虎跑諸刹, 有禪僧坐關三年, 不語不視. 先生喝之日, 這和尙終日口巴巴說甚麼! 終日眼睜睜看甚麼! 僧驚起, 卽開視對語. 先生問其家. 對日, 有母在. 日, 起念否? 對日, 不能不起. 先生卽指愛親本性諭之, 僧涕泣謝. 明日問之, 僧已去矣."

23 오카다 타케히코(岡田武彦) 지음, 정지욱 옮김, 『나 뛰어넘을 것인가 깨어있을 것인가』, 문사철, 2009, 33-34쪽.

24 뚜 웨이밍 지음, 권미숙 옮김, 『한 젊은 유학자의 초상』, 통나무, 1994, 115쪽.

25 『傳習錄』, 권下, "或問, 釋氏亦務養心. 然要之不可以治天下, 何也? 先生日, 吾儒養心未嘗離卻事物, 只順其天則自然就是功夫. 釋氏卻要盡絶事物, 把心看做幻相, 漸入虛寂去了, 與世間若無些子交涉, 所以不可治天下."

26 『王陽明全集』, 「年譜」, 52세조, "說兼取便不是. 聖人盡性至命, 何物不具? 何待兼取? 二氏之用, 皆我之用. 卽吾盡性至命中完養此身, 謂之仙. 卽吾盡性至命中不染世累, 謂之佛. 但後世儒者不見聖學之全, 故與二氏成二見耳. 譬之廳堂, 三間共爲一廳. 儒者不知皆我所用, 見佛氏則割左邊一間與之, 見老氏則割右邊一間與之, 而己則自處中間, 皆擧一而廢百也. 聖人與天地民物同體, 儒·佛·老·莊皆吾之用, 是之謂大道. 二氏自私其身, 是之謂小道."

27 E. 프롬 등, 『선과 정신분석』, 78쪽.

28 라이너 풍크, 『내가 에리히 프롬에게 배운 것들』, 28쪽.

29 『傳習錄』, 권上, "眞知卽所以爲行. 不行不足謂之知."

30 줄리아 칭, 이은선 옮김, 『지혜를 찾아서: 왕수인의 길』, 분도출판사, 1998, 98-99쪽.

31 『傳習錄』, 권上, "知是行的主意, 行是知的功夫. 知是行之始. 行是知之成."

32 E. 프롬 등, 『선과 정신분석』, 81-82쪽.

33 E. 프롬 등, 『선과 정신분석』, 82쪽.

34 아들러의 심리학 이론은 A. 아들러, H. 오글러 지음, 설영환 옮김, 『아들러 심리학 해설』, 선영사, 1999. 참조.

35 빅토르 E. 프랑클, 임헌만 옮김, 『무의식의 하나님』, 그리심. 2004, 86-87쪽.

36 빅토르 E. 프랑클, 임헌만 옮김, 『무의식의 하나님』, 26쪽.

37 『傳習錄』, 권中, "是以每念斯民之陷溺, 則爲之戚然痛心, 忘其身之不肖, 而思以此救之, 亦不自知其量者. 天下之人見其若是, 遂相與非笑而詆斥之, 以爲是病狂喪心之人耳. 嗚呼, 是奚足恤哉? 吾方疾痛之切體, 而瑕計人之非笑乎? 人固有見其父子兄弟之墜溺於深淵者, 呼號匍匐, 裸跣顚頓, 扳懸崖壁而下拯之. 士之見者, 方相與揖讓談笑於其旁, 以爲棄其禮貌衣冠而呼號顚頓若此, 是病狂喪心者也. 故夫揖讓談笑於溺人之旁而不知救, 此惟行路之人, 無親戚骨肉之情者能之, 然已謂之無惻隱之心, 非人矣. 若失在父子兄弗之愛者, 則固未有不痛心疾首, 狂奔盡氣, 匍匐而拯之, 彼將陷溺之禍有不顧, 而況於病狂喪心之譏乎? 而又況於蘄人信與不信乎? 嗚呼, 今之人雖謂仆爲病狂喪心之人, 亦無不可矣. 天下之人, 皆吾之心也. 天下之人猶有病狂者矣, 吾安得而非病狂乎? 猶有喪心者矣, 吾安得而非喪心乎?"

38 빅토르 E. 프랑클, 이희재 옮김, 『삶의 의미를 찾아서』, 아이서브, 2003, 181쪽.

39 牟宗三, 『中西哲學之會通14講』, 台灣學生書局, 1980, 96쪽.

40 빅토르 E. 프랑클, 『무의식의 하나님』, 71쪽.

41 빅토르 E. 프랑클, 『무의식의 하나님』, 77쪽.

42 『傳習錄』, 권下, "爾那一點良知, 是爾自家底準則. 爾意念著處, 他是便知是, 非便知非, 更瞞他一些不得."

43 牟宗三, 『王陽明致良知敎』, 台灣中央文物供應社, 1971, 98쪽.

44 양명은 '昭明靈覺', '虛靈明覺', '虛靈不昧', '昭然不昧' 등 불교 용어를 빌어 양지를 표현하는데 '明覺'이란 거울이 아름답든 추하든 자신을 들여다보는 대상에 대해 조금도 가감 없이 있는 그대로 비추듯 자신의 모든 행위의 옳고 그름을

분별할 수 있는 능력을 의미한다.

45 牟宗三, 『智的直覺與中國哲學』, 台灣商務印書館, 1987, 196쪽.

46 아브라함 H. 매슬로 지음, 『존재의 심리학』, 14쪽.

47 『論語・憲問』, "古之學者爲己, 今之學者爲人."

48 아브라함 H. 매슬로 지음, 『존재의 심리학』, 95쪽.

49 아브라함 H. 매슬로 지음, 『존재의 심리학』, 65-66쪽.

50 아브라함 H. 매슬로 지음, 『존재의 심리학』, 186-188쪽.

51 아브라함 H. 매슬로 지음, 『존재의 심리학』, 138쪽.

52 아브라함 H. 매슬로 지음, 『존재의 심리학』, 203쪽.

53 아브라함 H. 매슬로 지음, 『존재의 심리학』, 187쪽.

54 아브라함 H. 매슬로 지음, 『존재의 심리학』, 145쪽.

55 Goble, F. G. 呂明譯, 『第三思潮, 馬斯洛心理學』, 上海譯文出版社, 2006, 79-80쪽.

56 『陸象山全集』, "宇宙內事乃己分內事, 己分內事內宇宙內事. … 宇宙便是吾心, 吾心卽是宇宙."

57 『尸子』, "四方上下曰宇, 往古來今日宙."

58 『陸象山全集』, "六經註我, 我註六經"

59 '나-너의 만남'은 마틴 부버(Martin Buber, 1878-1965)가 자신의 저서 『I and Thou』에서 사용한 개념으로 매슬로는 심리 치료에서 치료자가 환자와 일체가 되어야 한다는 의미로 사용하였다.

60 林安梧, 『中國宗敎與意義治療』, 臺灣明文書局, 1996, 60-61쪽.

61 「大學問」, "大人者, 以天地萬物爲一體者也. 其視天下猶一家, 中國猶一人焉. … 大人之能以天地萬物爲一體也, 非意之也. 其心之仁本若是, 其與天地萬物而爲一也."

62 『二程粹言』, 권下, 「定性書」, "夫天地之常, 以其心普萬物而無心. 聖人之常, 以其情順萬物而無情. 故君子之學, 莫若廓然而大公, 物來而順應."

63 아브라함 H. 매슬로 지음, 『존재의 심리학』, 236쪽.

64 『王陽明全集・詠良知詩』, "無聲無臭獨知時, 此是乾坤萬有基"

65 林安梧, 『中國宗敎與意義治療』, 112쪽.

66 아브라함 H. 매슬로 지음, 『존재의 심리학』, 392쪽.

67 아브라함 H. 매슬로 지음, 『존재의 심리학』, 92쪽.

68 아브라함 H. 매슬로 지음, 『존재의 심리학』, 85쪽.

69 黃宗羲, 『明儒學案』, 권10, 「姚江學案」, "自姚江指出良知人人現在, 一反觀而自得, 便人人有個作聖之路. 故無姚江, 則古來之學脈絶矣."

70 아브라함 H. 매슬로 지음, 『존재의 심리학』, 117쪽.

71 아브라함 H. 매슬로 지음, 『존재의 심리학』, 220쪽.

72 陸隴, 『陸稼書先生文集』, "其弊也, 至蕩軼禮法, 蔑視倫常, 天下之人恣睢橫肆, 不復自安於規矩繩墨之內, 而百病交作."

73 아브라함 H. 매슬로 지음, 『존재의 심리학』, 221쪽.

74 아브라함 H. 매슬로 지음, 『존재의 심리학』, 214쪽.

75 羅汝芳, 『肝壇直詮』, "聖人者常人而肯安心者也. 凡人者聖人而不肯安心者也."

6. 심학과 트랜스퍼스널 심리학

1 Bruce W. Scotton 등 공저, 김명권 등 공역, 『자아초월심리학과 정신의학』, 학지사, 2008, 88쪽.

2 아브라함 H. 매슬로 지음, 정태연, 노현정 옮김, 『존재의 심리학』, 문예출판사, 2012, 59쪽.

3 J.J. 클라크, 장세룡 옮김, 『동양은 어떻게 서양을 계몽했는가』, 233쪽.

4 Brett King 등 편저, 『심리학사』, 750쪽.

5 정인석, 「개아를 초월한 트랜스퍼스널 심리학」, http://transpersonal.or.kr

6 Ken Wilber, 조옥경 옮김, 『통합심리학』, 학지사, 2008, 28-29쪽.

7 윌버는 자신의 '통합심리학'은 '자아초월 심리학'과는 다르다고 주장하지만, 많은 사람들은 윌버를 '자아초월 심리학'의 영역에 묶어서 본다. Bruce W. Scotton 등 저, 김명권 등 공역, 『자아초월 심리학과 정신의학』, 학지사, 2008. 정인석, 『트랜스퍼스널 심리학』, 대왕사, 2009. 등의 책은 켄 윌버의 이론을 '트랜스퍼스널 심리학'의 영역에 포함해서 다루고 있다.

8 그림은 http://www.kheper.net/topics/Wilber/Wilber_I.html에서 발췌한 것임.

9 켄 윌버, 김철수 역, 『무경계』, 무우수, 2005, 33쪽.

10 정인석, 『트랜스퍼스널 심리학』, 대왕사, 2009, 56쪽.

11 켄 윌버, 박정숙 역, 『의식의 스펙트럼』, 범양사, 2006, 34-37쪽 참조.

12 융, 김성관 역, 「티베트의 大解脫經에 관한 심리학적 주석」, 『융 심리학과 동

양종교』, 8쪽.

13 서양에서는 몸과 대립관계로서의 마음이 아닌, 실재로서의 마음에 대해 슈레
딩거의 제안에 따라 대문자 'M'을 넣어 'Mind'라는 명칭을 붙이는데 이것은 동
양의 '心' 개념과 상응한다고 할 수 있다.

14 켄 윌버,『무경계』, 30-31쪽 참조.

15 Ken Wilber,『통합심리학』, 31-35쪽 참조.

16 Ken Wilber,『통합심리학』, 164쪽.

17 「大學問」, "大人者, 以天地萬物爲一體者也. 其視天下猶一家, 中國猶一人焉.
… 是故見孺子之入井, 而必有怵惕惻隱之心焉, 是其仁之與孺子而爲一體也.
孺子猶同類者也, 見鳥獸之哀鳴觳觫, 而必有不忍之心, 是其仁之與鳥獸而爲一
體也. 鳥獸猶有知覺者也, 見草木之摧折而必有憫恤之心焉, 是其仁之與草木而
爲一體也. 草木猶有生意者也, 見瓦石之毀壞而必有顧惜之心焉, 是其仁之與瓦
石而爲一體也. 是其一體之仁也, 雖小人之心亦必有之. 是乃根於天命之性, 而
自然靈昭不昧者也, 是故謂之明德. … 是故親吾之父, 以及人之父, 以及天下人
之父, 而後吾之仁實與吾之父, 人之父與天下人之父而爲一體矣. 實與之爲一體,
而後孝之明德始明矣. 親吾之兄, 以及人之兄, 以及天下人之兄, 而後吾之仁實
與吾之兄, 人之兄與天下人之兄而爲一體矣. 實與之爲一體, 而後弟之明德始明
矣. 君臣也, 夫婦也, 朋友也, 以至於山川鬼神鳥獸草木也, 莫不實有以親之, 以
達吾一體之仁, 然後吾之明德始無不明, 而眞能以天地萬物爲一體矣."

18 Chung-ying Cheng(成中英),「양명 심학의 창조성과 통일성」, 박연수 편역,
『양명학이란 무엇인가』, 경희종합출판사, 1997, 127쪽.

19 왕수인은 사랑의 마음을 양지로 통섭하여 "양지는 조화의 정령이다. 이러한
조화는 하늘을 낳고 땅을 낳으며, 귀신이 되고 상제가 되는 등 모든 것이 이
로부터 나오니 참으로 대적할만한 것이 없다. 사람이 만약 이 양지를 완전하
게 회복하여 조금이라도 모자라함이 없으면 자신도 모르는 사이에 저절로 춤
이 나오니, 에 세상에 어떤 즐거움이 이를 대신할 수 있을지 모르겠다."『傳習
錄』, 권下, "良知是造化的精靈, 這些精靈, 生天生地, 成鬼成帝, 皆從此出, 眞是
與物無對. 人若複得他完完全全, 無少虧欠, 自不覺手舞足蹈, 不知天地閒更有
何樂可代."라고 하였다. Wing-tsit Chan(陳榮捷)은 '조화의 정령'을 '창조의 영'
으로 해석하였다. Wing-tsit Chan,「양명학의 불교적 특색」, 박연수 편역,『양
명학이란 무엇인가』, 39쪽.

20 Thome H. Fang(方東美)는「대학문」의 '靈昭不昧'를 '영적인 빛'으로 번역하였다. Thome H. Fang,「역사적 관점에서 본 양명학의 진수」, 박연수 편역,『양명학이란 무엇인가』, 80쪽.

21 『傳習錄』, 권下, "耳·目·口·鼻·四肢, 身也, 非心安能視·聽·言·動? 心欲視·聽·言·動, 無耳·目·口·鼻·四肢亦不能. 故無心則無身, 無身則無心. 但指其充塞處言之謂之身, 指其主宰處言之謂之心, 指心之發動處謂之意, 指意之靈明處謂之知, 指意之涉著處謂之物, 只是一件."

22 켄 윌버,『무경계』, 27쪽.

23 켄 윌버,『무경계』, 48쪽.

24 정인석,『트랜스퍼스널 심리학』, 200-201쪽.

25 켄 윌버,『무경계』, 83쪽.

26 켄 윌버,『의식의 스펙트럼』, 411쪽.

27 켄 윌버,『무경계』, 196쪽.

28 왕수인의 생애는 뚜 웨이밍 지음, 권미숙 옮김,『한 젊은 유학자의 초상』, 49-50쪽에서 발췌하였음.

29 『傳習錄』, 권中, "夫人者天地之心. 天地萬物本吾一體者也. 生民之困苦荼毒, 孰非疾痛之切於吾身者乎？"

30 『傳習錄』, 권中, "相陵相賊, 自其一家骨肉之親, 已不能無爾我勝負之意. 彼此藩籬之形, 而況於天下之大, 民物之衆, 又何能一體而視之. 則無怪於紛紛籍籍而禍亂相尋於無窮矣.

31 『傳習錄』, 권下, "先生遊南鎭, 一友指岩中花樹問曰, 天下無心外之物. 如此花樹, 在深山中自開自落, 於我心亦何相關? 先生曰, 爾未看此花時, 此花與汝心同歸於寂. 爾來看此花時, 則此花顏色一時明白起來. 便知此花不在爾的心外."

32 Irvin D. Yalom, 임정수 역,『실존주의 심리치료』, 학지사, 2007, 271쪽.

33 『傳習錄』, 권下, "先生嘗語學者曰, 心體上著不得一念留滯, 就如眼著不得些子塵沙. 些子能得幾多, 滿眼使昏天黑地了. 又曰, 這一念不但私念, 便好的念頭亦著不得些子. 如眼中放些金玉屑, 眼亦開不得了."

34 켄 윌버,『무경계 각성』, 78쪽.

35 김철수,「켄 윌버의 사상」,『무경계』, 298쪽.

36 켄 윌버,『의식의 스펙트럼』, 250쪽.

37 「大學問」, "大人者, 以天地萬物爲一體者也. 其視天下猶一家, 中國猶一人焉.

若夫間形骸而分爾我者, 小人矣."

38 『傳習錄』, 권下. "問, 人心與物同體. 如吾身原是血氣流通的, 所以謂之同體. 若
於人便異體了, 禽獸草木益遠矣. 而何謂之同體？ 先生曰, 你只在感應之幾上
看. 豈但禽獸草木, 雖天地也與我同體的, 鬼神也與我同體的. 請問. 先生曰, 你
看這箇天地中間, 甚麼是天地的心？"對曰, "嘗聞人是天地的心."曰, "人又甚
麼教做心？"對曰, "只是一箇靈明.""可知充天塞地中間, 只有這箇靈明. 人只
爲形體自間隔了. 我的靈明, 便是天地鬼神的主宰. 天沒有我的靈明, 誰去仰他
高？地沒有我的靈明, 誰去俯他深. 鬼神沒有我的靈明, 誰去辯他吉凶災祥？天
地鬼神萬物, 離卻我的靈明, 便沒有天地鬼神萬物了. 我的靈明, 離卻天地鬼神
萬物, 亦沒有我的靈明. 如此, 便是一氣流通的, 如何與他間隔得？"又問, "天地
鬼神萬物, 千古見在, 何沒了我的靈明, 便俱無了？"曰, "今看死的人, 他這些精
靈游散了, 他的天地鬼神萬物尙在何處？"

39 『傳習錄』, 권中, "蓋其天地萬物一體之仁, 疾痛迫切, 雖欲已之而自有所不容
已."

40 『王心齋全集』, 권4, 「樂學歌」, "心本自樂, 自將私欲縛. 私欲一萌時, 良知還自
覺. 一覺便消除, 人心依舊樂. 樂是樂此學, 學是學此樂. 不樂不是學, 不學不是
樂. 樂便然後學, 學便然後樂. 樂是學, 學是樂. 嗚呼! 天下之樂, 何如此學. 天下
之學, 何如此樂?"

참고문헌

『論語』　　　　　　　『孟子』　　　　　　　『中庸』

『荀子』　　　　　　　『墨子』　　　　　　　『韓非子』

『左傳』　　　　　　　『周易』　　　　　　　『帝王世紀』

『春秋公羊傳』　　　　『禮記』　　　　　　　『國語』

『明史』　　　　　　　『皇帝內徑』　　　　　『青囊秘篆』

『大正藏』　　　　　　『藏外道書』　　　　　僧祐撰, 『弘明集』

許愼, 『說文解字』　　揚雄, 『法言』　　　　慧能, 『六祖壇經』

陸九淵, 『陸象山集』　李時珍, 『本草綱目』　張仲景, 『金匱玉函經』

韓愈, 「納涼聯句」　　　陳建, 『學蔀通辨』　　釋道原, 『景德傳燈錄』

李肇, 『唐國史補』　　　許浚, 『東醫寶鑑 · 以道療病』

范浚, 『香溪集』　　　　李顒, 『悔過自新說』

周敦頤, 『太極圖說』　　程顥 · 程頤, 『二程遺書』

朱熹, 『近思錄』　　　　朱熹, 『朱文公文集』

朱熹, 『朱子語類』　　　朱熹, 『延平先生問答』

陸九淵, 『陸象山全集』　王守仁, 『王陽明全書』

王守仁, 『傳習錄』　　　陳淳, 『北溪字義』

王畿, 『王畿集』　　　　王畿, 『王龍溪語錄』

李滉, 『聖學十圖』　　　李珥, 『聖學輯要』

黃宗羲, 『明儒學案』　　陳獻章, 『陳獻章集』

王艮, 『王心齋全集』　　李贄, 『焚書』

羅汝芳, 『盱壇直詮』　　羅汝芳, 『羅明德公文集』

羅汝芳, 『盱江羅近溪先生全集』

顏鈞, 『顏鈞集』　　　　楊起元, 『證學編』

李夢陽, 『空同先生集』

牟宗三, 『中國哲學的特質』, 臺灣學生書局, 1988.

牟宗三, 『從陸象山到劉蕺山』, 臺灣學生書局, 1990.

牟宗三, 『心體與性體』, 臺灣正中書局, 1968.

牟宗三, 『中西哲學之會通14講』, 台灣學生書局, 1980.

牟宗三, 『王陽明致良知教』, 台灣中央文物供應社, 1971.

牟宗三, 『智的直覺與中國哲學』, 台灣商務印書館, 1987.

唐君毅, 『人生之體驗續編』, 臺灣學生書局, 1996.

馮友蘭, 『三松堂學述文集』, 北京大學出版社, 1984.

馮友蘭, 『中國哲學史』, 上海商務印書館, 1934.

陳來, 『有無之境』, 北京人民出版社, 1991.

徐復觀, 『中國思想史論集』, 臺北, 學生書局, 1959.

勞思光, 『中國哲學史』, 臺灣三民書局, 1990.

蔡仁厚, 『宋明理學』(南宋篇), 臺北, 學生書局, 1989.

曾春海, 『陸象山』, 東大圖書公司, 臺北, 1988.

陳來 지음, 전병욱 옮김, 『양명철학』, 예문서원, 2003.

陳來, 『宋明理學』, 臺灣洪葉出版社, 1993.

汪鳳炎, 『中國心理思想史』, 上海教育出版社, 2008.

郝志等, 『中醫心理治療學』, 人民衛生出版社, 2009.

楊鑫輝, 『中國心理思想史』, 江西敎育出版社, 1994.

越士林, 『心靈學問』. 雲南人民出版社, 1997.

徐儀明, 『易學心理學』, 北京中國書店, 2007.

王邦雄等, 『中國哲學史』, 臺灣國立空中大學, 1995.

左東嶺, 『王學與中晚明士人心態』, 人民文學出版社, 2000.

牛建康, 『明代中後期社會變遷研究』, 台灣文津出版社, 1997.

杜維明, 『現代精神與儒家傳統』, 北京三聯書店, 1997.

林安梧, 『中國宗敎與意義治療』, 臺灣明文書局, 1996.

E. G. Boring, 高覺敷 譯, 『實驗心理學史』, 北京商務印書館, 1981.

오가와 가츠유키 등, 신민형 옮김, 『융심리학 국제 심포지움』, 선영사, 1999.

조긍호, 『유학심리학』, 나남, 1998.

조긍호, 『선진유학사상의 심리학적 함의』, 서강대학교 출판부, 2008.

최상진, 『한국인 심리학』, 중앙대학교 출판부, 2000.

임헌규, 『유가의 심성론과 현대 심리철학』, 철학과 현실사, 2001.

한덕웅, 『한국유학심리학』, 시그마프레스, 2003.

이죽내,『융심리학과 동양사상』, 하나의학사, 2005.

최상진 등,『동양심리학』, 지식산업사, 1999.

이부영,『분석심리학』, 일조각, 2011.

미국 정신분석학회 편, 이재훈 외 옮김,『정신분석 용어사전』, 한국심리치료연구
    소, 2002.

Robert H. Wonnizk저, 진영선 · 한일조 공역,『마음 · 뇌 · 심리』, 학지사, 2011.

J. J. 클라크, 장세룡 옮김,『동양은 어떻게 서양을 계몽했는가』, 우물이 있는 집,
    2004.

박찬욱 기획,『마음, 어떻게 움직이는가』, 운주사, 2009.

김세정,『왕수인의 생명철학』, 청계출판사, 2006.

D. Breet King 등 편저, 임성택 등 역,『심리학사』, 교육과학사, 2009.

쇠얀 키르케고르, 임춘갑 옮김,『죽음에 이르는 병』, 다산글방, 2007.

이광래 등,『마음, 철학으로 치료한다』, 지와 사랑, 2011.

모종삼 저, 김기주 옮김,『심체와 성체』, 소명출판사, 2012.

로저 에임스, 장원석 옮김,『동양철학, 그 삶과 창조성』, 유교문화연구소, 2005.

자크 라캉, 권택영 엮음,『욕망이론』, 문예출판사, 1994.

A.아들러, H.오글러, 설영환 옮김,『아들러 심리학해설』, 선영사, 1999.

미국 정신분석학회 편, 이재훈 외 옮김,『정신분석 용어사전』, 한국심리치료연구
    소, 2002.

유형철 역,『프랭클의 심리분석과 정신치료』, 한글, 1993. 218쪽.

모리오카 마사히로, 이창익 · 조성윤 옮김,『無痛文明』, 모멘토, 2005.

아니엘라 야훼 술, 이부영 옮김,『회상, 꿈 그리고 사상』 집문당, 1996.

융, 김성관 역,『융 심리학과 동양종교』, 일조각, 2002.

이부영,『분석심리학』, 일조각, 2011.

강영계,『기독교 신비주의 철학』, 삼문, 1986.

월터 캡스, 김종서 등 옮김,『현대종교학담론』, 까치, 1999.

어빙 옐롬, 임경수 옮김,『실존주의 심리치료』, 학지사, 2007.

카이 호프만, 박규호 역,『철학이라는 이름의 약국』, 더불어책, 2004.

니체, 최문규 옮김,『바이로이트의 리하르트 바그너』, 책세상, 2005.

니체, 정동호 옮김,『차라투스트라는 이렇게 말했다』, 책세상, 2010.

진은영,『니체, 영원회귀와 차이의 철학』, 그린비, 2007.

레지날드 J. 홀링데이, 김기복 · 이원진 옮김, 『니체, 그의 삶과 철학』, 이제이북스, 2004.

Mircea Eliade, 이은봉 옮김, 『성과 속』, 한길사, 2001.

C. S. 홀(외), 최헌 옮김, 『융 심리학 입문』, 범우사, 1999.

이부영, 『자기와 자기실현』, 한길사, 2002.

이진우, 『니체, 실험적 사유와 극단의 사상』, 책세상, 2009.

아브라함 H. 매슬로, 정태현, 노현정 옮김, 『존재의 심리학』, 문예출판사, 2012.

Brian Thorne, 이영희 등 옮김, 『칼 로저스』, 학지사, 2007.

라이너 풍크, 김희상 옮김, 『내가 에리히 프롬에게 배운 것들』, 갤리온, 2008.

E. 프롬 등, 『선과 정신분석』, 정음사, 1981.

오카다 타케히코(岡田武彦), 정지욱 옮김, 『나 뛰어넘을 것인가 깨어있을 것인가』, 문사철, 2009.

뚜 웨이밍, 권미숙 옮김, 『한 젊은 유학자의 초상』, 통나무, 1994.

줄리아 칭, 이은선 옮김, 『지혜를 찾아서: 왕수인의 길』, 분도출판사, 1998.

A. 아들러, H. 오글러, 설영환 옮김, 『아들러 심리학 해설』, 선영사, 1999.

빅토르 E. 프랑클, 임헌만 옮김, 『무의식의 하나님』, 그리심, 2004.

빅토르 E. 프랑클, 이희재 옮김, 『삶의 의미를 찾아서』, 아이서브, 2003.

Bruce W. Scotton 등, 김명권 등 공역, 『자아초월심리학과 정신의학』, 학지사, 2008.

정인석, 『트랜스퍼스널 심리학』, 대왕사, 2009.

Ken Wilber, 조옥경 옮김, 『통합심리학』, 학지사, 2008.

정병석 등, 『정신치료의 철학적 지평』, 철학과 현실사, 2008.

켄 윌버, 김철수 역, 『무경계』, 무우수, 2005.

켄 윌버, 박정숙 역, 『의식의 스펙트럼』, 범양사, 2006.

박연수 편역, 『양명학이란 무엇인가』, 경희종합출판사, 1997.

Irvin D. Yalom, 임정수 역, 『실존주의 심리치료』, 학지사, 2007.

Ritsema R. I Ching The Classic Chinese Oracle of Change. London: Element Books LTd, 1994.

Jung C G, Wilhelm R. *The Secret of the Golden Flower*. New York: Causeway Books, 1975.

Wilhelm R, Bayness. The I Ching. New Jersey: Princeton University Press, 1967.

Tu, W. M. (1994). Embodying the universe: A note on Confucian self-actualization. In R. T. Ames, W. Dissanayake, & T. P. Kasulis(Eds.), *Self as person in Asian theory and practice*(pp. 177-186). Albany, NY: State University of New York Press.

Tu, W. M. Ultimate Self-transformation as a Communal Act. *Journal of Chinese Philosophy* 6. 1979.

Tu, W. M. Selfhood and otherness in Confucian thought. In A. J. Marsella, G. DeVos, & F. L. K. Hsu (Eds.), *Culture and self: Asian and Western perspectives*. New York: Tavistock.

Watson, J, B. 「Psychology as the behaviorist views it, *Psychological Review*, 20.

유권종, 「동양 고전에서 사용되는 '心病'의 용례와 의미」, 『철학탐구』제24집, 중앙대학교, 2008.

申荷永, 「心理分析與中國文化」, http://www.psyheart.org.

정인석, 「개아를 초월한 트랜스퍼스널 심리학」, http://transpersonal.or.kr

모들아카데미03

심학과 심리학

등록 1994.7.1 제1-1071
1쇄 발행 2014년 12월 20일

지은이 전병술
펴낸이 박길수
편집인 소경희
편 집 조영준
디자인 이주향
펴낸곳 도서출판 모시는사람들
       110-775 서울시 종로구 삼일대로 457(경운동 88번지 수운회관) 1207호
전 화 02-735-7173, 02-737-7173 / 팩스 02-730-7173

인 쇄 상지사P&B(031-955-3636)
배 본 문화유통북스(031-937-6100)
홈페이지 http://modl.tistory.com

값은 뒤표지에 있습니다.
ISBN 978-89-97472-85-7 94160
ISBN 978-89-97472-52-9 94160(세트)

이 도서의 국립중앙도서관 출판시도서목록(CIP)은 e-CIP 홈페이지 (http://www.nl.go.kr/ecip)
에서 이용하실 수 있습니다.(CIP 제어번호 :2014032174)